聖 隈本確 全著作解題

第一巻

大霊界の認識

守護神と超神霊

編纂・解説 隈本正二郎

展望社

序にかえて

宗教法人日本神霊学研究会初代会長 隈本確《くまもとあきら》教祖の全著作は、生涯に渡って二十冊を数える。累計二百八十万部に及ぶ大ベストセラーである。一冊目の本が出たのは1981年（昭和五十六年）で、今から三十八年前である。

それから続々と出版された。

初代教祖の多数の著書は、日本神霊学研究会の教えの基本であり、宗教活動を支え、かつ導く指針である。

しかし時代も変わり、表現には時代とそぐわない点が出てきた。信徒にとって、全冊読破する必要があるかどうか一考すべきところにきた。教えの書として全冊目を通すのが理想的ではあるが、その必要性は絶対的なものではない。そこで企画されたのが『隈本確全著作解題』の全三巻である。

初代教祖の教えの根本を大きく三つに分けて編纂した。一巻目は『大霊界の認識』、二巻目は『神霊治療と霊障の概念』、三巻目は『迷信と地獄の考察』である。

この三つの区分で初代教祖の思想の真髄はほぼ明らかになるであろう。

第一巻目は『大霊界』に関する初代教祖の思想の根本が明らかにされている。この世は大霊界という広義の世界観の中で構成されている。人々は大霊界の法則の中で生きていかなければならない。そして霊魂と共存し、迷える霊魂を救済して健康的で希望に満ちた生活を築き上げることが大切だと教えている。

さまざまな事例を駆使し、豊富な図解によって理論を補足するのが初代教祖の原稿執筆の姿勢である。極力、その雰囲気を残すように抜粋し、構成した。

平成三十年一月吉日

隈本確の描く大霊界構想

二代目教主・聖師教　隈本正二郎

隈本確の神霊と心霊

隈本確は日本神霊学研究会の創始者であり初代の教祖である。初代教祖の原点は、神霊治療者である。

神霊治療というのは、神霊能力によって難病奇病を治療することである。一九八一年、初代教祖自らの治療体験をもとにつづられた『大霊界』が二百万部を超える大ベストセラーとなった。この書籍が始発点となって、以後、神霊に関する隈本理論が次々に発表されるに及んで隈本確の教え、すなわち『大霊界』の真理が明らかにされていったのである。言い換えれば初代教祖の原点である『大霊界』理論の確立である。

初代教祖の唱えた『神霊』に対して、従来から『心霊』という言葉が存在している。むしろ『心霊』という言葉のほうが一般的であり、社会的に流通している言葉である。世界各地に『心霊』を学問的に解明しようとする研究機関がある。日本にも財団法人日本心霊科学協会なる研究団体が存在する。理事の多くは、医学者、物理学者、心理学者など著名な学者である。

心霊科学というのは、あの世の霊魂の実在を科学的に証明するための研究である。その方向性が基本となって、広義には超能力研究、潜在意識を探求する心理学研究なども含まれている。

初代教祖の唱える『神霊学』は、神霊治療のヒーリングパワーの由来が、心霊ではなくて、神の領域に含まれる『神の加護力』あるいは『宇宙エネルギー』など、神秘的な『未知のパワー』によるものだと定めている。

もちろんその中に『心霊の力』も含まれる。しかしそれは、ヒーリングパワーの一部であって、心霊中心ではなく『神霊を強調』している点が、従来の心霊治療より幅が広く、大きなキャパシティを持っているということである。

初代教祖は確かに『心霊』とは呼ばずに『神霊』と呼んでいる。しかし、理論的には明確に分類しているわけではない。ただし、初代教祖の持つヒーリングパワーは、単なる霊能力ではなく、神のパワー、神のエネルギーであると語っている。すなわち、初代教祖は単なる霊能力者ではなく神霊能力者だということである。

初代教祖は若き日に、父親が病のために死の苦しみを味わっているとき、神の力を持つという行者の手によって一瞬にして父の病気が治ったことを目の当りにした。それまでは初代教祖はむしろ無神論者に近い唯物論者であった。その初代教祖が一瞬にして、神の存在に目覚め、神に出会うための苛酷な修行にのめり込んでいったのである。

親類縁者をはじめ知人友人も、修行に打ち込む初代教祖を見て『神狂い』と言って白い目であざ笑った。神を求めて狂気の如く修行に打ち込む初代教祖は、他人の嘲笑や誹謗は一向に気にならなかったと述懐している。

霊界についての認識

自らを霊能者ではなく、神霊能力者と名乗る初代教祖であるが、現実的には、霊能者と同様、霊魂と深く関わってその力を発揮しているのである。神霊治療が原点である神霊能力者の初代教祖は、生きながらにしてあの世と交流してその力を発揮したのである。

神霊能力者といえど、あくまでも、霊界との関わりによって神霊治療を成功させるのである。そういう意味ではその能力の発揮の仕方は『心霊能力』との明確な差別というものはない。

初代教祖は、この世を構成するものは『霊界』と『人間界』であると大別する。そして、その論理の究極は霊界は人間界まで包み込んだ『大霊界』によって構成されているとその論理は飛躍する。

『大霊界』という言葉は初代教祖によって造語されたものである。かつて、ある大物俳優が『大霊界』という言葉を自著に使って、初代教祖はそれに抗議し、裁判所は初代教祖の言い分を認める裁定を下した。

この世は霊に支配された世界であるという認識の上に隈本理論は構成されている。隈本理論のユニークな点は、すべて初代教祖自身が、神の啓示によってもたらされた理論ということだ。聖書や仏典、神道の理論を下敷きにしていないのである。既成の宗教論をまったく無視した理論展開で読者の心をつかんだという点が異色である。

人間界と霊界を分けるのは『死の壁』といわれるものである。人は死によって肉体を捨て去り、心（魂）だけが霊界に移行するという。そして神霊能力者というのは、生きながらにして死の壁を突破して霊界と交流できる人だと初代教祖は位置づけている。

初代教祖は、人間が死して霊界に入って修行するまでのプロセスを解説している。この隈本理論は独特というべきである。

人間は死ぬと、三日から数ヵ月間は意思を持たない魂の昏睡状況ともいえる時期をすごすことになる。生前の魂ははっきりと固定されたものではなく、霊魂の前段階である精気とでも呼ぶべき霧状のようなもので、髪の毛一本にいたるまで肉体のすみずみに分散していると語っている。そのような漠たる精気が、霊魂という存在に形成されるのに、個人差はあるが、死後三日から数ヵ月を要するのである。

この形成された魂が、はじめて目覚めるのが幽界である。この幽界は、初代教祖によって霊界に入る準備期間としてとらえられている。すなわち、幽界は死者が現界における生活様式、人間としての思考形態、想念などを捨ててまったく異質の霊界に入るための準備期間である。

そういう点で、この幽界は、ある意味で霊魂の迷える世界でもあるわけだ。この段階、すなわち幽界には三日間程度しか留まらない霊魂もあれば、百年、三百年、千年という長い時間を幽界の中で迷いのたうちまわっている霊魂も存在する。

夢枕に現れたり、幽霊が現れるなど、死者の起こす怪奇現象は、幽界からのはたらきかけで起こると初代教祖は語る。このような現象が起こるのは、死者はまだ自分の死を自覚していないためである。すなわち死者としての自覚がないまま、人間界にいるときと同様の想念を持って現界にいる人間の五感に働きかけようとするために起こる現象である。この現象は憑依現象の一種である。

初代教祖の霊界認識で、他の理論と比較して明らかに差別化できるのは、霊界を段階的に区分していることである。

一般的、常識的には理解しにくい区分といえるかもしれない。

初代教祖は、広義での霊界を次のように区分している。

死の壁を超えた一番底辺に『地獄魔界』『幽界』『霊界』『仏界』『神界』『聖天界』とあり、そこに『火の壁』があり、壁を突き抜けたところに『天命界』がある。

用語的に問題があるのは、仏界や神界である。『仏』というのは、仏教の教えがもたらした哲学であり、霊界の位を表す言葉ではない。また、通常私たちが絶対的で、偉人な力を持つ『何か』に対して神と呼んで畏《おそ》れ、かしこむわけである。しかし、仏教、キリスト教、イスラム教の神などは、人格的な神というより、教えにひれ伏す神である。このような神々は位を表すには不適切である。

しかし、隈本理論は、長年の神霊学研究と啓示によって組み立てられた理論であり、この際の仏は、仏教の示す『仏』ではなく、教祖の中で便宜的に用いられている言葉である。霊界区分には、それぞれに解説が施されている。

初代教祖の理論では、霊界全体を上界と下界に分けている。上界というのは、前述した幽界を底辺に天命界にいたる区分であり、下界というのは地獄魔界で、これも六つの区分に区切られている。下界の上段から『夜叉界《やしゃ》』『濁王界《だくおう》』『陰王界《いんおう》』『夜王界《やおう》』『地王界《じおう》』『大地王界《だいじおう》』の六つに区切られている。

さらに夜叉界と濁王界を『地殻霊界《ちかく》』、陰王界、夜王界を『地下凍結霊界《とうけつ》』と区分してこれらを『地獄魔界』と呼んでいる。

没後の年数によって、地獄魔界の段階は分かれる。夜叉界は七百年から八百年、濁王界は千年から三千年、陰王界は五千年から八千年、夜王界は一万年から十万年という天文学的数字を地獄魔界で過ごした霊人である。

さらに、地王界、大地王界となると、地獄魔界の修行を耐え抜いて神格を得た高級神霊が存在する地下神界であると初代教祖は規定している。

上界である幽界以上の段階についても初代教祖は説明を加えている。

幽界＝夢枕、幽霊現象、怪奇現象、供養の要求。
霊界・最低三百年＝人間界の想念減少、向上意識の発達、霊界人としての目覚め。
仏界・十二段階＝霊界中間的存在、救済指導役、霊界秩序指導役。
神界・十段階＝悟りの世界、人間・霊界の支配役、集団霊の支配霊居住界。
聖天界＝霊界人帝王界。

この上に火の壁がある。火の壁をくぐり抜けたところに天命界がある。天命界＝歓輝界、宇宙意識界、宇宙大霊界、無限界、永遠界、至福界。

ちなみに初代教祖は、神霊治療ができるのは、神界の位にまで魂の昇華した神霊能力者によるとしている。教祖は、現界で修行に励むことによって生きながらにして聖天界の位まで魂の昇華はできると語っている。地獄魔界への転落は生前、悪想念を持って暮らしたり、悪行の数々を行い、他人を苦しめたりした生涯を送ったことが原因とされる。

生前の行いこそが大切であると、生きる倫理を厳しく説いているのが初代教祖の教えの中核である。

大霊界の一大テーマは霊魂の救済

隈本教祖の説き続けた大霊界理論は、霊魂の実在によって及ぼす人間生活への影響ということである。端的に直言すれば、霊魂の及ぼす悪影響から逃れて、人間の尊厳を取り戻すということが人生の核心部分である。

霊の汚れを浄化し、霊の苦しみを救済することで、人間の生活を健康で清浄なものにするということが、日本神霊学研究会の宗教的目的である。うがって言えば、霊魂との共存によって正しく自己を律するということだ。

初代教祖は地球上にいる人間より、霊の数のほうがはるかに多いということを強調している。人間界と霊界の関係も似たようなものだと説明している。人生というものは、霊の存在を絶えず意識しているわけではないが、分かちがたく相関し合って生活しているというのだ。

言い換えれば、霊をないがしろにするところに人間の幸せは存在しないということである。霊を敬い、霊を浄化救済して霊界に送り届けることで、人間の幸せが確保されるというのがストレートな理論展開である。

謙虚な姿勢、向上心、礼節の姿勢を持って生きることは自らの霊格を高めることになり、悪霊（低級霊）の憑依を防ぐことになると教えている。

霊が人間に憑依して人間を苦しめるのは、自らの救済を求めてのことである。霊は自分と波長の合う人間を求めてこの世の中をさまよっているのだ。霊は救済を求めてなりふり構わずに必死の想いですがり付いていくのである。救いを求める霊魂は、家の中にも、路上にも、山や川にも、神社や仏閣にも……、霊は至る所で人間を狙っているのである。

初代教祖は人間の想い（念）のエネルギーについても述べている。例えば人を強い意志で憎んだり、恨んだり、愛したりする深い思い入れは、ある瞬間にエネルギー化して、相手または自分になんらかの作用を及ぼすことがある。これが念である。これは別名生き霊とも呼ばれている。

念というのは、霊の世界とは別のものであるが、初代教祖は念によって誘発された病気の人を多数救済した関係から、念には特別の関心を寄せていた。

念は自分の魂と想いが一体となってエネルギー化し、自己または他人に対して働きかける力のことである。相手を激しく恨んだり呪ったりすることで、その怨念がエネルギーとなって相手に働きかけて相手を病気にしたり、行動に変調を起こさせるということがある。あるいは事故や災害を引き起こす原因ともなる。

生き霊、すなわち念は、低級霊に憑依されて起こる現象と非常によく近似している。そのため、初代教祖に神霊治療を求めてくる人が多く、初代教祖は念の恐ろしさについて知ると同時に神霊学の研究の対象とした。

念には念返しという現象もある。Aという人間がBという人間を憎み、その強烈なエネルギー(念)を送ったのだが、Bという人間の霊格がAよりも高く、送られた念が跳ね返されてしまったのである。このために、跳ね返された自分の念によって自分自身が障害を受けることである。これを教祖は念返しと呼んだ。

二代目の私、隈本正二郎は、古来からいわれている恋患いという現象は、念がえしの一つであると断定した。

人を恋うという想いも激しいエネルギー(念)となる。その想いのエネルギーで受信者が体調不振になることもあるが、まれに、念を受ける側の霊格が高く、エネルギーは受け付けられずに、発信者にそのままのパワーで返されることもある。

恋の想いの発信者は自分の激しいエネルギーが返されることによって体調を崩すわけである。自分の念で自分が病気になったというわけである。

隈本確の守護神の理論

神霊学というより心霊学の世界でいわれている『背後霊』について、初代教祖も述べている。各個人に関わりを持つ霊魂を背後霊と呼ぶと語っている。そして、背後霊は各個人に必ずついているると述べている。

この論理は、心霊研究の理論と変わらないが、個人についている背後霊の数は無数であると述べている点は、まさに隈本確のユニークな理論である。初代教祖は、私たちは日ごろの行動を自分の意志で行っていると考えているが、実はこれは背後霊の意志で行動していると述べている。この意見も心霊学の一部では述べられている意見でもある。

背後霊の半分くらいはその人間を守り、かつ味方になってくれる霊だが、あとの半分の背後霊はその人間の足を引っ張るような不本意な働き方をする霊だというのである。私たちの生活に喜怒哀楽があったり、さまざまな生活の異変があるのはそのためだというのである。

背後霊は、自分と血縁のある霊と思っているかもしれないが、そうとばかりはいえないと初代教祖は指摘する。背後霊は、確かに私たちの先祖の霊であることは違いないが、先祖霊に四つの種類があると指摘している。

(1)屋敷の先祖

私たちが毎日寝起きしている家の敷地内で過去に亡くなった人々の諸霊をいう。これは現在の家が建つ前の敷地、土地で過去に生活していた人の霊である。マンションやアパートが自宅であっても、その集合住宅が建つ前からその土地に霊は存在している。

(2)家の先祖

これは、自分たちの寝起きしている家に暮らしてきた人の霊であり、古い家ほど先祖霊の数は多くなる。新築マンションや新築の建て売り住宅などには家の先祖はいないということになる。

(3)土地の先祖

屋敷の先祖と違い、田や畑、山林など自己の所有地で亡くなった先祖の諸霊。

(4)血の先祖

通常、先祖と呼ぶ血縁の先祖。すなわち父母に連なる先祖である。

初代教祖は、この四つの先祖の諸霊が人間の背後霊になりうるとしている。

特に血の先祖の数は膨大といえる。何しろ、父母には二人ずつの両親（祖父母）がおり、その祖父母には二人ずつ両親（曾祖父母）がいるのである。先祖はこのようにして倍々に増えていくのだから、三十代前、四十代にさかのぼると億という単位になる。

この膨大な先祖霊の中から、初代教祖にいわせると、おびただしい霊が背後霊になるというのである。

初代教祖は一般的心霊科学でいわれている守護霊についても言及している。一般的心霊科学の分野でいわれている守護霊は、本人の先祖霊の中から、一つの高級霊が選ばれて守護霊となるというのが通説である。

初代教祖は、守護霊と呼ばずに『守護神』という呼び方をしている。教祖のいう守護神は、無数の先祖諸霊の中から、善の意思を持ち、もっとも浄化された格の高い霊界人が守護神になる。教祖のいう守護神は、本人との関わりの深さというより、あくまでも霊界での格の高さが守護神の決め手となる。

しかし、実際のところ、人間と関わりをもつ霊魂は、それほど格が高いということはない。実際に病気や災難からその人を護るというほど力があるわけではない。そこに、一般人の守護神（守護霊）の限界がある。

初代教祖は、神霊治療によって悪霊を浄霊、救済をするだけではなく、当人の守護神を呼び出し力を与えるところまで行った。ゆえに神霊治療によって当人の病気が治るだけではなく、以降の人生が好転し、仕事や人間関係もスムーズになるとしている。

自分の守護神はたえず力を蓄えており、自分に対しての加護力が大きく働いてこそ意味がある。そのためには片時も守護神の存在を忘れることなく、深く強く想い続けなければならない。想い続けるということは守護神に対して祈り続けるということである。

神と人間が一体になることが大切だと初代教祖は説く。

日神会の守護神は『聖地恩祖主本尊大神』であり、初代教祖は神示によって『聖の親様』と称している。現在は、信徒や外部に対しては『聖の神』が通称である。

われわれ信徒は、聖の神より、『愛慈想心』の御心をいただき、また私たち信徒も『聖の神』に対して愛慈想心の想いを抱いて信仰するということである。

日神会の主たる行である『神霊治療（浄霊）』においては、初代教祖は守護神である『聖の神』のエネルギーをいただいている。

『愛慈想心』の意味は愛と慈しみの心で、母が子を育てるような深い想いということで、天地創造の神である聖の神が、分けみたまを授けた人間に対する深い心、すなわち「我が子である人類に対して、愛し慈しみ想う心」ということである。

隈本確　全著作解題

第一巻　大霊界の認識　守護神と超神霊

目次

第一章　隈本確の指摘する霊の世界

第二章　神霊学と霊界のエネルギー

第三章　死後の世界の認識

第四章

守護神についての考察

第五章　超神霊についての考察

聖

第一章

隈本確の指摘する霊の世界

見えない霊を認識する

人間の身近にある霊の世界

あの世、極楽、天の国、霊魂がいくところ……。言葉はいろいろですが、霊界に対して漠然としたイメージはあっても、当然ながらほとんどの人にとって、霊界とは未知の不確定の世界です。霊の存在を信じ霊の研究をする私たちにとってさえ、まだまだ解明されない世界なのです。この霊の世界について、日本神霊学研究会初代会長隈本確教祖は、霊界ではなく「大霊界」と呼びます。霊界でも、あの世でもない「大霊界」というものについて、初代教祖は著作で次のように述べています。

人知をはるかに超えた、広大無辺の大霊界。それは、この物質宇宙界、天界、霊界、地獄界、その他諸々《もろもろ》の世界を包括《ほうかつ》するものであり、すべて、天地創造の神（素《す》の神）が創造されたものである。わたしは、このことについては確信をもっているが、では自分がそうした大霊界についてどこまで知り得たのかといえば、まだまだ微々たるものかもしれない。

(中略)

神霊の世界に深くはいり、多くの神々、超神霊と交流をもち、研究をすればするほど、人知ではとうていはかり知れない大霊界の奥深さを知るばかりである。と、同時に、霊の世界とはまた、わたしたち人間にとってひじょうに身近な世界である、ということも知らされる。たとえ当人はそのことに気づいていなくても、人はすべて、つね日ごろ霊的存在と深い交流をもちながら生きているのである。


(「大霊界 神々と霊族と人類」P30〜31)


すべてを包括する大霊界のなかで、霊を身近に感じるといえば、多くの人々が思い当たるのが、やはり亡くなった身内の霊ではないでしょうか。

気のせいだろうと自分を納得させる人もいます。折にふれ、亡くなった母親のことを思い出し、懐かしさ寂しさを感じるので、それで身近にいるような気がしてしまうのだろう、と考える人もいます。けれども、それは、決して気のせいなどではない、と初代教祖はいいます。

ここに、ひとりの男性がいたとして、本人はまったく気づいていないにもかかわらず、すでに亡くなった父親がつねにその男性につきそっている。そして、父親は我が子に対して、しきりに語りかけている。

「おい、タカシ、あぶないぞ。お前には見えないだろうが、曲がり角の向こうから猛スピードで車がやってくる。もっと道のはしに寄りなさい。早く、早く、早く！」

（中略）

だが、タカシ氏がどうしても霊界からの警告をキャッチできなかった場合には、霊界の父親は、むりやりタカシ氏の体を突きとばすことによって、息子を交通事故から守るようなこともしてのける。また、あるときには、故意にタカシ氏の体調を悪くして、不利な交渉事の場に息子がのぞめないようにしたりもするのである。

（中略）

タカシ氏なる人物がもし霊的感覚のすぐれた人であれば、霊界からの父親の守護を感じることができるはずである。が、タカシ氏がごくふつうの感覚の持ち主であれば、自分のために霊界で気をもみながら、さかんに活躍している父親の存在はわからない。

しかしながら、子供がその存在について気づこうが気づくまいが、亡き親が次元を超えてつねに子供を見守っている——、このようなことはよくあることである。


（「大霊界 神々と霊族と人類」P33〜35）

ともすれば、「人と会話するときは政治や宗教の話はタブー」ということわざのように、平行線をたどるしかない意見や、もめそうなこと、面倒なことは、初めから思考から除外してしまいがちなのが世のつね。

霊に関わることも、そんなふうに多くの人が思っているのかもしれません。けれども、宇宙も、この人間界も、そして大霊界も、まだまだ数多くのことが解明されていません。解明されていない、「真理」に少しでも近づくことができれば、もっと住みやすいもっと生きやすい世の中になる――。その想いは初代教祖も私も共通するところです。

霊を感じやすい人

初代教祖は、幼いころから霊に感応しやすい極度の霊媒体質でした。ふつうの人には見えない霊の姿を見たり、霊の声が聞こえたりすることは、しょっちゅうだったといいます。

「神社や寺に行くと、霊によく遭う」「霊みたいなものを、よく見たり感じたりするんです」

神霊探求の道に進むようになってから、初代教祖のもとには、当然ながらそんな霊体験談が寄せられ、数人が集まると霊的体験が語られることもありました。

うっかり人に打ち明けても理解してもらえない、ときには、変人扱いされるという悩みは、初代教祖自身が子供のころから身に染みていたことでした。ある会合で、一人の若い女性は、何人かの霊が、それぞれ別々に話しかけてくると打ち明けます。

「こんなこともあったわ。スーパー・ストアの開店売り出しのときだったけれど、クジ引きがあったの。棒が何十本もあって、その中から一本をひくんだけれど、わたしが棒をひこうとすると〝それはだめ、はずれよ〟、ハッとしてべつの棒をひこうとしたら〝まあ、いいでしょう、三等だから。でも、もっといいのがあるわよ〟、それで思いなおして、またべつの棒をひこうとしたら〝それよ、それ、それ一等なのよ〟って、いうじゃない。わたし、無我夢中でその棒をひいたら、本当に当たりよ！　オーブン・トースターをもらったわ。

でもねえ、こんないいことばかりじゃないの。へんな霊もいるのよ、ガラの悪い男の霊とか……。

〝おいおい、お前だけ幸せそうな顔をするなよ、オレたちは苦しいんだぜ、わかるかい、この苦しみ、わかんないだろうなあ。だが、まあいいさ、お前にもそのうち、たっぷりと味わわせてやるからな〟

そうかと思えば、この霊は、わたしがボーイフレンドと一緒にいたりすると、急に耳もとにやってくることもあるの。

〝ふふん、いい気なもんだ。だがなあ、それもいまのうちさ。お前は一生お嫁にいけないように、このオレがじゃましてやるからな〟

とかなんとかいやなことばかりいうんだけれど、わたし、本当に一生お嫁にいけないのかしらって、不安になっちゃうこともあるわ。」

（大霊界シリーズ⑫「神々の不思議と謎」Ｐ17～18）

このように霊の声が聞こえたり、現界つまり人間界に送られてくる霊界の音や声が聞こえるのが霊聴現象です。また、自分の意思とはまったく関係なく、霊の力によって自分の手や足、体が勝手に動いてしまう現象を、霊動といいます。

一年前に夫を亡くしたという三十歳のある未亡人は、初代教祖に霊動の悩みや怖さを手紙で訴えてきました。

「恐ろしいことがおこりました。あるデパートのマフラー売り場を通りかかったときのことです。ディスプレイされているマフラーの一枚がフッと目につくと、わたくしの手がひとりでにそのマフラーにのびました。そして、手にとり、すっと首にかけました。いいわ、と思うと、そのままスタスタ、スタスタ、歩きだしたではありませんか！　ハッとしたわたくしは、あわててマフラー売り場にもどり、自分の首にかけていたマフラーをもとの場所へもどしましたが、あとで思っただけでもゾッとするような無意識の行動でした」

（大霊界シリーズ⑫「神々の不思議と謎」Ｐ19）

続けて、彼女は夜寝ているとき、目には見えないけれど、しっかりと存在を感じる男性が、彼女のふとんの中に入りこむ恐怖も書き記します。

必死にあらがおうとしても、体を押さえつけられ、結局はその力にあらがえない、屈辱感と自分を責める気持ちが、手紙にはあふれていました。この女性を苦しめている現象は、やはり霊のしわざによるものです。

いずれにしても、人に取り憑いて苦しめるのはいわゆる低級霊であり、浄霊することで除くことができます。

ところで、霊に不安感や恐怖心を抱く人がいる一方で、神などいない、霊などいないと豪語する人たちがいるのも、また事実です。この現状を、初代教祖はこう受けとめます。

さて、「霊はこわい」「霊も神もいるものか」、わたしにしてみれば、このどちらの発言もこまりものである。まあ、「霊はこわい」というほうは、霊の実在を認めているだけ始末がいいのかもしれないが、ひたすら霊を恐れるところに、高き神霊のご加護《かご》はあり得ない。

いずれにしても、この両者とも正しい霊界のありさまを知らないのである。正しい霊界のありさまを知らないということは、また、正しい現実を把握《はあく》していない、ということでもある。なぜなら、霊界とは空想の世界の物語ではなく、現実そのものであるのだから。

（大霊界シリーズ⑫「神々の不思議と謎」P22）

初代教祖とともに、私が浄霊治療（神霊治療）を続けてきて、つくづく感じるのは、霊とは人にマイナスに作用する力と、プラスにはたらきかける力があるということです。もし、自分にマイナスの力が及んだとき、それをどう避けるかが大事になります。

よくも悪くも霊が関わってくる現実の生活の中で、どういう態度で日々すごしていけばいいのかを知っておくことが大切です。霊は恐れるべきものではありません。それも、霊についての正しい知識があればこそなのです。

唯心論者と唯物論者

霊の存在を信じない唯物論者

唯心論とは、精神的なことがらが真の存在であるとして、精神を重んじる立場をいいます。これに対して、物質のみを真の存在として、物質を重んじる立場が唯物論です。したがって唯物論者は、物質から離れた霊魂や精神などは認めませんし、人間の意識も、高度な物質である頭脳が生みだしたもの、という受けとめ方をします。

こうした唯物論者に対して、私たち神霊に関わる者たちの立場に近いのが唯心論者ですが、初代教祖は著作の中でこの二者を次のように説明します。

人間を大きくわけると、すべてを理づめで考え、目に見えること以外は絶対に信じようとしない唯物論者と、目ではとらえることのできない心、精神というものをひじょうに重視する唯心論者とにわけられる。そして極論してしまえば、唯物論者のほとんどが霊の存在を否定する立場にあり、唯心論者のいくばくかの人々が霊の存在を肯定する立場にある、ということがいえそうである。

わたしは、かねがね人間の構成要素はつぎの三つのものだという考えをもっている。すなわち、肉体、頭脳、心、この三つである。これらの要素のなかで、肉眼ではとらえることの不可能な霊というものを感受できるのは唯一「心」(人間の想い)であるから、唯心論者がよく霊の存在を理解するのは当然である。

(中略)

しっかりと胸に手をあてて、もう一度、あなた自身の心というものをよく認識していただきたい。

ほとんどの人が、自分を支配しているのは自分自身の頭脳だと思いこんでいるが、ほんとうに人間の肉体、そして頭脳をも支配しているのは、実は心(霊魂)だということである。

その心というものは、人間が生きている間は体中にあり、これを生き霊というのである。人間が死ねば肉体は消滅する、もちろん知恵、知識も消滅する。しかし、この心、生き霊だけは残存する。そして、肉体、知恵が消滅したあとの心は、もはや生き霊とはいわずに、たんに霊というのである。

だから、死後の人間は心だけの存在、霊魂だけの存在といえる。

(大霊界シリーズ①「守護神と奇跡の神霊治療」P42〜P43)

この世を去った人間の霊魂（心）が住む世界が霊界です。その霊界から人間界へのはたらきかけがあるからこそ、霊界は現界と表裏一体をなす、もう一つの世界だという認識にいたるのです。

それでも現実には、霊の存在や霊界を認めようとしない人たちが、少なからずいます。しかし、人々からたとえ無視されても、初代教祖は彼らを排除することは終生ありませんでした。それは、すべての人に霊の存在を知ってほしいという願いからでした。霊を知ることが、とりもなおさず、人類の向上につながると信じていたからではないでしょうか。

そうした意味でも、よりわかりやすいたとえを模索して、メッセージを発信しつづけました。たとえば霊界を、放送局から飛んでくる目に見えない電波に、この世（現界）をテレビ画像に見立てて、こんな説明をしています。


テレビに関するかぎり、そのすべてが、いってみれば電波のはたらきが前提となっている。そして、そのことを、いまの世の中で否定する人が果たしているだろうか！

もちろん、いないはずである。現代科学の力によって生まれたテレビは、そのメカニズムがはっきりとわかっているから、画像をむすび、音声が送りだされてくることを誰も不思議だとは思わない。世の唯物論《ゆいぶつろん》を信奉する人々も、これには大納得、というわけである。

ところで、話をもとにもどして、この現象界がテレビの画像のようなものだとしたら、当然、その背景には、電波のようなはたらきをもった存在がなければならない。それこそが、霊波とか霊流といわれるものであり、それすなわち、目には見えない霊界の存在を意味しているのである。だから、この世は「現世《うつしよ》」＝「映し世《うつよ》」などといって、現界はたんなる霊界の投映にすぎないのだ、というような意見まででてくるのである。

（大霊界シリーズ⑤「神と魔界」Ｐ13）

唯物論者にとっての死は、なにも存在しない、まったくの無の世界です。それを受け入れて、この世の人生を理性で生ききろうという人たちもいます。

一方では、どうせ死んだら終わりなのだから、この世を楽しまなければ損だとばかりに、人生を享楽的に考える人たちもいます。他人をけおとしてでも勝ち組でいつづけることが、目的とさえなっているような人たちもいます。言い方を変えれば、それは死を考えまいとする生き方ともいえます。実は、考えると恐怖を感じてしまうからかもしれません。

人間が頭の知恵だけで死というものをとらえようとすれば、当然、それはすべての終わりを意味する。恐ろしいはずである。

ところが、晩年を迎えてひたすら死を恐れている頭脳人間（唯物的思考《ゆいぶつてきしこう》の人）といえども、その精神世界に育《はぐく》まれている魂の存在は、死後の世界についてよく知っていることも多い。知っているどころか、場合によっては魂は、さあ、もういつでも霊界にとびだせるぞ、とばかり勇躍《ゆうやく》して死のときを待ちのぞんでいることすらある。

ひとりの人間でありながら、頭脳に支配された肉体人間はひたすら死を恐れ、精神世界の深奥に住む魂自身はひたすら死を待ちのぞむ——、このようなことも現実にしばしばある。思いがけない突然の事故死や理由のはっきりしない不可解な死の裏には、案外、こうした自己の魂の意志が関与していることも多い。（中略）

人間、死んだらそれでおしまいだ、霊界なんてあるものか。神だって？　魂だって？　そんなものあるものか！　という唯物論者《ゆいぶつろんしゃ》に限って、自分の生の残り時間が少なくなってくると、際限のない不安感、恐怖感にさいなまれて、死にたくない、死にたくない、と悪あがきをするものだ。

一方、人間は永遠の生命体である、という確固とした信念をもった唯心論者《ゆいしんろんしゃ》にあっては、死とはたんなる肉体の消滅にすぎない。古びた肉体衣《にくたいころも》をぬぎ去って、いよいよ魂は永遠の大霊界へととびだしていくのだ！　というわけで、むしろ、死というものに対して明るい希望をもちながら、晩年を心豊かにすごしている場合が多い。

（中略）

生前において霊界、そして神の存在を信じることのできなかった唯物論者《ゆいぶつろんしゃ》にあっては、せっかく霊界入りしたにもかかわらず、その魂は、いよいよ己《おの》が出番であることがわからない。七十年、八十年という肉体人間であるあいだ、神の光の届かない精神世界のなかで眠りこけていたのだからしかたのないことではあるが……。

こうして、生前の唯物論者《ゆいぶつろんしゃ》は肉体をはなれたあと、何千年、何万年と、霊界の暗いところをあてどもなく、さまよいつづけなければならないのだ。

（「大霊界 神々と霊族と人類」Ｐ１０４〜１０６）

当たり前のことですが、唯心論者も唯物論者も、いずれこの世を去って霊界にいくことになります。霊界の時間の流れは、人間界にいたときの比ではありません。何万、何十万年という気の遠くなるほどの世界が待ちうけています。

ところで、魂自身が死を待ちのぞむ、という表現に違和感を抱く人が少なからずいるかもしれません。魂、あるいは心、想念というものを、頭脳や肉体と切り離した存在、ときには意志決定権のある存在、とするのが初代教祖の主張です。

心は脳とは別とする脳科学の動き

それでも唯物論者は、こう反論するでしょう。霊の世界など、幽霊を見たというのと同じくらい、非科学的で信ぴょう性がない。百歩ゆずって、もし科学で解明されたら、霊界の存在や霊の存在を信じてやってもいいけど……と。

残念ながら、まだ科学では霊の存在について解明がされていません。しかしながら、心（想念）の存在について、世界の脳科学者たちのあいだに、新しい動きが起こってきていることも、また事実です。

肉眼ではとらえることの不可能な霊というものを感受できるのは、唯一「心」（人間の想い）ですから、唯心論者《ゆいしんろんしゃ》が、よく霊の存在を理解するのは当然のことといえます。

この人間の心こそが、神霊世界への出発点であるといっても過言ではありません。肉体と頭脳は死というものによって滅亡するけれど、心、人間の想いというものは死後もずっと残存します。それが霊魂であり、霊魂はまた、想いのかたまりといってもさしつかえありません。

あなたは、恋をして胸が痛んだ経験がないでしょうか、親しい人の死にあって胸がはりさけるような想いをしたことがないでしょうか、また、胸をかきむしられるような悔しい気分を味わったことはないでしょうか――。これらの感情は、すべて頭脳（知識の世界）から生じたものではなく、心（想念の世界）から生じたものです。

もちろん、あなたにも、いろいろな状況にのぞんで、胸がキリキリと痛んだり、はりさけそうな感じがしたことがあるはずです。ここで、もう一度そのときのことを思い出して、あなた自身の心というものをよく認識していただきたいと思います。

（中略）

この心、霊魂について、現代の人々には、むしろエネルギーといったほうが分かりやすいのかもしれません。

最近、とくに海外では、一流の脳科学者の中に、心は脳とはべつの非物質的実在であり、脳と心とは相互に関連しあっている、という意見を発表する人たちがあらわれているといいます。

そして、それらの学者の中には、心は、脳とはべつのなんらかのエネルギーをもちつづけることが可能であり、肉体の死後も存続し得る、といっている人もいるのです。

科学者による、このような脳と心の研究は、神霊能力者としてのわたしにとっても、たいへん興味のあることです。

それにつけても、他の先進国にくらべて、わが国の、心の科学に関する研究がひじょうに立ちおくれている点は残念です。

（「超神霊」Ｐ24〜26）

肉体から離れて、霊界入りした心（想念）が、霊（霊魂）です。著作にあるようなエネルギー分野からのアプローチも含めて、心や想念の研究が進み、その存在が解明されたら、それはとりもなおさず、霊や霊界が存在することの証明につながると、私たち神霊能力者は信じています。

現界・霊界・想念界をひもとく

魂は独自の意志をもっている

魂――、霊魂、あるいは想念という呼び方をする場合もありますが、広大無限の大霊界をひもとくにあたって、初代教祖はさまざまなアプローチを続けてきました。

私たちは、自分の心、想い、魂というと、なんとなく心に浮かぶことや、漠然とした好き嫌い、といった喜怒哀楽を表すものとして、とらえてしまうかもしれません。しかし、心、想い、また体中にある自分自身の魂について、「こうなってほしい」、「こうあるべきだ」という強い意志を持つ存在、というのが初代教祖の理論です。

わたしは、かねがね人間の構成要素は、肉体、頭脳、心（想い）の三つであるといっている。そして、肉体と頭脳は死というものによって滅亡するけれど、心、人間の想いというものは死後もずっと残存するものである、ということもいってきたはずである。ほとんどの読者の方にとって、もはや、ここまでは異論のないところだと思う。

しかし、「魂の存在」となると、少々面くらっている向きもあるかもしれない。わけても、しょっぱなから、魂とは独立した不滅の意志体である、などといわれてしまうと、それが、なにかひじょうに不可解な怪物のような存在に思えてしまったとしても無理はない。

ここで、ごくかんたんにいってしまえば、魂とは人間の心というものの最奥に居を構える独自の意志をもつ存在である、ということができる。物質界と想念界という分類をすれば、魂はもちろん想念界に属するから、姿も形も見えない。つまり、人間の五感に映ずる存在ではない、ということだ。

（中略）

けれども、わたしたち霊界の存在を信じる者にとっては、目に見えない魂の存在を信じることも、また容易なことであるはずだ。

魂は、人間が生きているあいだはその体中《たいちゅう》にあり、肉体の消滅とともに霊界へと赴《おもむ》く。要するに霊界とは想念だけの世界、無数の魂のうごめく世界、人間の五感には映らない世界、しかし、厳然として実際に存在する世界である。

古今東西を問わず、霊能者といわれる特殊な感覚の持ち主によってキャッチされた多くの霊界通信がそのことを裏づけているし、なによりもわたし自身、霊界探訪はよくするところである。

（大霊界シリーズ⑥「魂の存在」P25〜26）

ちなみに魂についての初代教祖の考察は、時を経て変化しています。これについて、初代教祖は霊界の啓示により真実を知った、と述べています。当初のころの魂についての理論は次のようなものでした。

わたしたちの魂というものは、生存中は「魂」というはっきり固定した状態にあるのではない。魂の前段階である精気という霧のような状態で、肉体のすみずみ、髪の毛一本にいたるまで分散しているのである。それが早い人で死後三日、おそい人で三か月くらいかかって、魂という存在に形成されるのである。

（大霊界シリーズ①「守護神と奇跡の神霊治療」Ｐ１０５）

心は超極微の世界

もう三十年以上も前になりますが、新聞の海外こぼれ話に、「魂の重さは○○グラム」という記事が掲載されたことがあります。

医学研究者が数体の遺体の体重を量ったところ、死後直後と数十分たったあとでは、わずかに体重が軽くなった、それは肉体から離脱した魂の重さではないか、というのです。記事には併せて、魂の重さではなく、体中にあった水分が蒸発し、その分の重さにすぎないのではないか、という反論も掲載されていました。

真偽のほどは分かりませんが、魂がもし物質としてとらえられたらと考えさせられる話ではありります。科学や哲学、文学などの世界はむろんのこと、人間の生き方が大きく転換する出来事となるでしょう。

初代教祖の魂理論は、魂はエネルギーを持つ存在というものであり、さらに、存在としての心について、次のように言及しています。

> 人間の脳細胞は約百四十億個あるといわれているが、この脳の働きの十倍以上、人によっては百倍以上の働きをもつのが、人間の心というものである。
> では、人間の心とはいったいどこにあるか。どんな物質なのか。それは、わたしたちの肉体上の胸、みぞおちの上約五センチの箇所にある、超極微《ちょうきょくび》の世界の物質だ――といっても、ふつうにいわれている、いわゆる物質、顕在《けんざい》物質ではないのだが。
> したがって、心は胸の箇所にあるといっても、それはいまだに科学でも、医学でも証明されていないではないか、という反論もでてくる。
> そのとおりである。人間の知恵の産物である科学、医学では、心の世界は解明できない。なぜならば、人間の頭のなかにある脳細胞、これはたんなる物質であり、そして、たんなる物質である脳細胞の働きによって究明される世界は、現在の物質界を超えた超極微《ちょうきょくび》の世界を知ることができないからである。

（中略）

たとえば、ひと口に「水」といっても、水の分子《ぶんし》は酸素元素《さんそげんそ》と水素元素《すいそげんそ》とから成り、さらに各元素にはそれよりももっと小さい微粒子《びりゅうし》としての原子《げんし》の存在があり、その原子の中核をなす粒子である原子核《げんしかく》のまわりを電子《でんし》（素粒子《そりゅうし》）がブンブンとびまわっている――と、化学的にはこういうことになる。

このように現代の科学は、極微《きょくび》の世界について分子《ぶんし》→元素《げんそ》→素粒子《そりゅうし》、と、ここまで究明してきた。そして、その先はわかっていない。しかしながら、現代の科学でわかっていないからといって、素粒子《そりゅうし》のその先には何もない、とはいえまい。

ここで、神霊能力者としてのわたしが、はっきりといおう。素粒子《そりゅうし》のその先は、すでに顕在《けんざい》の物質界ではなく超極微《ちょうきょくび》の霊界なのだ、と。霊界、つまり科学の力ではわからない超極微《ちょうきょくび》の世界であり、人間の心もまた、この世界に属するものである。

そうであれば、たんなる物質界の存在としての脳細胞でしか物事を考えられない人間が、物質界を超えた心、精神世界について解明できないのは当然のことである。どのように頭脳明晰《めいせき》な世界的科学者であろうとも、その頭脳にのみ頼って思考をすすめるかぎり、物質界の壁を超えることはできないのである。

ところで、人間がその胸の中に内在させている心の世界とは、わたしが感ずるところ、約百四十億個の脳細胞の十倍、いや百倍の細胞組織から成っている（といっても、その細胞組織とは、目には見えない霊的世界の超極微《ちょうきょくび》の細胞組織であるが）。

それがどのくらい小さいのかといえば、現代科学で解明されている最小の素粒子《そりゅうし》の、一億分の一、十億分の一という極小《きょくしょう》の存在であろうと推定される。

（「大霊界 神々と霊族と人類」Ｐ90～92）

人間は、およそ百四十億個の脳細胞を持ちながら、一生のうち、その二、三割しか使わないといいます。

もったいない話ですが、人間の胸中にある心の霊的細胞の数は、百四十億個の脳細胞の比ではなく、際限ない数といいます。さらに初代教祖は、そのエネルギーの強大な力についても推察します。

もちろん、科学、医学の力では判断できないことであるが、超極微《ちょうきょくび》の世界の存在である心の世界においては、その霊的細胞の働きは、ひょっとしたら脳細胞の一億倍、十億倍のエネルギーをもっているかもしれない。なぜなら、物質は小さくなれば小さくなるほど、それがもつエネルギーは大きくなっていくからだ。

（中略）

昔のラジオの真空管一本の千分の一、万分の一という小さなＩＣ（集積回路）やＬＳＩ（高密度集積回路）が開発されていて、しかも、それはかつての真空管の一万倍、十万倍、場合によっては一億倍ぐらいの働きをするのである。

このことは、物体が小さくなれば小さくなるほど、その構造は精密で多様な働きをするようになる、ということを示している。

現在の超小型ラジオにくらべて、昔のラジオは大きな箱の中に何本もの真空管をならべたようなもので、本当に粗雑なものであった。

やはり、小さいことはすごいことだ。

（中略）

では、素粒子《そりゅうし》よりも小さい極微《きょくび》の世界に存在するもの、極微《きょくび》の世界を構成しているものとはいったい何か。これは、神霊科学を研究している多くの人たち、また、一部の科学者も提唱していることであるが、幽子《ゆうし》という存在がそれであろう。わたしも、この考えにまったく同感である。

わたしたちの心、魂、精神世界は、素粒子《そりゅうし》をつきぬけた、より微小な幽子《ゆうし》という存在によって構成されているのである。そして、この幽子《ゆうし》の世界は、わたしたち現界人の目から見たらほとんど無限の世界でもある。

（「大霊界 神々と霊族と人類」P92〜95）

図1は超極微の世界と心の大きさをあらわしたものです。

神霊科学の世界における幽子説を簡単に述べると、次のようになります。幽子とは、かすかなものという意味で、時間や空間を自由自在に飛び回ることができる、ごく微小な存在です。幽子

図１　超極微の霊界で活動する人間の心

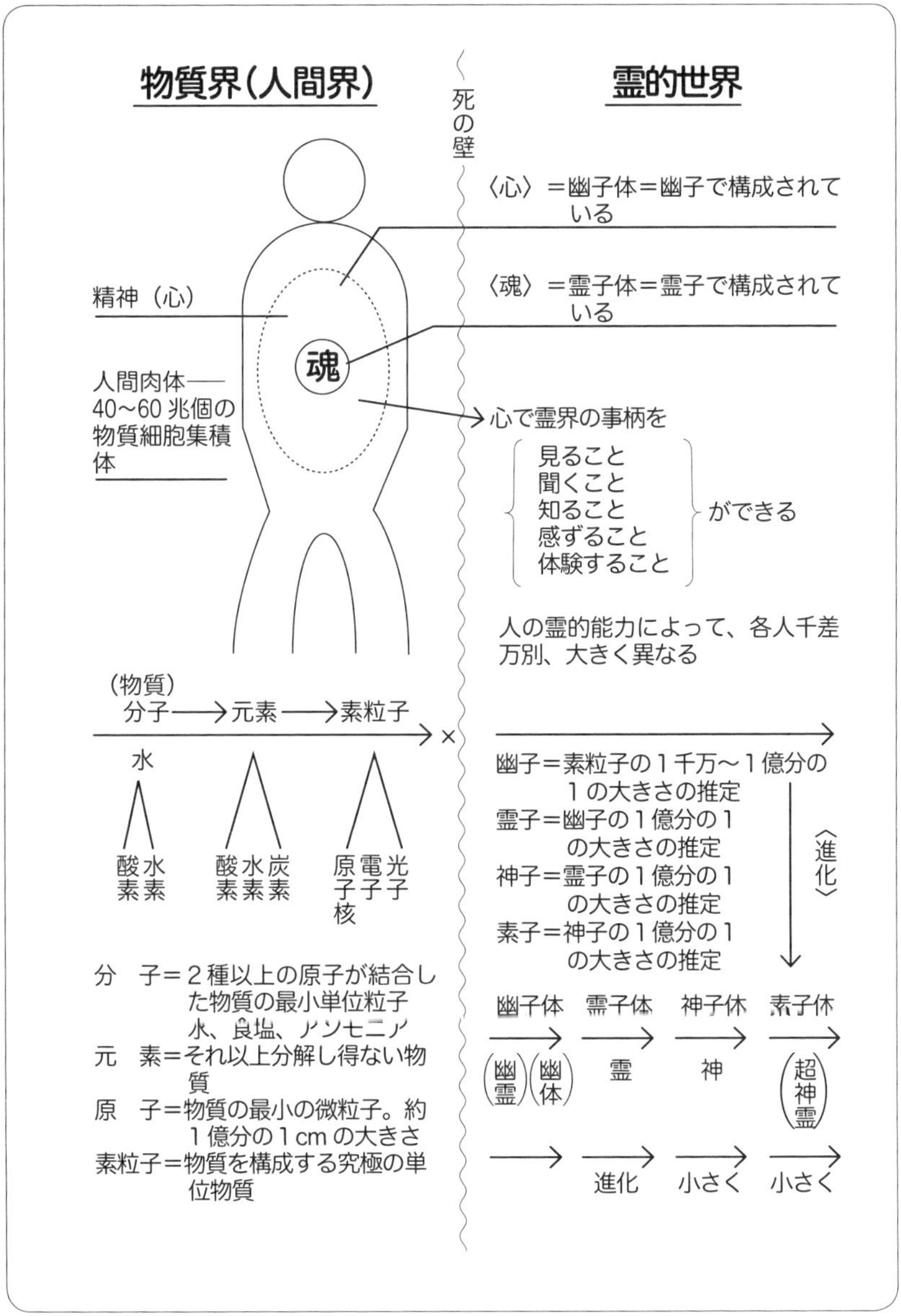

説の一つに、私たち、肉体としての人間は、この幽子が結合してはじめて生命体になる、というものがあります。幽子同士が結合して、記憶や情報を管理するはたらきをするともいわれます。

幽子説によれば、心とは、そんな幽子からなる幽子体であり、その中にすまう魂については、幽子よりもさらに極微の霊子で構成される霊子体、ということになります。

極微の世界は大霊界へつながる

心という極微の存在、その極微の世界を構成しているものは、無限ともいえるエネルギーを持ち、自在な動きをするというのが初代教祖の説です。これを光にたとえて、次のようにいいます。


げんに、光のエネルギーとしての光子《こうし》は、どんなに厚いガラスの板でも通過することができる。

酸素は鉄に作用して、サビをもたらす。電波はいろいろな障害物、遮蔽物《しゃへいぶつ》があるにもかかわらず、それらを通過して地球をかけめぐり、大宇宙のはるかかなたまで届く力をもっている。

つまり、物質も分子、元素、素粒子……というように、極微の存在になってくると、他のいろいろな物体を容易に通過することができるのである。ときには、物質界の常識では考えられないようなこともおこってくるのであるが、現代の科学はそれらのこ

図2　物質界と霊界

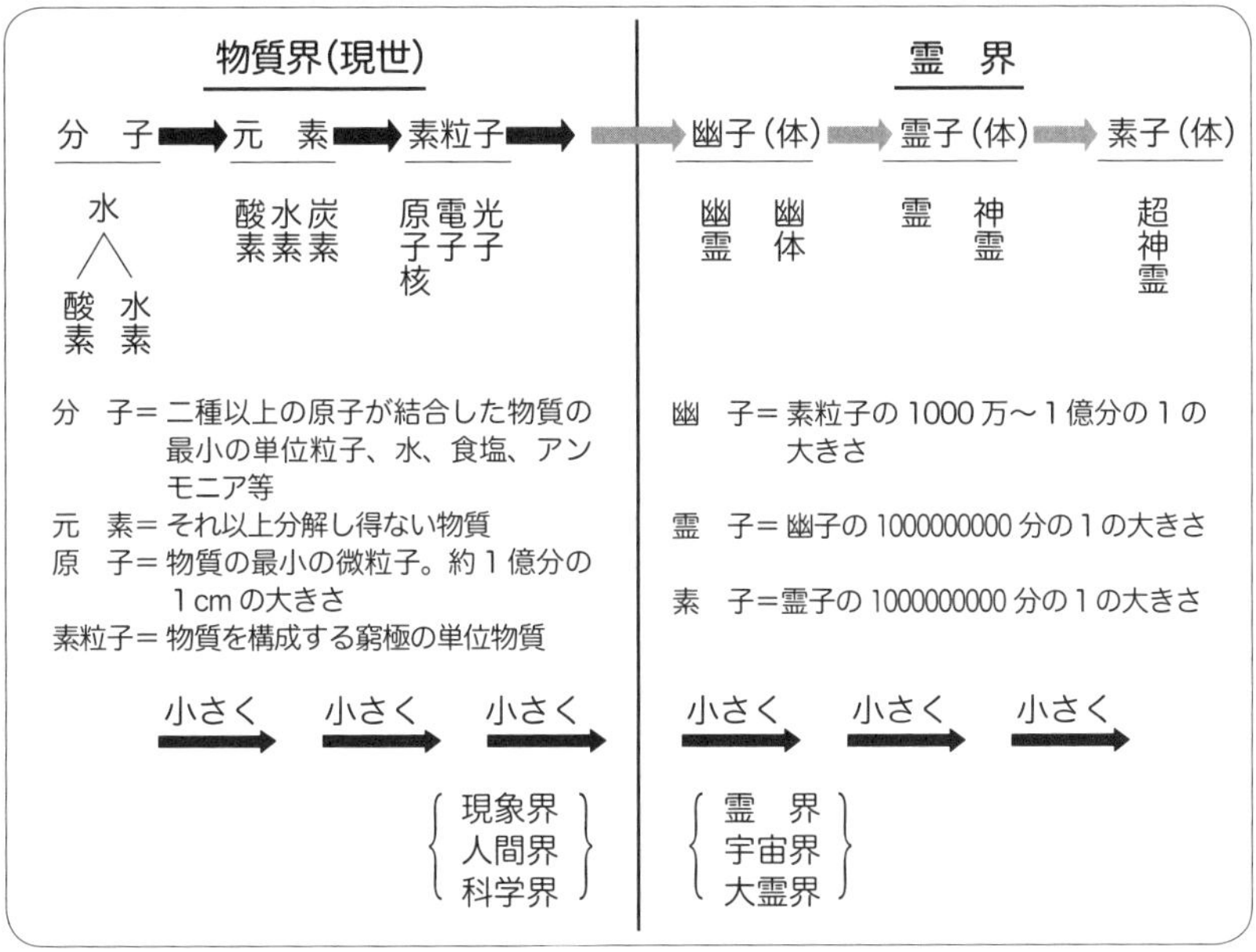

とについても、徐々に解明しつつある。

そして、現代科学が解明し得た極微《きょくび》の存在である素粒子《そりゅうし》のそのさきは……、そこは0《ゼロ》の世界ではない、無の世界ではない。

素粒子《そりゅうし》の世界をつきぬけた、そのさきに、広々と深々と大霊界が存在しているのである。

（中略）

これを図式化すると、分子《ぶんし》→元素《げんそ》→素粒子《そりゅうし》→幽子《ゆうし》→霊子《れいし》→素子《そし》という具合にだんだん小さくなっていくのであるが、幽子《ゆうし》以下はすでに霊界の存在である。

（大霊界シリーズ⑫「神々の不思議と謎」P73〜75、P77）

図式化したものが前ページの図2です。人間の体の中にある心は、体の中だけではたらいているものではなく、大霊界とつながっている、というのが研究の末に初代教祖がたどりついた理論です。心を構成している極微の目には見えない物質には、すさまじいエネルギーが秘められ、そのエネルギーによって、大霊界とつながることが可能となるのです。

霊と交信したり、招霊したり、神霊を招き入れて、そのはたらきで浄霊を行うとき、「胸中を霊界に開放する」といいますが、これも、この極微の存在があるからこそといえます。

一般に幽霊と呼ばれるものも、この極微の物質でできています。

昔から、幽霊は壁でも鉄のドアでも難なくとおりぬけてしまうもの、と信じられている。確かに、そうである。幽霊は、素粒子《そりゅうし》よりももっと小さい幽子《ゆうし》の存在なのだから！厚いガラスの板を光子《こうし》が難なく通過するのとまったく同じことである。

幽子《ゆうし》は、素粒子《そりゅうし》の一千万〜一億分の一ほどの小さな粒子であろうと推定される。（中略）物体は小さくなれば小さくなるほど、その分、それがもつエネルギーは大きいものとなる。とすると、幽子体《ゆうしたい》は霊界において、素粒子《そりゅうし》の一千万〜一億倍の力をもつということになる。つまり、一秒間に地球を七回り半（約三十万キロ）するという光子《こうし》の一千万〜一億倍の速度をもつのが幽子体《ゆうしたい》ということだ。まったく、われわれ人間の想像を絶するスピードではないか！

そうだとすると、突拍子もない（と、わたしたち現界人には思われる）ほどの遠方から一瞬にして幽霊が突如訪問してきたとしても、なんの不思議もないのである。しかも、幽霊にはコンクリートやレンガのへいも壁も、ドアも、ドアのカギも、まったく障害とはならないのだ。なんと身軽な、夢のような話ではないか！　しかし、事実なのだ。

素粒子《そりゅうし》をさらにつきぬけた霊界とは、このように、物質界とはまったくちがった性質をもった世界なのである。


（大霊界シリーズ⑫「神々の不思議と謎」P78〜79）

神霊能力者としての立場から、想念界をひもとく

想念を辞書でひくと、意識しない状態で、心にあれこれと浮かんでくる世界、とあります。

近年、日常を離れて、お寺などの座禅体験に参加することが、サラリーマンや働く女性たちの人気を集めているようです。忙しい仕事や、複雑な人間関係など、ストレスを感じる人がそれだけ多いということでしょう。

清浄な庭に面した、開け放った板の間に坐して、心静めたときの心境は、想念に近い世界かもしれません。この想念界、精神界について、初代教祖は以下のように述べています。


わたしは、あくまでも実践家としての神霊能力者という立場から、想念界および精神界について、わたしなりの論旨《ろんし》を展開していくことにしよう。

まず、精神界というものであるが、これは地球上では人間のみがもつものである。東照宮の三猿はさておくとして、動物の中でもっとも人間に近いサルの仲間といえども、精神界をもつことはない。まして、イヌ、ネコにおいても、当然これをもつことはない。

では、その精神界とはなにか。それは、各人がそれぞれにもつ「心」というものを成り立たせている、さまざまの因子（たとえば知識、感情、思慮など）をふくむ小宇宙界である。また、それは人間の肉体に付随して確実に存在するものでありながら、ただいまのところ、どのような方法を講じても視覚にとらえることのできないものでもある。

話を明確にするために、ここでちょっと、液晶カラーテレビの画面を思いおこしていただきたい。液晶カラーテレビの画面は、細かいモザイク状の粒子がいくつも組み合わせられて、ひとつの鮮明な画像を映しだす。精神世界も、ちょうどこれと同じようなものである。

各人の先祖や両親から受けついだ肉体的遺伝子、霊的遺伝子、あるいは、この世に生まれてから魂が知らず知らずのうちになしてきた霊的交流、さらに両親の愛情やしつけ、学校教育、社会生活などの環境……といったように、当人をとりまくあらゆる内的、外的因子が組み合わせられて、一個の人間の精神世界が構成されているのである。

（大霊界シリーズ⑧「神と想念界」P14～15）

その精神世界と想念との関係はどのようなものか。それを明確化したのが、次のたとえです。

精神世界と想念世界とのちがい、関連をよりわかりやすく説明するために、精神世界を家や器と表現し、その家や器におりおりにわきいずる存在を想念とよび、さらに想念の総体を想念世界と名づけてもさしつかえなかろうと思う。

そして、わたしたちがちょっと油断をしていると、この精神世界という家にはすぐにカビが生えたり、ダニがわいてきたりする。カビやダニとは、悪想念のことである。

わたしたちは、現代というこの競争社会を生きぬいていかなければならない以上、悪・欲・疑いの心とまったく無縁でいられないのがふつうである。

たとえば、会社で仲間の誰よりも早く昇進したいと思う心、また、選挙に出馬したからには人はさておき自分が当選したいと思う心。これは向上心ともいえるが、悪の心ともいえる。また、より多く金もうけをしたいと思う心、昇給をねがう心。その心のうちに、愛する家族にすこしでもらくをさせてやりたい、豊かな生活をさせてやりたい、という思いがあったとしても、金もうけや昇給をねがう心自体は、欲の心である。さらに、誰かに金を貸す場合には、担保をとり、保証人をつけ、きらんと契約書をかわさなければ危ない、とふつうの人なら考える。これは、人間が安全な生活を送るために必要なことではあるが、疑いの心ともいえる。

このように、わたしたちの精神世界の中には、生活していくうえで必要な悪・欲・疑いの想いが、大きくなったり小さくなったりしながら絶えずでてきているのであるが、それは、ある程度いたしかたのないことである。

しかしながら、そうかといって、その悪想念にとらわれ、ずるずるとひきずられていたのでは精神世界がくもってしまう。精神世界がくもれば、当然、神の光も届かなくなる。のみならず、精神世界に増殖しつづける悪想念は、そのまま地獄への道案内となろう。

されば、勝手にわきでてくるカビやダニの悪想念は、つねに、人間として努力して打ち消していかなければならない。これは、神に頼んで打ち消してもらうのではない、人間が自らの力で打ち消していかなければならない。（中略）

なによりも、精神世界をクリーンにしておくことこそが、幸運の人として神の加護を受ける第一の条件でもある。

（大霊界シリーズ⑧「神と想念界」Ｐ16〜17）

これを読むたびに、私は人間の弱さというものを痛感させられます。同時に、自分自身の心というものへの向き合い方について、冷汗をかくような思いをしいられます。

家族の幸せを願って、自分はこんなに苦労している。夫や妻、あるいは子供によかれと思えばこそ、頑張って○○してやった。つい、口にしがちな言葉です。夫のため、妻のため、家族のため、それは本心からの言葉でしょう。

だから、その夫や妻、子供たちが、こちらの苦労に感謝の気持ちを見せないと、がっかりします。くたびれて帰ってきても、「お疲れさまでした」も言わない。息子も娘も目すら合わせない。こんな家庭を守るために、働きつづけているのか。失望が続いたとき、失望は怒りに変わります。けれど、そもそも誰々のために、と願う心の中に、自分に都合のよい状況を勝手に想定してはいないでしょうか。怒りからは、何もいいことは生まれません。誰それのためと、自分以外の人間をひきあいにだすとき、気をつけたいのが自分自身の立ち位置です。

想いの世界を管理していくこと

霊とは、人間の想いの固まりである。人間がその生を終えて肉体というからを捨て去ったとき、人は心だけの存在、想念だけの存在の霊となるのである。だから、霊といわれる存在は、たとえ、それが高級霊であろうと低級霊であろうと、善霊であろうと悪霊であろうと、当然のことながら、想念界にはたいへん通暁《つうぎょう》している。わたしたち人間がいだくかすかな想いの光や影を、霊界側の住人たちは、よろしく感知しているのである。

そして、人間自身が知らないうちに、おのれの想念に見合った霊が群がり集《つど》ってくる。心に悪想念を有すれば、その人間自身、悪霊の巣窟《そうくつ》ともなろうし、心に清き想念を有すれば、肉体は現界にありながら、高き神霊としっかり結ばれることになろう。たとえ、両者がことばでは同じようなことをいっていようとも、心、想念のちがいがやがて、その運命に大きなへだたりをもたらすことは、あまりにも当然のことである。

心の中でおかしたあやまちを知って、これを反省、是正する心の姿勢、すなわち想いの世界の管理ということであるが、（中略）この書を読まれる方々は深く心に刻みこんでおいていただきたい。

（大霊界シリーズ⑤「神と魔界」P18〜19）

他人の心はこちらには見えませんし、こちらの心は他人には見えません。たとえば、御しやすい同僚だと安心していても、何かの拍子に不安が生まれます。あいつ、いつも冗談ばかり言ってるけど、陰で上司に何を吹き込んでいるか分からない……と。ウソや疑いの心をもてば、悪想念になりがちです。そんな悪想念に低級霊は集まります。

想いの世界こそ主導権をにぎっている

私たち霊の存在を認める立場の人間は、この世界は、現界と霊界とがコインの裏表のように表裏一体になっている、と認識しています。

その認識のうえで、さらに初代教祖は、もう一つ、はっきりと存在する世界として、これまで述べてきた想いの世界、想念界をあげていきます。むしろ想いの世界こそがいちばん、人間世界に投影されているというのです。

つっこんでいえば、この現界の人間生活においては、わたしたちの姿形という肉体そのものではなくて、想いの世界、そのひそかな胸のうちこそが主導権をにぎっている、ということである。おりおりにあらわれる人間のさまざまな心模様、その目には見えない「想い」という主役が、現実の人間生活の形をつくっているのである。だから、現在のあなたの姿は、あなたの想念がそのまま顕現《けんげん》化《か》されたものだということになる。

（中略）

さて、目に見える第一界世界においては、人は他人に見られている、きかれているという現実にさらされているから、うまいことをいってみたり、とかく、いい顔をしてしまうものである。自分に都合のよいウソとか建て前が横行する世界である。

これに対して、第二界世界、すなわち心の世界にあっては、なにを考えても他人に見られるということがない、きかれるということもないというわけで、よくも悪くも、とにかく、さまざまの本音がうず巻くことになってしまう。

しかし、この第二界世界（心）で考えることのすべては、たとえ同僚や隣人には気づかれていなくても、第三界世界（霊界）に住む霊界人たちにはつつぬけであることは当然だ。こうして、知恵と諸感覚に支配される第一界世界と心という第二界世界、そして霊界という第三界世界とは、つねに複雑にからみ合いながら、交流しているのである。

ところで、この三つの世界に対する人間の志向性も、また、さまざまだ。まず、単純なパターンとして、第一界世界志向性の強い唯物《ゆいぶつ》論者、第二界世界志向性の強い唯《ゆい》心《しん》論者、そして、第三界世界志向性の強い霊媒体質者《れいばいたいしつ》（霊にとりつかれやすい体質の人）と分けられる。これにくわえて、混合型とでもいうべきものがある。第一界・二界世界を、あるいは第二界・三界世界を同時に志向するタイプがそれであり、この混合型のなかには、ひじょうにバランスよく三つの世界を志向するタイプの人々もいる。

さて、人間が志向する世界による色わけは、ざっと以上のようなものになるが、いずれにしても、わたしたちが気づいていようがいまいが、第三界世界に住む霊界人たちは、わたしたちの心のうちをお見通しということだ。

（大霊界シリーズ⑤「神と魔界」P14～16）

人間の世界を、三つに分類してあらわしたものが図3です。第一界世界と呼ぶのが、人間の五感で感知できる世界。第二界世界とは、外からは見えない想念の世界。

そして第三界世界が、第一界世界と第二界世界をすっぽり包む霊界ということになります。

図３　私たち人間の世界にはもう二つの世界がある

・人間界と一口にいっているが、実は通常言葉に出している人間界（人間の知恵、五感、知覚界）＝一界と、合わせ持つ想念会＝二界と、交流を有する霊界＝三界の三つがあり、人間界の一界のみではなく、三界としての人間界の見方を持たなければならない。

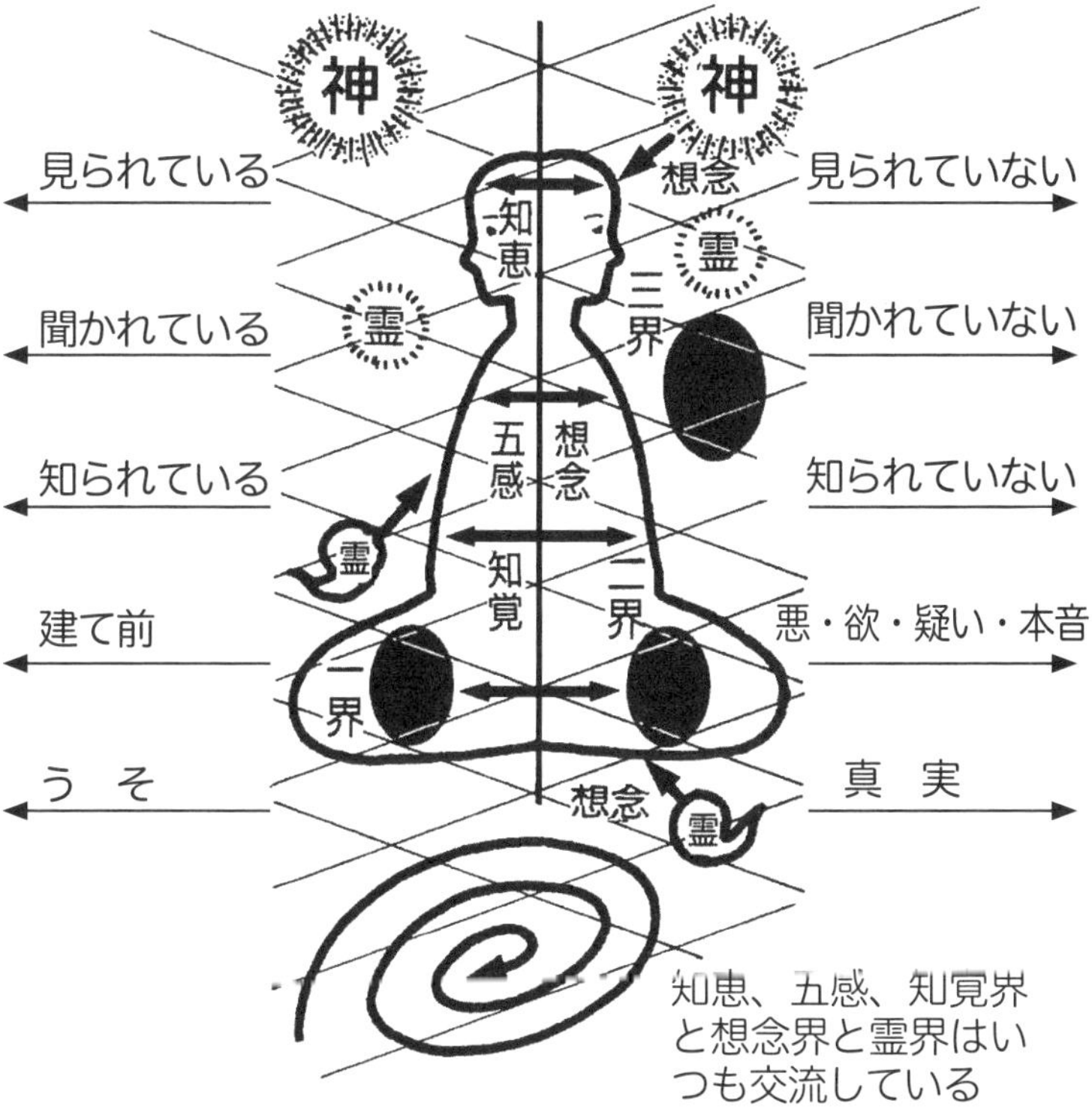

・人次第では一界指向性＝唯物論、二界指向性＝唯神論、三界指向性＝霊媒体質、また一・二界指向性、二・三界指向性、バランスのとれた三界共有指向性型といろいろある。

心の知恵は五十歳をすぎてから

人は、その誕生から物心がついて、成長するとともに、さまざまな知恵を身につけます。火は温かいけど、近づきすぎると火傷するといった本能に近いものから、友人とけんかをしたり仲直りしたり、尊敬できる恩師の影響を受けたりするなかで、生きていくための知恵を学びます。社会に出てからも、仕事上の失敗なども生かしながら、知恵を深め自信をつけます。「生涯現役」を願うのも自信のあらわれでしょう。けれども、心身の疲れを翌日に持ちこすように感じると、その自信もぐらつきます。そんな中年期の五十歳を過ぎた年代について、初代教祖は著作で次のように述べています。

五十代で実際に深刻なもの忘れに悩む人はまだ少ないかもしれないが、しかし、五十代のほとんどの人たちが若い人たちよりはるかに記憶の点で劣っていることを認めている。また、自分の頭がかたくなってきていることも認めている。

ましてや、現在すでに日本中を席巻《せっけん》しているかの観のあるIT（インフォメーション・テクノロジー、情報技術。とくにコンピューターとネットワークを利用した、データ収集や処理技術）に関する知識などといったら、若い人にはかないっこない。

となると、五十歳、六十歳をすぎた人たちは、職場から、社会から早々に引退し、あとは頭の回転の早い若い人たちに任せてしまったほうがいいのだろうか。

とんでもない！

会社の経営者、政治家など、六十歳、七十歳をすぎて、なお、若い人たちを統括《とうかつ》してバリバリと活躍している。そして、彼ら自身いうのである。まだまだ若い者には任せておけないよ、もう五、六年は自分が頑張らなければ、と。

これは、いったいどういうことなのか。記憶力も頭のきれ味もいい若い者には任せられなくて、記憶力も頭のきれ味も鈍ってきている者が、まだまだ頑張らなければならないということは。

ここが、人間の不思議なところである。実際に会社を動かし、社会をひっぱっていくのは頭の力ではないし、ましてや体の力でもない。心の力なのである。

心の力――、すなわち物事に対する判断力、洞察力、先見の明といったもの。これらはすべて、頭の知恵ではなく、心の知恵から生みだされるものである。

六十歳、七十歳をすぎて社会的に活躍している人たちとは、まさに、この心の知恵をフルに活用することを知っている人たちなのである。脳細胞からつくりだされる頭の知恵の百倍、千倍ものこまやかな、深い心の知恵をもって事業を運営し、社会をひっぱっていくことのできる人こそが有能な事業家、政治家というわけだ。そういうことになってくると、やはり、「まだまだ若い者には任せられない」ということになってくるのである。

人間は五十歳をすぎると、頭の知恵はどんどん衰退していく。もちろん、体力はそれ以上の早さでどんどん衰えていく。ところが、それにかわって心の知恵、精神世界の知恵がどんどん出てくる。そして、この心の知恵、精神世界の知恵こそが、家庭の、事業の、社会の、国家の中心となって、すばらしい働きをあらわすのである。

人間というものは、体力はもちろん、頭脳が衰え始めた五十歳をすぎてから、徐々に精神世界が肥え、広がり、そこにたくましいエネルギーが充満してくるものである。

（「大霊界 神々と霊族と人類」Ｐ１０１～１０２）

「知恵」というものは、表面的な浅いものから、人間関係の機微にふれるような深いものまで、さまざまあるのかもしれません。たとえば取引先の工場が経営難になり取引を中止しようと考える人がいます。一方で、工場には蓄積された技術があり底力もある、経営者の人柄も信用できる、そう考えて、取引を続けるよう上司に進言する人もいます。後者が心の深い知恵の例でしょう。単純にシロクロをつける浅い知恵ではなく、こまやかな心の知恵というものは、人生を六十年、七十年と過ごしてこそ、さまざまな失敗を知り人間関係の機微にふれてこそ身についていくものかもしれません。

こうした中年期、老年期の心の知恵の副産物として、初代教祖は次のような利点をあげます。注目したい心のはたらきです。

わたしの会に神霊治療（浄霊）を受けにこられる依頼人の方々を見ても、五十代の方のなかには霊媒《れいばい》体質者が少ない。霊媒《れいばい》体質とは、いろいろな霊がしじゅう当人の心身を自由に出入りするため、つねに心身は不調つづき、という気の毒な体質である。が、これもつきつめれば、心の力の弱さに起因している。

つねに体のどこかしらがおかしい、イライラ、不安感、恐怖感にも悩まされているし、精神障害もある……などという霊媒《れいばい》体質者のほとんどは三十歳以下の、心が未熟な人である。

人間も五十歳をすぎて、心の世界がひらけ、深まってくるにつれて、他から侵入してこようとする霊のエネルギーにうち勝つだけの心のエネルギーが、自然に充実してくるものである。したがって、五十歳以上の方で霊媒《れいばい》体質である、というケースは比較的少ない。

（「大霊界 神々と霊族と人類」Ｐ１０３）

酒びたりの荒れた生活を続けたり、仕事や人間関係がうまくいかず、くよくよ考え込んだり、また悲しみから立ち直れず暗い気持ちで過ごしていると、辺りにいる悪霊や低級霊が寄ってきます。心が未熟な人とは、心の力が弱い人です。若いときのような体力はなくとも、心の知恵をもつ人には低級霊は寄りつきません。低級霊をはねつけるのは、人生の歳月を重ねて豊かに育ってきた心がもつエネルギーなのです。

年とともに、心、精神世界には宝の山が蓄積される

年を取っても、趣味を見つけ生き生きと過ごす人、少しでも住みよい社会にしようと、ボランティアに励む人が増えています。

そうした人たちを見ると、人生に引退という文字はないのだと、つくづく感じさせられます。はつらつと、前向きに生きること、それは精神世界を育てることにつながります。

そしてたくましく成長した精神世界というものは、心を構成している超極微の幽子のはたらきによって、神界や宇宙のエネルギーを吸収するというのが、初代教祖の理論です。

万物の霊長たる人類が他の動物と最も異なる点は、心、精神世界をもっているということである。その精神世界のなかに、神の分け御霊《わみたま》たる魂が生まれながらに存在している。そして、魂は肉体をはなれて霊界へ旅立つ日まで、人間の精神世界のなかにあって、着々と己《おの》が霊格の向上をはかっていくのである。

人間の心、精神世界は、物質界をつきぬけた超極微《ちょうきょくび》の存在である幽子《ゆうし》の世界そのものであり、幽子《ゆうし》の世界とは、神に通ずる基地となる世界でもある。

この精神世界というものは、五十歳をすぎると急速に発達を始める。つまり、精神世界が神、宇宙に向けて豊かにひらかれていき、神の知恵、力、宇宙の知恵、力をど

んどん吸収し始めるのだ。

こうして、五十歳をすぎると、年とともに人間の精神世界には神界、宇宙界からもたらされる無形の宝の山が、うずたかく蓄積されていくことになる。と同時に、精神世界を住みかとしている魂は、それらをどんどん吸収して、霊格、神格の向上をはかっていく。

魂は、霊界行きの準備を着々とすすめているのである。それはまた、魂の神への道のりでもある。


（「大霊界 神々と霊族と人類」Ｐ１０３〜１０４）

霊によってひきおこされる運・不運

事故がよく起こる場所

人生を過ごすなかで、私たちが出会う吉、凶、禍、福。人々はそれを「運がよかった」「運が悪かった」といいます。

けれど、どんな道を進もうが、どこへ寄り道しようが、人生という旅路には、さまざまな場面で、実に多くの霊が微力な、あるいは強大なはたらきかけをしています。

低級霊がたむろする場所のそばを、知らずに歩いてしまうこともあれば、人を守ってくれる霊が寄り添うこともあります。それも、初代教祖はじめ私たち神霊能力者が認識する、大霊界の法則なのです。

よく事故ばかりおこる場所というのがある。いわゆる「魔のカーブ」とか「魔の踏切」といわれるものはそのいい例であるが、本人がどんなに注意していても強力な霊の力にひきこまれて、交通事故などをおこしてしまう場所というのは確かに存在するのである。

（中略）

だいたい地球上にいる人類の数よりも、地球はじまって以来、生まれては死んでいった人々の霊の数のほうがよほど多いのだということを考えただけでも、見えない世界がいかにぼう大なものであるか、わかろうというものだ。

話が前後するが、やたらに交通事故やとびこみ自殺が多発する場所には、多くの場合、霊の作用がはたらいているということである。霊（悪霊）というものは、あらゆる機会をうかがっていて、いまかいまかと獲物、すなわち、とりつく対象となる人間を待ちうけているわけである。たとえば地理的な悪条件、また、寝不足でボンヤリしているなどという人間側の悪条件、すきに乗じて霊は介入してくるのである。

（大霊界シリーズ①「守護神と奇跡の神霊治療」P17〜18）

世の中には、魔界スポットと呼ばれている場所があります。神霊学的にいえば、地縛霊が存在するところが魔界スポットです。

その土地で、なんらかの事情で事故死をしたり、また当人にとって愛着ある場所で無念の自殺をしたりした場合、亡くなった人の霊が地縛霊となって、長い歳月、その場所にしがみつくことがあります。そしてたまたま、そこに立ち寄った人に取り憑くことで、おのれの苦しい想い、執念をぶつけるのです。

「魂の声」にしたがって災難を防ぐ

どなたも予知という言葉を耳にしたことがあると思います。超心理学の言葉で、予知能力とも呼ばれます。

予知とは、未来に起こる事柄を、現時点であらかじめ知ることです。日神会の会員の中にも、『聖の神』の声を聞いて、乗り物の事故に遭わずにすんだ、という人がおられます。心に神の声を聞いて、災害を免れたという話は、昔から世界中にあるようです。

「事故や出来事に、人間の想いがからんでいれば予知や予言は可能」という初代教祖の意見に、私も賛成です。守護神や守護霊が、事故を起こしてやろうとする人間の想いをキャッチして、守護する人に心の声として危険を知らせる――、これなども予知といえます。

そうした災難を知らせるのが「魂の声」の場合もあると、初代教祖は著作で例をあげています。私、隈本正二郎が十八歳のときの話です。

次男は十八歳になって、さっそく自動車の免許をとったばかりのころ、友人と車を連ねてドライブにいったことがあった。

このとき、運転をしながら、すぐ前を走っている友人の車を見ていた次男は、不意に、自分の身内からつきあげてくる「あぶない！」という声をきいた。そこで、さらに目をこらして前方を走っている友人の車を見たところ、突然、バーンという音とともに右後輪のタイヤがはずれて、友人の車は転倒寸前のありさまだ……が、それは現実のできごとではない。

現実には、友人の車は相変わらず、自分の前をちゃんと走りつづけている。それは、わかる。しかし、自分には確かに見えた……。

激しい不安におそわれて、次男はあわてて警笛を鳴らして友人の車を止めた。そして、点検したところ、果たして友人の車は、右後輪のタイヤのネジがひどくゆるんでいて、もうすこし走行をつづけていたら、大きな事故になっていたかもしれない状態だったという。

（中略）

ところで、この次男の身内にしばしばわきあがってくる声というのは、次男自身の魂の声である。

次男がごく幼いころから、わたしがつねに浄霊をしていたために。彼の魂は、十代にして、すでにかなりの力をもっていたのである。

（大霊界シリーズ⑨「神と奇跡」Ｐ１６５〜１６７）

魂は人の精神世界の奥にあり、独自の意志をもつ存在とするのが、初代教祖の霊理論です。その魂が磨かれ力をつけていれば、守護霊のように、人間を霊による災難から守ることができるというのです。

文中にあるように、私は幼少期から父、つまり初代教祖より浄霊を受け、また精神世界の大事さを教えられて育ちました。「魂の声」という表現も、魂を磨くことを怠ってはいけないという教えと受け止めています。

大霊界とは、理解しても理解してもさらに奥がある、広く深い世界です。人間界を生きるうえで経験や学びを深めるのと並行して、霊や魂を理解していく努力が必要――、これを初代教祖は次のように述べています。

世の中には、当人はなにも意識しないのに、いいほうへいいほうへと人生のコマを進めていく人がいるかと思えば、まじめに努力をしているのに、貧乏くじばかりひいてしまう人もいる。つまり、運のいい人と運の悪い人がいるわけだが、この運というものには、当人のバイタリティーとか霊的な問題が大きくからんでいる。

わたしたちの人生が、車の両輪のように、目に見える世界と目に見えない世界双方のバランスによって成りたっているのだとしたら、どちらに対しても手をぬくことなく、自ら、豊かで平和な人生をつくりあげていきたいものである。

（大霊界シリーズ⑨「神と奇跡」Ｐ１６９）

災難に遭いやすい人、遭いにくい人

強運や悪運というものに、霊の力が関わっていると、前項で述べましたが、運の中には、ケガや災難に遭いやすい、遭いにくい、という運もあります。しょっちゅうケガや盗難に遭って、まるで災難を招いているようだと思われてしまう人もいます。

こうした運、不運と、霊について、初代教祖は次のようにいいます。

これは、いったい、どうしたことなのだろう。

それでも、しょっちゅう病気ばかりしているという人に対しては周囲の人々も同情的なのだが、ケガばかりしている人となると、「あの人はそそっかしくて、落ちつきがない」などというカゲロまでたたかれることになってしまう。確かに、そそっかしくて注意力のあまりない人は注意力のある人よりはケガをしたり、事故にあうことは多いかもしれない。しかし、だからといって、四六時中生傷のたえないという人がすべて注意力散漫の粗忽者《そこつもの》かというと、決してそんなことはない。

世の中には、頭のよし悪しとか注意力のあるなしにかかわらず、病気や事故、その他の災難を知らず知らずのうちにひきよせてしまう体質、心質の人がいるものだ。

(中略)

病気、あるいは病気といいえないまでも体の不調の多くは、迷える霊の救われたい一心の自己主張ととらえてよいだろう。すでに肉体を捨て去って、その魂は霊界にありながら、霊界での向上の道を進むことのできない低級霊は生きている人間の体にさ さりこんで、己れの苦しみを解消しようとする。それが、現象的には生者側の肉体の痛み、苦しみとなってあらわれてくるのである。

（大霊界シリーズ③「恐怖の霊媒体質」Ｐ21～23）

すべて人並みだったのに、ある時期からうまく事が運びだし、みるみる出世していく人もいれば、やることなすことケチがつき、心機一転、転職すれば倒産してしまった、というような気の毒な人もいます。運がいい、悪いは、寄り添う霊が関係している、というのが大霊界の常識です。一方で、自分はそんな気の毒な状態にはない、運がいいほうだと安心していても、次のようなことも起こります。寄り添っている霊がなんらかの理由で力を弱めたり、マイナスの気を発している低級霊と入れ替わってしまうことがあるのです。

同じように事故、災難にみまわれる、しょっちゅうケガをするというのでも、それが「あるときをさかいにして、急にそのようなことが続発するようになった」という場合には、やはり霊の介入《かいにゅう》ということが考えられる。

たとえば――。

自分は子供のころからめったにケガなどしたことがなかったし、あやまって物をこわしてしまうようなこともなかった。車にしても免許《めんきょ》をとって二十年、無事故、無違反でやってきた。ところが、一年ほど前からどうも調子がおかしい。どんなに用心しているつもりでも、お膳《ぜん》の上の茶わんをひっくりかえしてしまったり、たいせつなお皿を落として割ってしまったりする。料理をすれば、包丁で手を切ってしまう。車の運転も、自分では細心の注意をはらっているのに、以前には絶対になかったような接触事故を再々おこすようになってしまった。べつに心配事があるわけでもないし、体の具合が悪いわけでもないのだが……。と、このような場合、この人の頭、知覚神経《ちかくしんけい》に霊がとりついて、その知覚のはたらきにいろいろな障害をもたらせている、ということもある。

（大霊界シリーズ⑮「浄霊と霊とのたたかい」Ｐ31）

「人生、山あり谷あり」といいます。失業、失恋、手ひどい裏切りなど、失意に落とされる出来事もあります。気弱な性格だったり、やさしすぎると人から言われるような性格のせいか、失意からなかなか立ち直れない人もいます。

そうした人に、マイナスの低級霊が忍び寄ってくることもあるでしょう。また、生活していくなかで、知らずに低級霊が取り憑いてしまうこともあります。

ただ、いえるのは、「何をやっても、どうせ、また駄目だ」と、マイナス思考の日々を送っていると、低級霊の思うつぼだということです。

いつでも不安感をもっていたり、おどおど、いらいらしているとその魂の波長が、やはりおどおどしたり、いらいらした想念の波長をもった低級霊をよんでしまうのである。

さらに、その低級霊が魂に侵入してくると、いわゆるノイローゼ状態となり、粗暴な言動や躁鬱状態をしばしば呈するようになる。

これがもっとひどくなると、人間の魂全体を霊がおおう形となる。こうなると、その侵入霊が人間の肉体、幽体《ゆうたい》、頭脳のすべてを支配するようになり、生きながらにして自己本来の人格を失い、霊の命ずるままに行動するようになる。

（大霊界シリーズ①「守護神と奇跡の神霊治療」Ｐ１６１）

ノイローゼなど精神医学の分野と霊障については、私は初代教祖と少し違う立場をとっています。ただ鬱々とした気分は低級な霊を招き、それが、鬱の状態を悪化させる可能性は否定できないと受けとめています。

また初代教祖と同じく、私も現代医学のはたらきを否定する立場ではありません。医学と神霊治療（浄霊）と、方向性が違うだけで、人々が健康に人生を送るようサポートするのは、ともに同じだと考えます。

ですから、急に体調に異変をきたしたときは、まず病院での検査をおすすめします。検査の結果、異常が見られず、しかし体調が回復しない場合は、霊障を疑ってみる。そのような流れで、神霊治療にみえる方がほとんどです。

そして、病気になる前に、ならないような生活を――。初代教祖の霊障に対する考え方は、生活習慣病でよくいわれる予防医学の考え方と同じです。

では、いったい、どうしたら病気にかからずにすむのか、事故にあわずにすむのか、ということを考えてみたいのである。

（中略）

わたしたちの周囲には、つねに人間より多い数の霊がうごめいていて、それがいつなんどきおそいかかってくるかわからないのである。ところで、霊、それも低級霊に憑依《ひょうい》されやすい人というのは、精神的にも、また日常の生活態度においても負の方向への志向が強い人だといえる。すなわち、なにごとにつけくよくよしたり、思い悩んだり、暗く沈みこんでしまうような人である。

人間界に浮遊している霊の多くは、未浄化の暗い想念の霊であるから、やはり暗い想念をもった人間の魂と波長がピタッと合ってしまうのである。

むかしから「類は友をよぶ」というけれど、これは真実である。どんなに低級霊がうようよいようと、こちらの魂が霊と同じような波長をださなければ、霊は憑依《ひょうい》したくてもできないのである。

不規則な食生活、睡眠不足、運動不足……、これら一般的に不健康といわれるような生活習慣も、悪霊につけこまれるすきをつくる原因となる。

逆に、なにごとにつけても明るく楽天的にものごとをとらえる人には、低級霊が憑依《ひょうい》しにくいのである。低級霊のもつ陰気な想念の波長と、陽気な想念の波長とでは合いようがなく、たとえ霊がすぐそばまでやってきても、はねとばされてしまうだろう。

（大霊界シリーズ①「守護神と奇跡の神霊治療」P158〜160）

ここで、霊界の存在を疑わず、霊ときちんと向き合おうとする人たちにも気をつけてほしいことがあります。

特に、霊について知識を持ちはじめた人たちに見られることですが、ちょっとした生活の不調も、仕事のミスも、対人関係の気まずさも、すべて霊の障りではないかと心配する人たちがいます。実際、私のもとにも、悩んで相談にみえる方々がいます。そうした人たちに対して、初代教祖は次のように注意をうながします。

神霊治療（浄霊）の依頼人のなかには、「自分は人とくらべて、事故や災難、ケガがひじょうに多いのです。これも霊のわざわいではないでしょうか」と心配してこられる方も多い。また、車の運転中の事故を月に二回も三回もおこしたり、しょっちゅう追突をされるのだが、これも霊と関係があるのだろうか、という質問もよくいただく。

この事故、災難、ケガということについては、常識的に考えてもわかることであるが、一概《いちがい》に霊のわざわいだとはいいきれない。たとえば、つねにせかせかとして落ちつきのない人、あわてっぽい人、なにかにつけて用心深さが足りない人は、万事に慎重《しんちょう》で注意深い人よりは事故や災難にあいやすいし、ケガもしやすいといえるだろう。また、いわゆる運動神経のにぶい人も、そうでない人よりはケガなどをしやすいかもしれない。以上のような場合には、本人が十分に気をつけることが一番の解決策となるはずだ。

（大霊界シリーズ⑮「浄霊と霊とのたたかい」P30〜31）

さらに説くのは、個々の人間として主体的に生きることの大切さです。

霊の実在を信じる人の多くは、とかく、現象界のできごとのすべてを霊の作用であると思いがちのようである。もちろん、この世が霊と人間との共同生活の場であれば、その意味において、現象界のできごとのすべては霊と関連していよう。しかし、だからといって、すべての現象を霊にゆだねてしまったのでは、人間自身の主体性というものは、いったい、どうなってしまうのか。社会人としての自己のあり方を忘れて、ひたすら霊を追い求めることは、霊の存在をかたくなに否定するのと同様に片手落ちの考え方だといわなければならない。

（大霊界シリーズ⑤「神と魔界」P49）

霊に対して理解をもちながら、一人ひとり人間として成長していく世の中が、私自身にとっても、めざすべき現象界のあり方です。年に一度、浄霊で取り憑いた霊を除いてもらえるんだから、好き勝手に生きればいい、というのでは成長するのも難しくなります。

たとえ、低級霊が取り憑きやすい、つまり霊障をこうむりやすい霊媒体質の人であっても、一人ひとりの努力で、変わることができるのです。事実、それは初代教祖が体験したことでもあります。

同じ霊媒体質《れいばいたいしつ》にも、高級霊媒体質《れいばいたいしつ》と低級霊媒体質《れいばいたいしつ》とがあるのです。この二者は、霊の波動を心身に受けやすいという点では相似性がありますが、その内実には雲泥の相異があります。

つまり、高級霊媒体質《れいばいたいしつ》は高級霊と波長が合いやすく、低級霊媒体質《れいばいたいしつ》は低級霊と波長が合いやすい体質なのです。

もっとはっきりといえば、高級霊媒体質者《れいばいたいしつ》が自己の意志で霊に波長を合わせることができるのに対して、低級霊媒体質者《れいばいたいしつ》ではそれができません。低級霊媒体質者《れいばいたいしつ》の場合、自己の意志のあるなしにかかわらず、一方的な霊界サイドのはたらきかけによって、いろいろな憑依《ひょうい》現象をおこしてしまうのです。

（中略）

わたし自身も、かつては強度の低級霊媒体質者《れいばいたいしつ》でした。

わたしは、子供のころから、人が死ぬことや近所で火災がおこることが前もって分かる、不思議な能力をもっていました。そのため、他人はもちろん家族からまでもたいへん気味悪がられ、疫病神あつかいされていたのですが、要するにわたしは、生まれつき霊と波長の合いやすい霊媒体質《れいばいたいしつ》だったということです。

(中略)

自分が低級霊媒体質《れいばいたいしつ》で一ばんつらかったのは、なんといっても心身の不調、苦しみでした。医師も首をひねるような得体の知れない病気に全身をむしばまれて、二十代、三十代と悶々とすごし、わたしの心身を悩ませるその不思議な苦しみは、四十歳の声をきくころまでつづきました。

その間、わたしは霊との決死の苦闘の連続の中で、徐々に、自分自身を低級霊媒体質《れいばいたいしつ》から高級霊媒体質《れいばいたいしつ》へときりかえていくことに成功したのです。

(「超神霊」P54〜57)

隈本確が語る異常霊現象

神霊能力者として、若いころから初代教祖はさまざまな霊現象を体験してきました。著作にも、一般の人には信じられないような不思議な現象が数多く語られています。いわゆる怪奇現象と呼ばれるような出来事も少なくありません。

その二例を紹介します。まず、初代教祖の神霊治療中に体験した霊現象です。霊とコンタクトするさまや、低級霊の霊魂を浄化させる、つまり浄霊の流れなども具体的に記されていますので、少し長いのですが、そのまま紹介します。

土中の人骨にまつわる憑依現象

わたしのもとに、中年の女性に連れられた三十五歳くらいの男性がやってきた。わたしの前に座るなり、その女性のほうが思いつめたような表情で、きりだした。

「先生、弟を助けてください。なんとか、なんとか、弟を助けてください。おねがいします」

そこで、わたしは男性のほうに顔を向けながらいったのである。

「どうしたんですか、弟さん。どんな症状なんですか。わたしに、どんなふうに具合が悪いのかくわしく教えてくれませんか？」

しかし、その男性はもの憂げにうつむいているばかりで、うんでもすんでもないのである。

「どうしたんですか、黙っていたのではわかりませんよ、さあ、くわしく教えてください」

すると、姉のほうが困惑したまなざしをわたしのほうへ向け、語りはじめた。

「……先生、ごらんのとおりなのです。ふだんは明るく陽気な性格なのに、十日くらい前からこんなふうに、なにをきいても黙ってばかり……、きこえているのか、いないのかもよくわかりません。

実は、弟は大工なんですけど、十日ほど前の朝、いつもと変わりない様子で家をでたんです。その日は神主さんにおねがいしてお祓《はら》いもすんだ土地に、床掘りといいまして、まあ、これから建てる家の土台をつくるんで、土を掘っていたわけなんですよ。すると土の中から、なにか人の骨のようなものがでてきて、それを手にもったとたんに……、こんなふうになってしまったらしいんです。わたしが問いつめ、問いつめして、やっと、それだけいったんです。

病院に連れていっても、まったく原因がわからないというんです。脈拍も、脳波も正常だそうです。でも、しばらく様子をみて、こんな状態がつづくようだったら、〝精神病院に入れたらどうだ〟なんて、お医者さん、そんなことをいうんです。精神病院だなんて……」

そこまでいうと、このお姉さんは肩をがっくりと落としてしまった。

そこで、わたしはさっそく霊視《れいし》の動作にはいった。わたし自身の理性を失わない程度に、だんだん意識をうすめていき、入神状態《にゅうしん》（トランス状態）に自分自身をおとしいれて、心に映る映像をキャッチするのである。

……すると、そこに髪をふり乱して目をつりあげた、鬼気せまるサムライ風の人があらわれた。両手は首をかきむしるようにして、苦悶の形相ものすごく、しかし、なにかを必死で語りかけようとしているのであった。

そこで、わたしは霊界のみに通用する心のことば（霊界語）で問いかけてみたのである。

「お前は誰だ。どうして、そのようにもがき苦しんでいるのか」

と、わたしの霊界語をとらえる心の耳に、ドーッと苦しみのことばの数々が、なだれこんできた。

「苦しい、苦しい、苦しい、残念である、無念である、……う、う、う、なぜに、このオレはくる日もくる日も、こんなに苦しまなければならぬのだ。この無念さと、苦しさはどうにもならない……、なんとかしてくれ……！」

これは殺されたまま、霊界人としての自覚もなく、永い歳月を地獄の奈落の底でもがき苦しんでいる執念霊なのであった。

わたしは、この無念の想いにこり固まった苦しむ憑依霊《ひょういれい》を、わたし自身の体中によび入れ、すぐさま、浄霊にとりかかったのである。その方法は、まず、わたし自身のご守護神の効果を強くねがいながら、このご守護神に、わたしの体にとどまっていただく――、そして、わたしの体中において、ご守護神の黄金色の霊流を、このの《ママ》たうち苦しむ霊に、どんどんどんどん浴びせていくのである。

すると、しだいにしだいに、その苦しみの霊は落ちつき、苦悶の形相も無念の形相も消え、やがて、清浄な白銀色の霊体となり変わったのであった……。

霊の浄化、すなわち救済（霊が救済されれば、結果的に、霊の憑依《ひょうい》を受けていた人自身の苦しみもなくなる）の仕事が完了したのである。

わたしの胸中深く、すなわち、わたしの胸中につくられた霊界において、この白銀色に輝く霊体は深くひざをおり、頭《こうべ》をたれ、霊体中に喜びを満ちあふれさせ、歓喜と礼を訴えるのであった。

そこで、わたしが胸中深く、その霊体に向かって問いかけたのである。

「どうしてお前は、こんな場所で二百年以上も地獄の苦しみを味わい、解脱《げだつ》することもできずに数百年後の人間・凡夫に、突然、憑依《ひょうい》したのか」

すると、深々と頭をたれたまま、その霊体はいうのであった。

「……苦しさのあまり年数もさだかではありませんでしたが、わたしはこの地で数人のサムライにおそわれ、体をメッタ斬りにされたのです。悶々としてのたうちまわるまま、まだ余命があるのに、証拠を残さぬためとは思われますが、この地に埋められてしまった者なのです。

満身創痍のうえ、この地に埋められたため、わたしは完全に死んだものと思われましたが、わたしの意識、想いは地獄の苦しみのまま、今日まで永らえ、存在してまいりました。ところが、いまから十日ほど前、土中で苦しみのたうちまわるわたしの意識の中に、誰かの呼吸が触れるような、一陣の風が吹きわたってくるような想いを感じはじめたのです。一刻、一刻と、この想いの一陣の風は、わたしの意識、想いに、だんだんと強く感じられるようになってきました。微動すらもできない暗闇の中にあって、わたしはこのような時をいかほど待ちわびたことでしょうか。

暗闇の中にありながらも、想いの風は刻々と近づいてくるのです。そのまっ暗闇の中、わたしに向かってきたその一陣の風とわたしの想いがピタッと合った瞬間、わたしは無我夢中で、この男の体内にドーッとおどり込んだのです。

……あとは、偉大なる神、ごらんのとおりにございます」

その救済された霊が話し終わるのを待って、わたしは、いつものように手印《しゅいん》の九字《くじ》にのせて幽界の壁を一気に突き破り、その霊を高い霊界に移送し終えたのである。

わたしは静かに冥想した目を開き、仕事をなしえた安堵感のうちに、ひょっと依頼人の男性の顔を見た。すると、ついさっきまで物ひとついわずうつむいていたこの大工さんは、もう隣に座っている姉とうなずき合い、笑い、語り合っているではないか――。

悪夢のような十日間は、完全に終わったのである。

（大霊界シリーズ①「守護神と奇跡の神霊治療」P65～68）

「凡夫」は、ぼんぷと読みます。初代教祖の著作に、よく出てくる言葉の一つでもあります。もともと仏教から来た言葉で、欲望や迷いの捨てきれない一般の人。また広い意味で、平凡な人間という意味でも使われます。

神霊治療に訪れる依頼人や、霊に憑依された人に対して「この凡夫」というと、なにか上から目線の物言いのように感じるかもしれません。少し説明しますと、著作で使われる「凡夫」は、神の前で使う言葉です。神様の前で、「一介の人間が平凡きわまりない人間の救いを願い祈る」ときの言葉と考えていいでしょう。私自身は、身を低くして神にまみえる謙虚さを表す言葉と解釈しています。初代教祖自身も自らを「凡夫」と表現します。

最初の守護神となった第十代埴山姫之命大神《はにやまひめのみことおおかみ》への言葉です。

わたしは、この神様に心底からの畏《おそ》れと敬《うやま》いの想いをこめて祈ったのである。

「第十代埴山姫之命大神様、わたくしはあなた様のお屋敷に毎晩お世話になっている隈本確《くまもとあきら》と申す凡夫《ぼんぷ》です。よろしくお願いしまあーす」

（大霊界シリーズ⑯「生と命と大霊界」P88）

無数の生首がちらばる神社

初代教祖は若いころ、不動産の賃貸業をしながらも、二年間ほどほとんど無職のような状態で過ごしていた時期があります。父親の病を癒した神との出会いで、神霊というものの存在に関心を抱いたころです。

それは、ほとんど熱中するような状態で、神というもの、真実の神とはどのようなものかを知りたいと、神社やお寺をかたっぱしから見てまわっていたのでした。住まいのある長崎県とその近県がほとんどでしたが、どこどこに神が鎮座している祠《ほこら》があると聞くと、すぐさま出かけていき、自らの霊能力で、どのような神霊が鎮座しているのか、追い求めていたようです。

次に紹介するのは、そんなある日の出来事です。

あるとき、わたしは知人から長崎郊外の日見《ひみ》という町に神社があることをきき、さっそく出かけることにした。橘湾に面したその町には小高い山があり、その頂上に日見《ひみ》普賢《ふげん》という神社があるというのである。実際いってみると、そこはかなり高い山で、登りきったところには、なるほどしめ縄が張ってあり、五坪ばかりの神社があった。そして、その神社の前には一メートル四方くらいの石でつくられた台座が据えられていた。

――神社の前に、どうしてこんな立派な台座があるんだろう?

なんとなく奇異の感を受けたわたしは、ジーッとその台座を霊視《れいし》した。と、晴れわたった夏空だったにもかかわらず、そのとき、あたりが暗く感じられはじめた。……そしてつぎの瞬間、神社のあたりの様子からは想像もつかないような光景が、突然、わたしの胸に映ってきたのである。筆舌に尽くせぬありさまとは、こんなことをいうのだろうか。

なんと、その石の台座の上には、十五も二十もの血でぬめった生首がゴロゴロと無雑作に積み重なっているではないか。ハッとして、わたしはその台座の周囲を見まわした。すると、そこには体じゅうから血をしたたらせ、息も絶え絶えの半死人が、地獄のうめきをあげながら、何人もおり重なり、のたうちまわっているのであった。

……あたりは、ますますうす暗くなってきたように感じられた。

その日は、そよとも風がなかった――。にもかかわらず、神社のまわりの竹やぶだけが、サッサッサッサッと音をたてて、小きざみに揺れはじめた。

これには、さすがのわたしも全身アワ立ち、どうにもならない胴震いがきた。そして、一本一本の髪の毛がツーン、ツーンと逆立ってくるのが、はっきりとわかった。わたしは、そのときの恐怖の感触をいまだに忘れられない。

その場で霊視《れいし》を終えたわたしは、われにかえって考えたのである。

――要するに、ここは神社とはいわれているけれど、死体を集めた首塚だったんだ……。

その後、わたしは日見町の小学校に勤める知り合いのS先生に、『日見の郷土史』という本を見せていただいた。そこには案の定、日見付近における何百年か前の長い戦いの記述があり、多くの武士が討ち死にし、死体があちらこちらに散らばっていたという事実まで明らかにされていた。

さらに、その凄惨なさまを見て気の毒に思った土地の農民たちが、死体を何か所かに集めて塚や小さな社《やしろ》をつくったのだということが記されていた。

このように血なまぐさい神社も、実際に存在するのである。

（大霊界シリーズ①「守護神と奇跡の神霊治療」P77〜79）

日本の各地に、このような無念のうちに亡くなった霊をなぐさめ供養する塚や慰霊塔がありま す。死者を哀れに思い、その霊をなぐさめようとした人々の想いや祈りは、その場に温かいエネルギーをそそいだことでしょう。

ただ時が流れ、塚や慰霊塔の中には放置されたままのものもあるようです。たんなる供養という霊の封じ込めよりは、浄霊によって霊魂と憑依された人間双方の救済をすることが大切、というのが初代教祖の主張です。

聖

第二章

神霊学と霊界のエネルギー

隈本確が考える神霊学と心霊学

神を信じ、神のエネルギーを求めて

日本神霊学研究会初代会長隈本確教祖の著作には、人間との関わり合いに応じて、低級霊、高級霊、怨念霊、雑霊、神霊など、さなざまな呼び名の霊が出てきます。

また自身の霊学については、心霊学ではなく神霊学と称しています。神霊学へ話を進める前に、まず最初に、初代教祖の「心霊」研究についての受けとめ方を紹介しましょう。

世界的に見ても、心霊研究というものが本格的にはじめられてまだ百年ほどしかたっていないが、この間に、多くの交霊実験会などで、霊の姿が見えたとか霊の声がきこえた、という報告は各国に多数ある。

しかしながら、（中略）あくまでも人間界的なレベルでの霊のはたらきかけであったと思われる。というのも、本当に高い霊界に住む霊人のはたらきかけというものは、決して人間界にかかわりをもってくるようなものではないからである。

ましてや、神霊というほどの格をもった霊界の住人が、現在も世界のあちこちで行われているような交霊会（いろいろな霊現象をあらわす会。たとえば、生者に霊をかからせて、その霊と対話をしたり、霊の力で物品をひきよせたり、空中浮揚をするなど）にあらわれる、などということはさらにあり得ない。

とはいっても、そのような多くの交霊会でおこった物理的心霊現象は、霊魂の存在を実証的に究明しようとする心霊学においては、必要なプロセスだったのであろう。確かに、霊、そして霊界の存在というものを、一部の人たちにではあっても実証し得た点では大きな意味があったといえる。

日本においても、近年の心霊研究はおおむね欧米から移植された、物理的心霊現象などの究明が中心になっていたようだが、もちろん、そればかりではなかった。

日本には在来の神道があり、その流れをくむ神仙道《しんせんどう》があり、仏教とその流れをくむ修験道《しゅげんどう》などがあって、これらがわが国の心霊思想の底に現在も脈々と流れているのである。


（大霊界シリーズ⑪「21世紀の実在する超神霊」Ｐ20〜21）

原始の宗教は、火や水、草木も山も川も、すべてに精霊が宿り、人々の信仰の対象とされてきました。こうした思想は、日本において神道へと受け継がれています。

そこでは、死者の霊も、子孫や一族を守ってくれる神として祀られます。また、災いをもたらす怨霊から人々を守るために、日本にもたらされた仏教や修験道から、悪霊を調伏する法が編み出されて暮らしに取り入れられ、さまざまに発展してきました。

こうした歴史を踏まえて、初代教祖は「心霊」と「神霊」とを、こう区別します。

広い意味においては「心霊」のなかには「神霊」がふくまれることになろうが、「心霊」といった場合には生者、死者双方の心、魂を意味するのに対して、「神霊」といった場合には主としてすでに霊界入りした人霊《じんれい》の、それも神といえるほどに浄化、向上した霊魂を意味している。

したがって、「心霊研究」においては人間の念力とか、または人間界に声や姿であらわれてくる死者霊のありさまの調査研究（つまり、霊的超常現象の研究）も大きな課題となろうが、「神霊研究」においてはそのようなことはあまりあつかわない。

もちろん、神霊学を学ぶにあたってはまず霊界（死後の世界）の実在をはっきりと認識しなければならないのだから、その意味においては、神霊学もいわゆるオカルト的な現象の研究とまったく無縁というわけではない。

（中略）

しかし、わたしは神霊治療（浄霊）能力者として、高次の力を求めれば求めるほど、自己の感覚に映ってくる霊的現象に対して興味を失っていった。

人間の感覚に映ってくる霊的現象というのは、所詮《しょせん》はまだひじょうに人間くさい霊たちのしわざなのである。それだけに、親しみがあるといえばあるのだが、しかし、そのような霊の力に頼っていたのでは神霊治療（浄霊）能力は決してのびないのである。わたしは、はやくからこのことに気づいていた。

要するに、わたしは「霊」ではなく「神」の力にふれたかったのである。それは、大それた想いだったろうか。が、わたしは神の使徒としての神霊治療（浄霊）能力者たる自分を自覚すればするほと、目にも見えない、耳にもきこえない、第六感にすら感じられない、高い高い神を求める想いの姿勢ができあがっていったのである。

（大霊界シリーズ⑪「21世紀の実在する超神道」P21〜22）

霊界をより明確に理解していく道のりという意味では、第一章で紹介したような首塚での霊視体験やさまざまな霊調査も必要なことでした。そして、神霊治療（浄霊）を重ねるなかで、神霊に対する想いの姿勢が固まっていきました。

さらに、より高い神霊の力を求め、また大霊界についてのさまざまな探求をとおして、それらは、初代教祖のなかで大霊界に満ちるエネルギーの認識へとつながっていったのでした。

そうであれば、もし人間の側で高き霊界の活力に満ちたエネルギーを正しくひくことさえできたなら、霊障やエネルギー障害による病気や事故、災難はなくなるはずである。対人関係もいまよりずっとスムーズにいくようになるだろう。

そう、高き霊界の神と波長を合わせることさえできたなら!!

実に、この宇宙、大霊界には無限の可能性を秘めたエネルギーが満ち満ちており、わたしたち多くの人間が気がつかないだけで、それは、たったいま、すでに存在しているのである。だからこそ、霊界は如意《によい》の世界、想うがままの世界ともいえるのだ。人間の真心からの想いが神の心にかなえば、すぐにでも神のエネルギーは作動するのである。その感応道交《かんのうどうこう》が、この世に奇跡の麗花《れいか》を咲かせるのである。

古来、すぐれた科学者が偉大な発明、発見をしたのも、芸術家がすばらしい音楽や絵画などの作品をのこしたのも、如意《によい》の世界である高き霊界から、インスピレーションとしてさまざまのエネルギーをひき得たからなのである。

もちろん、わたしの神霊治療(浄霊)にしてもそのとおりである。

(中略)

しかし、わたしは、この大霊界にはまだまだわたしのひき得ない有益なエネルギーが、無尽蔵に存在していることを知っている。だからこそ、神霊治療(浄霊)能力者としてのわたしはとどまることがないのである。

(大霊界シリーズ⑪「21世紀の実在する超神霊」P23~24)

神霊学をはばむ低級霊現象

霊といっても、さまざまな霊があり、性質もまたさまざまです。霊界は、何百という階級のある世界で、それぞれの段階にある霊が、自分に合った力量で、人間界にはたらきかけている、という初代教祖の主張に、私も同意します。

そこで気をつけなければならないのが、人間界に住む私たちに寄ってくるのが、どんな霊かということです。特に、いわゆる霊能力がある人のなかには、霊現象を起こしたのが実は低級霊によるものだったと気づかない人たちもいます。生まれついて授かった霊能力や、自ら高めていった霊能力を、面白半分に使う行為は、慎まなければなりません。

こうした霊能力についても、初代教祖は単なる霊能力と、「神霊能力」とを区別しています。

ちょっと霊感があって予知があるとか、霊のことばが自然にきこえてくるといった霊現象の場合、これを神霊能力とはいわない。神霊能力とは、あくまでも自己の意志でコントロールできる能力のことであり、自然発生的に生ずるさまざまな霊現象については、これをたんなる雑霊《ざつれい》現象というのである。

正しい神霊能力とは、かならず自己の意志でコントロールできるものでなければならないが、それが、たんなる低級霊の介入による雑霊《ざつれい》現象と混同されやすいことは、実にこまったことである。

神霊現象のひとつに自動書記《じどうしょき》現象というのがあって、これは、ペンや鉛筆を軽く握った状態でトランス状態（入神状態《にゅうしん》）にはいると、当人は無意識のうちに手が動きだして、文字や記号を書くという現象である。

もちろん、この自動書記《じどうしょき》にも、自らの意志の力で霊をよびこんで行うものから、たんなる低級霊の憑依《ひょうい》現象によるものまで、いろいろな段階がある。（中略）

自動書記《じどうしょき》も高級神霊からの霊示であれば結構なことだけれど、とかく、たんなる雑霊《ざつれい》のいたずら程度のものが多く、それが当人の人生を狂わせるような結果をひきおこしかねないのだから、恐ろしいものである。

（大霊界シリーズ⑥「魂の存在」P32〜33）

身近な霊能者たちが、安易に霊能力を扱う、その危険性について初代教祖は口をすっぱくして警告を与えています。正しい神霊能力か、それとも低級霊による霊現象かは、「霊を自分の意志でコントロールできるもの」か、そうでないかが判断の基準になります。

たとえば、自分が霊視《れいし》をしたいと意志したときに正しい霊視《れいし》があり、霊言《れいごん》をしたいと意志したときに正しい霊言《れいごん》がある、というものである。

これに対して、自分の意志とはおかまいなしに自然発生的に生ずる神霊現象は、霊視《れいし》にしても霊言《れいごん》にしても、すべて神霊能力とはいいがたい。いわば、たんなる霊媒《れいばい》体質による雑霊《ざつれい》現象で、したがって介入してくる霊の格も低級であり、その霊界通信はまったく信憑《しんぴょう》性のうすいものである。

だから、ひと口に自動書記《じどうしょき》は危険だといっても、それが、ほんとうの神霊能力でなされたものならよいのである。つまり、自己の強い意志で招霊《しょうれい》し、自動書記《じどうしょき》がすんだら、霊に対して帰るようにと決然と命令できる立場にあってなす自動書記《じどうしょき》であれば、危険性はないのである。

霊視《れいし》、霊言《れいごん》、霊聴《れいちょう》、自動書記《じどうしょき》……と、これらの霊現象について、現在の神霊学の世界では、そのすべてが神霊能力であるかのように受けとられているようだが、それは大きな誤りというべきだ。

事実、霊視《れいし》や霊聴《れいちょう》、霊言《れいごん》といった霊現象をあらわす人たちの八十パーセント以上が情緒不安定であり、また、肉体的にもいろいろと故障をおこしやすいのである。さらに、これらの人たちのなかには、奇異な言動で、しばしば一般の人たちをびっくりさせるような人も珍しくない。このことは、霊現象を体現する人たちのほとんどが、真実の神霊能力者ではなく、危険な霊媒《れいばい》体質者である、ということを物語っている。

（中略）

おもしろいことに、ある特定の霊現象をあらわす人というのは、自分に関係のある霊現象の話には異常なほど興味を示すが、それ以外の霊的な話となると、われ関せず、といった顔つきをしていることが多い。
わたしの主宰した神霊能力者養成講習の受講者を見ていても、そのことがよくわかった。ある霊視《れいし》現象の保持者など、わたしが霊視《れいし》について話しているあいだは身をのりだすようにして熱心にきいているのだが、話題が霊視《れいし》以外のことにうつってしまうと、たちまちコックリ、コックリ、居眠りをはじめたものである。これでは、広い範囲の神霊研究など、できようはずもない。

（大霊界シリーズ⑥「魂の存在」P54～56）

霊現象には、霊視や霊聴、自動書記、霊動など、さまざまなものがあります。
そうした霊現象について、現在の神霊学界が、まるごと神霊能力として受けとめてしまっている実情にも、初代教祖は異を唱えます。霊現象が本物か、それとも作り上げられた偽りのものか、また高級霊が霊現象を起こして何かを伝えてきたのか、それとも雑霊が悪ふざけや、いたずらで引き起こしたものか、一つ一つの現象について精査していくことも必要でしょう。

形式ではなく、本当の神霊学研究を

初代教祖はときに、その著作において、宗教界や霊能者の一部の人たちに、厳しい目を向けます。それは決して、宗教そのもの職業そのものを批判するものではありません。

神霊学研究をすすめ、この地上に広く根づかせたいと願っていた初代教祖が、その活動を阻害しかねないものとして懸念したのは、形式さえ守れば事足りるといった形式主義におちいった一部の考えそのものでした。そうした懸念を、たとえば次のように書き記しています。

霊に対する仕事といえば、神官、僧侶、加持祈禱師《かじきとうし》の受け持ちと相場が決まっていた。しかし、これらのほとんどは形式にのっとった祝詞《のりと》、お経、呪文、その他、念の力などを用いて除霊、霊の封じこめを行うもので、はっきりいって、あまり大きな効果があるとは思われない。

要は、形式ではない。霊に関する問題、すなわち浄霊、霊と人間双方の救済ということになれば、これはもう神霊能力者の担当する分野といえる。

今日まで、仏教、神道、その他の祈禱《きとう》などについてはずいぶん多くの研究もなされているが、神霊学の研究はひどく立ちおくれている。とくにわが国では神霊学自体が、アカデミックな学問研究の分野から継子《ままこ》あつかいを受けているのである。それは、ひとつには低級霊能者がまかり通り、真実の神霊能力者の出現をはばんでいる、という現在の日本の状況にも原因がある。

（中略）神霊学の研究、さらに真実の神霊能力の開発こそが、急ぎ、必要とされるべきことだと考えるのである。

（大霊界シリーズ①「守護神と奇跡の神霊治療」P83）

神霊能力、その他の原因でひき起こされる霊的現象

神霊能力の種類とはたらき

超能力とは目には見えない不思議な力のことですが、初代教祖は、超能力には、神霊能力と念力能力とがあると区別しています。

念力とは、物理的現象つまり目に見える現象をひき起こすような、人間の激しい想いのエネルギーのことです。古来より、激しく想う心のエネルギーは神秘現象を起こすと信じられ、科学の発達とともに、神秘現象の研究が世界の心理学者たちによって行われました。

たとえば、さいころを振って思いどおりの目を出す実験や、強い想いを写真の原版に焼きつける念写実験も行われ、成功を収めています。ただ、現在、日本の心理学会では、これを科学的裏づけとしては正式には認めていません。

一方の神霊能力について、初代教祖は次のように解説しています。

神霊能力というのは、目に見えない力、はたらきを目に見えない存在（神霊、霊魂）に作用させて、効果をあらわすものをいう。神霊を動かしたりさばいたり、救済することができるのである。

神霊能力には、霊感《れいかん》、霊視《れいし》、霊聴《れいちょう》、霊言《れいごん》、霊媒《れいばい》、神霊治療（浄霊）などいろいろあるが、現在、これらのメカニズムを完全に解明することは不可能である。

つぎに、これらの能力のそれぞれについて説明する。

霊感能力《れいかんのうりょく》　瞬時にして、ほんとうに正しいことをピンと感じる能力をいう。これは、その人の背後霊《はいごれい》の誰かが瞬間的に指導している場合と、ひじょうに霊性の高い自らの魂が瞬間的に真実を察知している場合とがある。

霊視能力《れいしのうりょく》　夢の中で天然色の光景を見るように、覚醒時に、そこに物体がないにもかかわらず、ある物体、情景が目ではなく感覚の中（胸の中か、胸よりすこし前のあたり）に映って見える能力をいう。

霊聴能力《れいちょうのうりょく》　霊界側だけにしか通用しない音声、ことばが耳もとではなく胸中に感じられ、ききとる能力をいう。また、この霊聴能力には生き霊、すなわち生きている人間の心の声をきく能力もふくまれる。

霊言能力《れいごんのうりょく》　自分の意志の力でトランス状態（自己催眠状態もしくは入神状態《にゅうしんじょうたい》）にはいり、神霊または生き霊を自分の体によびいれて、その霊の想いをことばにだしてしゃべる能力をいう。

霊媒《れいばい》能力　霊言能力も霊媒能力のひとつだが、たんに霊媒能力という場合には、もっと広い意味をふくんでいる。すなわち、やはり自分の意志の力でトランス状態にはいり、霊を体の中によびいれ、その霊の意志、想念を自分の体全体で表現する能力をいう。

神霊治療《しんれいちりょう》（浄霊）能力　これはたんに神霊と交流をもっただけでは決して得られないもので、あらゆる神霊能力のうちでももっとも次元の高い能力といえる。（中略）高い神霊の加護のもとで、さまざまの神霊をさばき、導き、その結果として病人の病気を治す能力をいう。

（大霊界シリーズ①「守護神と奇跡の神霊治療」Ｐ49〜50）

ここでも分かるように、あくまでも自分の意志の力で霊をコントロールできるか、できないかが、初代教祖の語る神霊能力のポイントです。こうした霊能力のうち、霊的な能力を他人の前であらわす場合、とくに注意を要するのが、霊言能力と霊媒能力だといいます。

霊感、霊視《れいし》、霊聴《れいちょう》といった能力は、それをつかった場合、自分にだけわかっていて人にはわからなくてすむことが多いが、霊言《れいごん》と霊媒《れいばい》はそういうわけにいかないからである。

もし、低級霊、悪霊のたぐいを招霊して、べらべら霊言《れいごん》をしだしたらどういうことになるか、ということを考えていただきたい。自分はトランス状態にはいっており、霊の想念を受けたままに「いまにみておれ」とか「お前の命を一年以内にとってやる」などといいはじめたら、きいている人はどんな精神状態になってしまうだろうか。

もちろん、霊言《れいごん》も霊媒《れいばい》も高級神霊を招霊してのもので、人間生活に役立つものならよいのだが、低級霊を受けての霊言《れいごん》、霊媒《れいばい》は人間生活を破壊させることさえあるのである。

とくに、低い段階の霊能者が低級霊を受けて、「神のお告げ」として霊言《れいごん》することはたいへん危険なことである。人間界にも善人、悪人がいるように、霊界にも悪霊、ごろつきのような霊もいるわけである。だから「霊言《れいごん》イコール神のことば」と、単純に受けとることはしないでいただきたい。

(大霊界シリーズ①「守護神と奇跡の神霊治療」P53〜54)

好奇心から自動書記現象に夢中になった女性

霊現象の一つである自動書記は、ペンや鉛筆などの筆記用具を手にした霊能者がトランス状態(入神状態)に入り、当人が意識しないのに手がひとりでに動きだして文字や記号をつづる、という現象です。

次にあげるのは、日神会の長崎道場で開かれた神霊能力者養成講習に参加していた女性がおちいった霊的現象のワナです。著作では実名ですが、ここではAさんとしておきます。

初代教祖が開いた講習に、自動書記能力開発を教えるコースなどはなかったのですが、Aさんは神霊能力を習得する講習を受けたことで、前々から興味があった自動書記がスムーズにいくようになったのを喜び、熱中したのでした。


Aさんがぶ厚いノートをわたしの前にさしだしたのは、能力者養成講習がはじまって、すでにかなりの日数が経過したあとだった。

「実は、このノートに書いてあることは、わたしが自動書記《じどうしょき》で書いたものなのです。ですが、先生は能力者養成講習の中で、〝雑霊《ざつれい》にとらわれるな〟ということをしきりにおっしゃいます。いろいろな霊的現象は雑霊《ざつれい》が行っていることが多いから、よく注意しなければならないと何度もいわれましたね。それから、高き守護神は人間界の小さな俗事にはとらわれないものだ、ということも教えていただきました。それで、このわたしの自動書記《じどうしょき》なのですが、いったいどういうものでしょうか。守護神さまがされているのでしょうか」

わたしは、Aさんのさしだしたぶ厚いノートを見てびっくりしてしまった。（中略）

びっしりと自動書記《じどうしょき》がしたためられている。そして、このノートのほかにも、まだ何冊かの自動書記《じどうしょき》のノートをもっているときいて、わたしは二度びっくりしてしまった。

ノートに書かれている自動書記《じどうしょき》の内容は、他愛もないようなことだった。あまり悪いことでもなく、かといって、とくにいいということでもなかった。

そこで、わたしはAさんにいった。

「Aさん、守護神が自動書記《じどうしょき》をするということはほとんどありません。自動書記《じどうしょき》をするのは、たいてい雑霊《ざつれい》、背後霊《はいごれい》関係といっていいでしょう」

するとAさんも、納得顔でいうのだった。

「ああ、そうでしょう。やっぱり、そうなんですね。わたしも、これは守護神さまではないなと、わかっていたのです。と申しますのも、わたしが自動書記《じどうしょき》のなかで〝あなたは守護神さまですか〟とききますと〝いえ、ちがいます〟、〝では、背後霊《はいごれい》さまですか〟とききましたところ、〝はい、そのとおりです〟と答えてきたからなのです。それも、自動書記《じどうしょき》でですよ」


（大霊界シリーズ⑥「魂の存在」P35〜36）


Aさんのちょっと得意そうな表情が、初代教祖は気になって、「背後霊は守護するだけの力がないこと」「間違ったことを言ってくる可能性もあること」を伝えました。Aさんは納得して帰っていき、やがて講習も終わったのでした。

ところが、しばらくして神霊治療の見学と施術に訪れたAさんは、あきらかに様子が変でした。目はうつろで、施術を始めるや、もうろうとなり、意識不明に陥りました。施術後、ようやく意識をとりもどし、職員に送られて帰宅したのでした。後日、Aさんは初代教祖に自動書記をやめられなかったことを打ち明けたといいます。次は、初代教祖がAさんから聞いた、その当時の状況です。

彼女が、わたしの能力者養成講習中に、自らしたためた自動書記《じどうしょき》のノートをもって相談にやってきたことについては前に書いたが、なんと彼女は、それから後も毎日毎日、憑《つ》かれたように自宅で自動書記《じどうしょき》をしていたというのだ。

はじめは、自分の手が自然に動いてどんどん文字が書かれていくことがおもしろくて、ただ夢中になって自動書記《じどうしょき》をしていたAさんだった。彼女自身、その現象をおこしている正体が守護神ではないことに気づいていたし、わたしも、その点については注意していたわけである。

ところが、自動書記《じどうしょき》をつづけていくうちに、Aさんは、しだいにその世界にのめりこんでいってしまった。つまり、自動書記《じどうしょき》現象をひきおこしている霊の波長の世界へと、彼女自身がひたりこんでいったのである。そして、ちょうど麻薬中毒者が薬がきれると禁断症状をおこすように、彼女は自動書記《じどうしょき》をしないでいると、どうにも気分が落ち着かないような状態にまでなってしまったのだ。

すると、そのころから、自動書記《じどうしょき》にあらわれる文書の内容に変化が生じてきた。「呪わしい」とか「うらめしい」とか「おぞましい血の流れ」などといった不気味なことばが多くなり、やがて、全編ありったけの恨みつらみのことばに塗りこめられた自動書記《じどうしょき》になっていった。

これは、いったいどうしたことなのだろうか。

こうなると、さすがのAさんも、自動書記《じどうしょき》をするのが気味悪くなってきた。そこで、一度は、もう自動書記《じどうしょき》はすまいと決心して、ノートも鉛筆も手の届かないところにかたづけてしまったのだそうである。

ところが、そうなると、こんどはAさんの気持ちがなぜか落ちつかない。そして、なにも手につかずにソワソワしているAさんの耳に、突然、ききなれない声がきこえてきた。

「書け、書け、早くノートと鉛筆をもってきて書け！」

（中略）

自分が行っている自動書記《じどうしょき》がいかに危険なものであるかということについて、よく知っていたはずなのであった。

――もう、やめよう。きょうこそ、やめよう。

Aさんは、毎日そんなふうに思いながらも、けっきょくはやめることなく、かかってくる霊にズルズルとひきずられるようにして、自動書記《じどうしょき》をつづけていた。もう、こうなると一種の中毒症状に近く、自動書記《じどうしょき》をやめるとなんとも落ちつかないのであった。

霊の命ずるままに、毎晩毎晩、Aさんは一人机の前に座った。すると、霊はすぐに彼女の体を支配した。鉛筆を握りしめる手が自然に動きだして、ノートの上に思いもかけない文字が書きつらねられていく。

夜がふけて、Aさんは眠くなる。それでも、霊はAさんからはなれることなく、彼女の手を使って、ノートいっぱいに怨念《おんねん》のこもった文章を吐きだしていくのであった。自動書記《じどうしょき》をするということは、霊がかかってきて、自己の意志が完全に喪失された状態を意味する。体の中には侵入してきた霊の想いが充満し、その霊の想いの力で手が動いていくのである。したがって、自動書記《じどうしょき》をしているあいだ中は、その霊の想いが当人の心と体のすべてを占領している、ということになる。実に、危険な憑依《ひょうい》状態というべきだ。


（大霊界シリーズ⑥「魂の存在」P41〜43）


自分の意志で始めたのだから、自分の意志でやめられる。そう思いながらも、この場合のように自動書記がスムーズにできるようになると、自信がついてきます。自信がいつか過信や、おごりとなっているのに、本人が気づかないことはよくあります。

気がつくと、いずれはやめようと思いながら、ずるずると続け、やめると気分がイライラしてくる……、まさに、タバコの中毒や競輪などの賭け事にはまるのに近いものがあります。

この一件で、興味本位で霊能力を使うことの怖さを心底から知ったAさんは、自動書記をきっぱりとやめたそうです。

生き霊が発する念のエネルギー

先に、念力とは激しい想いのエネルギーと述べました。その想いのエネルギーを、生き霊と呼ぶこともあります。

私は、生き霊というと『源氏物語』に登場する六条御息所を思い出します。知性も気品もある御息所は、物語の主人公である光源氏の最初の愛人でした。家柄もよく教養もある彼女はプライドも高く、年下の美しい愛人に、甘えたり孤独の寂しさなど本音をもらしたりすることができません。そんな想いが執着心を深め、光源氏の正妻の若き葵の上に対する激しい嫉妬の感情になります。そして生き霊となって、葵の上に取り憑くのです。こうした想いのエネルギーは誰もが持ち得ると、初代教祖はいいます。

たとえば、人をひじょうに憎む、恨む、怒る、または愛する、同情する……、このような自分以外の人間に対する深い思いいれというものは、ある瞬間にエネルギー化して、相手または自分自身になんらかの作用をおよぼすことがある。これが、念である。念というのは、神霊の存在とは別のもので、自己の魂魄《こんぱく》の意志と想いとが一体となって発動する生きている人間の心（生き霊）の力である、ともいえる。

（中略）わたしは、毎日の生活は神霊との共存生活であるということをいったのだが、ここでもうひとつ、わたしたちの日常生活の中にはおびただしい念の交錯があるということを知っていただきたい。

人間の病気、痛み、苦しみというものは、かならずしも神霊の憑依《ひょうい》によってのみおこるものではないのである。心の底から人に憎まれたり恨まれたりした場合、神霊に憑依《ひょうい》されたのと同様の現象がおこることがある。すなわち、病気にかかったり、事故、災害におそわれたりすることがあるのだ。

見方によっては、念というのは神霊以前の問題である。たとえ、どんなに高い守護神をもち、日々そのお力にすがっていても、かんじんかなめの自分の心の中に悪想念がうず巻いていたのでは、決して守護神のご加護はいただけない。

（大霊界シリーズ①「守護神と奇跡の神霊治療」P84～P85）

これを読むと、念と霊とは関係ないのに、なぜ念が霊と同じような力を人に及ぼすのかと疑問を感じる方もいるかもしれません。

その答えの糸口となるのが、第一章でも解説した「心（想念）」の存在です。初代教祖の説によると、生きている人間の魂（霊）は、心（想念）の奥に住まいする、としています。そして、住まいとする心（想念）の激しいエネルギーが念なのです。

私は、念の激しいエネルギーを生き「霊」と呼ぶのは、このためではないかと解釈しています。

さらに念についての、初代教祖の主張です。

念とは生きている人間のもつ想いの固まり、あるいは、心の力といってもさしつかえない。人間というものが肉体、頭脳、心（魂）という三つの要素によって成りたっている（中略）。人間にとってはこの三要素のいずれもが健やかで、しかもバランスのとれた状態が理想的なわけである。いずれは、死を迎えて肉体と頭脳とを捨て去って、魂だけの存在となって霊界にいく人間ではあるけれど、とりあえず、生身の人間として生きていくかぎりは、この三要素のバランスが保たれていなければ人間として完全とはいいがたい。

では、この肉体、頭脳、心（魂）という三つの要素を統治し、バランスを保たしめているものはなにか——。それが心（魂）の存在である。

心（魂）というものは、肉体のようにその強弱や美醜がすぐにわかるものではない。また、頭脳のように知能検査によって明確にそのよし悪しがわかるものでもない。心とは、目に見えない、いってみればとらえどころのないものである。しかし、それは無限の広がりと無限の方向性と無限の力とをもったものである。

そして、実は、人間の肉体も頭脳も、心（魂）というものの支配下にあるものなのだ。心こそが、人間の全存在を支えているもっとも根幹となるものなのである。

それだから、心というものが発する意志エネルギー、すなわち念に対しては、肉体も、頭脳さえもが、ほとんど完全に近いほどに従順に従うものなのである。

そう考えてくると、わたしたちの毎日の生活に、いかに多くの念というものが介在し、はたらきかけているかということがわかるのである。対人関係とは、すなわち、念と念とのぶつかり合いである、ともいえる。

生きている人間の念（生き霊）というものは、死者の念（霊）と同様に、病気や思わぬ事故をもひきおこすものである。たんなる霊の憑依《ひょうい》現象も恐ろしいが、生きている人間の念の作用も恐ろしい。

（大霊界シリーズ②「念と病気」P40〜42）

初代教祖の霊理論に加念障害というものがあります。生きている人間が心に抱く憎しみや恨みなどの念が、エネルギーとなってその相手に障害を起こさせる現象です。図1は、これを分かりやすく示したものです。

次にあげるのは、妻の恨みを受け、心に秘めたその念の力で、夫の顔が大きくゆがんでしまったというケースです。東京の道場に、神霊治療にみえたご夫婦でした。奥さんに支えられて椅子に座るその姿に、初代教祖は驚愕したといいます。

ぐったりとした様子で横座りになっているこのご主人の顔、顔の左半分だけがほとんどくずれさって、ものすごい形相になっているのである。上まぶたも下まぶたも、右のまぶたにくらべて倍くらいにはれあがっており、上まぶたにいたっては、あまりにふく

図１　加念障害

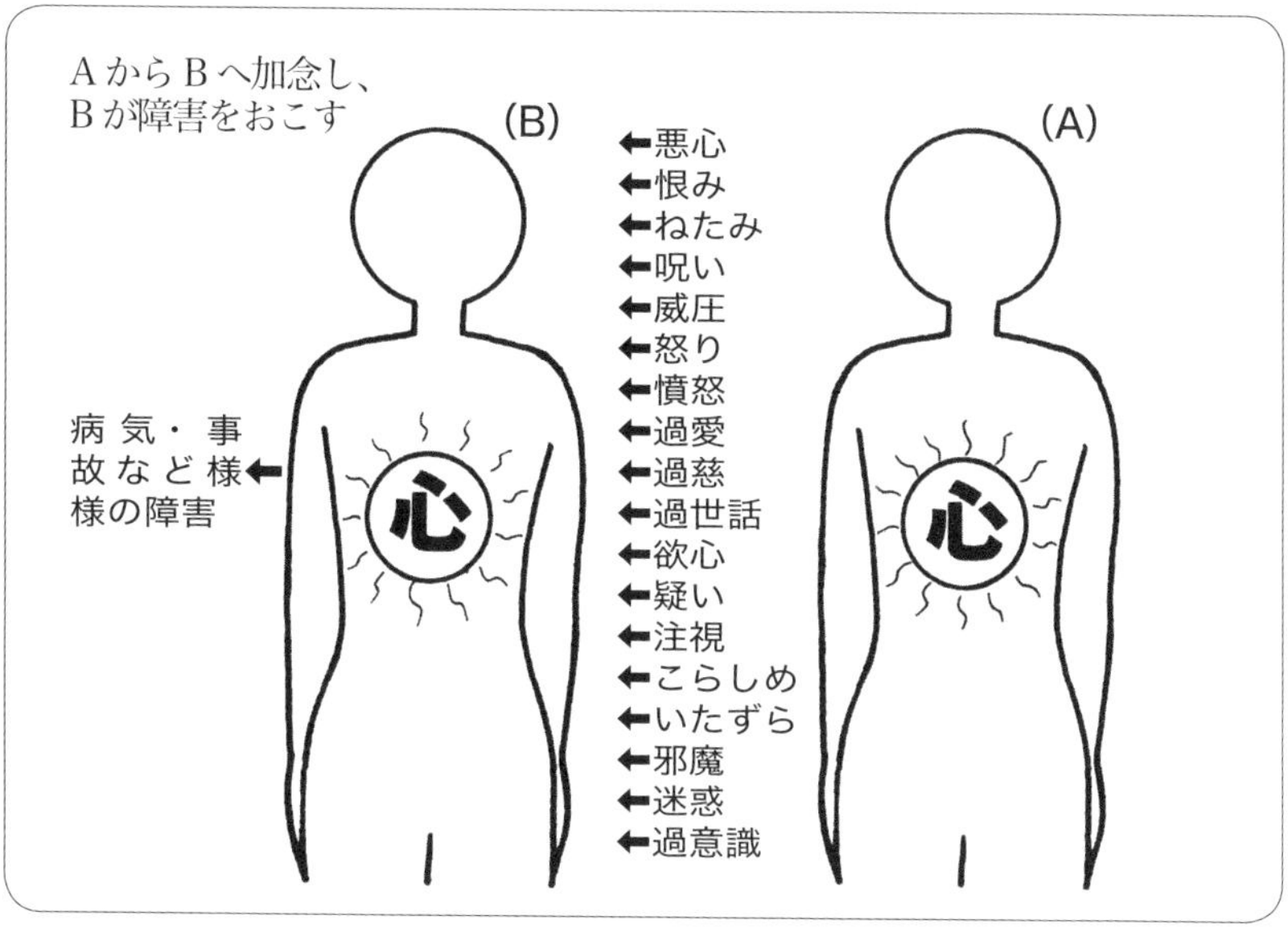

れあがった肉がめくれたようになって、裏の赤い肉の部分を露出させている。そうして、しまりなくダラーッとたれさがったその左目からはボトボト、ボトボトと涙が流れつづけているのであった。口についても同様である。口の右半分はふつうなのに、左半分だけが醜くはれあがり、しかも力なくたれさがり、タオルのようなものをあてがってはいたが、これも本人の意志には無関係によだれが流れつづけているようだった。

（中略）

「……では、わたくしから説明させていただきます」

そのご主人の様子をじっと見ていた奥さんの冷静な声が、わってはいったような感じだった。

（大霊界シリーズ②「念と病気」Ｐ44〜46）

その後、奥さんはご主人の症状の経緯や、病院での治療内容を、とうとうと語りはじめたといいます。その冷静すぎる態度に、初代教祖はひっかかるものを感じたのでした。

なぜか白々しげなこの奥さんのここまでの説明をきいていたわたしは、すぐわきで苦しんでいるご主人の顔面にあらわれた異常なまでの怪奇現象の謎を解くとっかかりをつかんだ気がした。

「主人が知人から隈本《くまもと》先生のことをききまして、ぜひ治療を受けたいといいだしたのです。先生、この主人の病気は治るのでしょうか？　治らないのでしょうか？　それにしても……、いったい、どうしてこんな不思議な病気になってしまったのでしょうねェ」

〝このご夫婦には、なにかあるのではないか？〟、いぶかるわたしの心の中に、この冷静きわまりない調子の奥さんのことばがひっかかった。それは、静かな水中にたらした釣り針に、自ら魚が食いついてくる状態にも似ていた。「こんな不思議な病気」といったときの冷酷なまでにつきはなした調子のそのひとことが、はからずも自分自身をさらけだし、心を暴露する結果となってしまったのである。

――このご主人の病気は、奥さんの加念障害だ。

（大霊界シリーズ②「念と病気」P47）

別室に奥さんを呼んで確かめたところ、初めは夫への憎しみを強く否定していた奥さんでしたが、しだいに顔が青ざめ、とうとう本心を、不倫をしていた夫への激しい呪いの言葉を口にするのでした。

「あの男はケダモノです、人間の皮をかぶったケダモノです!! 結婚して以来二十年、わがまま放題のあの男になにひとつ逆らうことなくつかえてきたわたくし、子供二人を大学まで出すのに一生懸命、命をけずるような思いで育ててきたさようまでのわたくし……、そのわたくしの二十年にもなる献身の人生を土足でふみにじるようにして、女を、女を、愛人をつくっているのです!!

このような倫理をけちらすような非道な行いが許されていいものでしょうか。もし、神というものがおられて、わたくしたち夫婦を公平に裁くとしたら、かならず、かならず、神さまはわたくしのこの想いに味方をしてくださるはずです。(中略)」

そこで、わたしは、しばらくこの奥さんの興奮状態がしずまるのを待って、いったのである。

「それでは、奥さん、お尋ねいたします。現在のあなたに死ぬほどの苦しみを与えているご主人――、お尋ねいたしますが、死んだほうがよろしいのですか、生きていていただいたほうがよろしいのですか」

「死んだほうがよいのです、死んだほうがよいのです!! わたしは、絶対、生かしておくことはできません。わたしは、あの男を殺したい、殺したい!! もう、絶対、生かしてなどおけません!!」

（大霊界シリーズ②「念と病気」Ｐ50〜51）

心の中は他人にも、ときには自分自身にも見えません。この奥さんは、表面的には日々、従順な妻を演じながら、内心に憎悪をたぎらせていたのでした。言葉を変えれば、自分の不満しか見えない、夫への憎しみしか見ようとしない狭い考えに、心が支配されているということです。ご主人は、百人ほどの社員がいる会社の経営者でした。そんな夫を失えば、従業員の生活はむろん、経済的にゆとりある現在の妻としての生活も崩壊する、自分の将来も子供の将来も大きく変わります。初代教祖が語るのを聞くうち、我に返った奥さんに、さらに初代教祖はこう続けたのでした。

「その上に、奥さん、あなたのご主人の命をとるほどまでにすさまじい悪鬼のようなその執念は、あなたの魂にぴったりとこびりついて、一生涯はなれないのです。そして、あなたが余命をまっとうしたあかつきにも、そのあなたの悪魔の想念は魂にぴったりと付着したまま死後の世界に移行することになるのです。その結果、悪魔の想念と一体となったあなたの魂は、やはり霊界で同じような邪悪な想念をもった悪霊にひきずられるようにして、地獄・魔界に転落していくことになります。類は友をよぶ、ということばどおりに……。

（中略）

もし、あなたの〝主人は死んだほうがよい〟というその想いがかなった場合には、あなたのその後の人生はたがが、はずれたように狂いはじめ、最後は悪霊と化して魔界でのたうちまわることになってしまうのですよ。

どうですか、奥さん、わたしがいまいってきたようなことになってしまってはこまる、とは思いませんか。〝それはこまる、絶対にそのようなことになってはこまる〟と、このように考えることはできませんか。

もし、あなたがあなたの心の想いをたったいまそのようにきりかえることができるなら、わたしは、いま目の前でご主人の病気を治してさしあげましょう。しかし、奥さんがご自分の想いを変えることができないというならば、いまご主人の病気を治してあげても、奥さん、あなたのそのすさまじい想い、念の力で、ご主人は再び病気になり他界することになります。

奥さん、どうか、わたしのこの話を考え、かみわけられてください。ご主人の病気を治すも治さぬも、治るも治らぬも、奥さんの心しだい、決断しだいなのです」

（中略）

しばらく沈黙がつづいて、この奥さんはなにごとかに一心に思いをめぐらせているような風情であったが、やがて小さな声でいった。

「先生、わかりました。先生のお話の内容のようなことになると、わたくしがこまります。ほんとうに、こまります。どうか主人の病気を治してやってください。わたくしが、わたくしの考えがまちがっていました。だから、もう主人に対して〝死んでしまえ〟とか〝絶対に許さない〟というような気持ちは、いっさいもたないように努力します。

けれど、先生、主人を憎む心をきれいに捨てる……、わたくしの身内からわきあがるこの苦しい苦しい想いを捨てるということは、いま以上の苦しみです。わたくしは死んで地獄に落ちなくても、たったいま生きて地獄にいる心地です。苦しいことですねェ……、ほんとうに、ほんとうに!」

（大霊界シリーズ②「念と病気」P53〜54）

紹介したのは極端な例ですが、私たちは、とかく相手ばかり責めたてて、自分の欠点や間違いには気づこうとしないものです。自分の心のあさましさに目をつぶらずに向き合うのは、勇気がいるものですが、ときには必要なことでしょう。神霊治療によって、健康を取り戻したこの夫は、以後は妻を苦しめないようにすると誓ったそうです。

次にあげるのは、すでに霊が抜けでているにもかかわらず、人体から想念エネルギーが出ているという例です。東京国立博物館に展示されていた、紀元前七百年前後のエジプトの王家の人の

ミイラの前での出来事でした。

わたしは、ミイラの前をそのまま通りすぎようとしたのであったが、フッと思いついて、このミイラに残っているエネルギーについて調べてみようということになった。さっそく、ミイラの前に立ったわたしは、静かに目を閉じて胸に意識をさげた。そうして、自己の胸の扉をグーッとひらくような想いの世界をつくりあげた。これで、いつもわたしが神霊と交信する際にはいるトランス状態（入神状態《にゅうしんじょうたい》）にはいったわけである。

それから、わたしは自己の胸中に静かにミイラを招じ入れた。このとき、すでに「わたし」という人間は存在しない。ただ、わたしの胸の中には神霊と交流する世界が広々と、また深々とあるばかりだ。そのわたし自身の胸中の大霊界で、わたしは招じ入れたミイラが発しているエネルギーを感じとり、観察した。

つぎの瞬間、わたしの胸の大霊界にひたひたと押しよせてきたのは、やわらかい、あたたかい波動であった。歓喜と慈愛、それがこの小さなひからびたミイラのもつエネルギーの実体であった。

わたしは、このミイラの生前のありさまについてまったく知らない。だが、わたしは、この異国の博物館にひっそりと眠るくち果てた古木のような屍《しかばね》に、いとしさを感じずにいられなかった。その生前の、王家の人として幸せであったであろう想念の美しさ、明るさを確信したからである。
（中略）
すでに魂のぬけている屍《しかばね》であるミイラは、そのかぎりにおいてはたんなる物体である。おそらく、ほとんどが炭素元素のかたまりであろう。しかし、そうなると、そこにはやはりエネルギーがはたらいている、ということになる。ミイラを形成している炭素の原子核のまわりを、電子がブンブン、まわっているのである。
したがって、ミイラはたんなる屍《しかばね》といっても、ある面では無機的なエネルギーのかたまりである、ともいえる。そして、その無機的なエネルギーに生前の想いも想念エネルギーとして付着している、ということになる。

（大霊界シリーズ⑩「神とエネルギー」P55〜57）

無機物のすべてにもエネルギーがあり、無機的エネルギーを発しているというのが、初代教祖のエネルギー理論です。さらに無機物の中でも、人々の想いが集積されたものには、人々の想念エネルギーが残存する、としています。たとえば、時代を経た石像や石仏のなかには、人生における苦労や嘆き、恨みなどを訴える人々の想念エネルギーを浴び続けた結果、暗い想念エネルギーを漂わすものが多く見られる、といいます。

また、多くの人々の手をわたってきた骨董品《こっとうひん》や刀剣類も、エネルギーについては要注意である。

刀剣については、神宝として奉持されたほどの「正宗の名刀」があれば、一方には、徳川幕府の禁忌にもあった「村正の妖刀」がある。

刀をつくる刀匠《とうしょう》の心の世界が、即、エネルギーとなって刀に打ちこまれていったということもあるだろうし、刀を身につけ用いた人、あるいはその刀によって斬られた人の怨念エネルギーが残存している、ということもあるだろう。

（大霊界シリーズ⑩「神とエネルギー」P60〜62）

無機質である物質が受けるさまざまなエネルギーを示したものが、次ページの図2です。よく、いわくつきの骨とう品や刀剣などを見て、胸苦しくなったり、寒気がしたという感想を聞いたりします。これなども、想念エネルギーの点からみれば納得できます。同時に、そうしたマイナスの想念エネルギーには、マイナスの想念エネルギーを持った低級霊が集まりやすいともいえます。刀剣の周囲に集まりたむろす低級霊のせいで、胸が苦しくなったり肩が重くなったりするのは、あり得ることです。

図2　無機質エネルギー

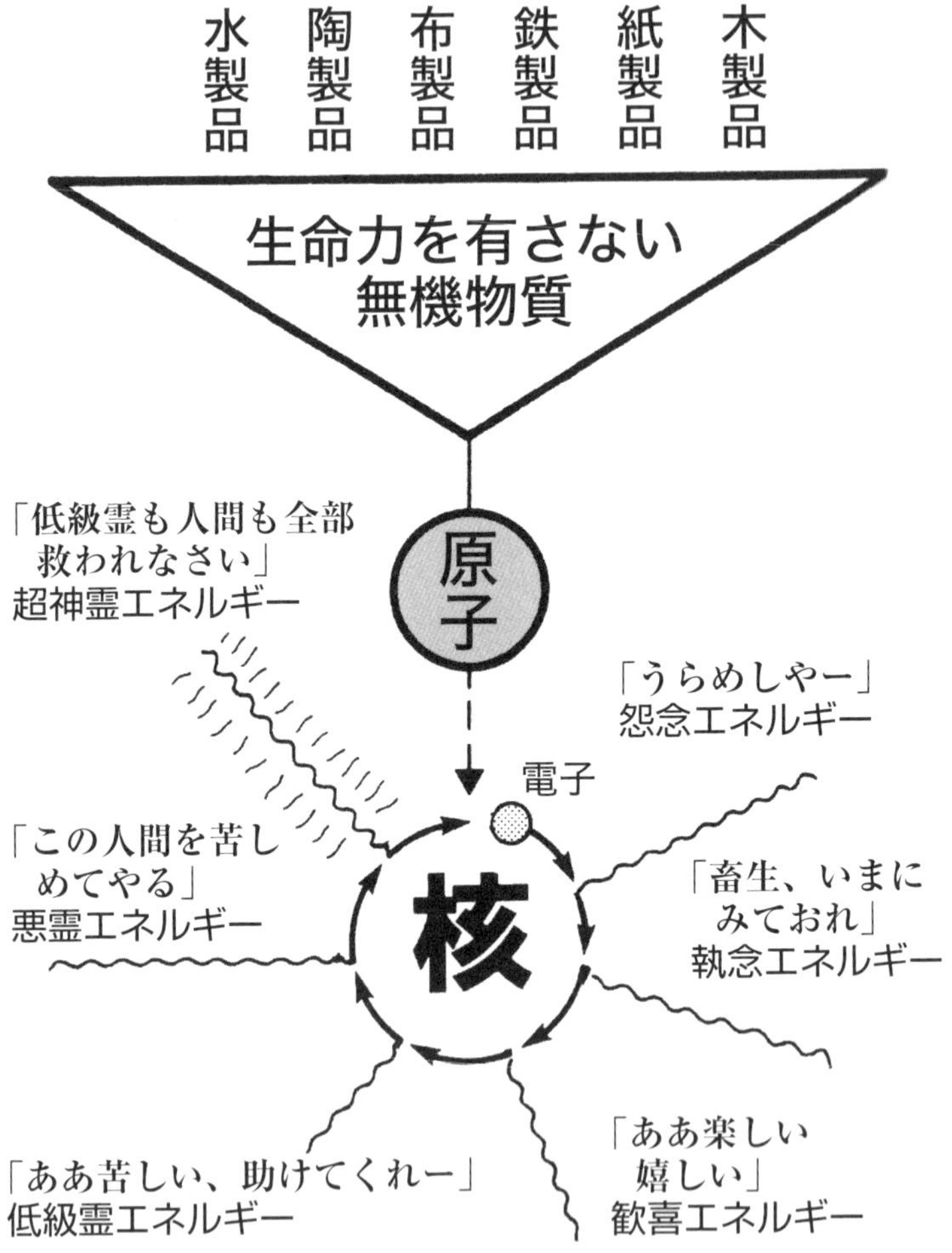

自噴する生命エネルギーを有さない無機物のほうが、有機物（エネルギー体）よりも他からのいろいろなエネルギーを受け入れやすく、それは電子とともに半永久的に物体に保有される。

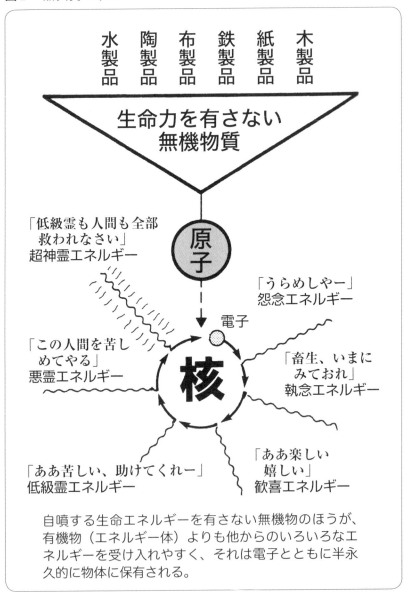

隈本確の霊の波長論

霊の波長と人間の波長

霊は同じ波長を持つ人間に憑依する。これは、大霊界の法則の一つです。といっても、私たち人間の持つ波長は指紋のように、一人ひとり生まれながらに決まっているものではありません。さまざまな状況の中で想いを重ね、さまざまに変化しながら、発せられるものです。

こうした私たち人間が発している波長と、霊が発する波長との関わりを、著作より見ていきます。

わたしたちが日常なにげなく耳にし、目にしているラジオやテレビの電波の波長にもいろいろあるように、わたしたち自身にもそれぞれの波長というものがあり、知らず知らずのうちにいろいろな波長をだしながら生活しているのである。

同じ人間同士でも、何回会っても好きになれない、話が合わない、嫌悪感すら感じる……、という人がいるかと思えば、一目で相手が好きになる、二、三分の会話で十年来の知己のような親近感を覚えるという人もいる。

これは人間がもつ知恵のはたらき、体の力、想いの広さなどの総合的な波長が、相手のもつ波長にどれほど合うか、または、合わないか、ということのあらわれである。

このことは人間ばかりでなく、霊についてもまったく同様なことがいえる。霊がもつ力の強弱、想いの深浅、霊格の高低などにより、それぞれ霊のだす波長もちがってくるのである。

（中略）

ところで、人間同士の波長が合う合わない、ということはひじょうにわかりやすいことだと思うが、ここに霊の波長と人間の波長の合う合わない、ということも生じてくる。

すなわち、霊の波長と人間の波長がピッタリと一致したとき、そこに完全な憑依《ひょうい》現象がおきるということである。

（中略）

よく「幽霊を見た」などという、いわゆる超常現象も、幽界霊と人間の波長一致の現象である。

たとえば、真夜中になるとかならず金縛りにあって動けなくなる、呼吸が苦しくなって熱がでる、誰もいないのに自分のふとんのまわりをぐるぐる回る人間の足だけが見える、何年も前に死んだ人が夢枕に立つ、外には誰もいないのに雨戸をとんとんたたく音がする、家具がガタガタゆれ動く、ベッドが動きまわる……、あるいは、神社の前を通ったとたんに背すじがゾーッとする、ある家の敷居をまたいだとたんに得体の知れないいやな気分におそわれる……など、これらの現象は、そこに存在する霊の波長と人間の波長との関係によっておこるものである。

しかし、このような怪奇現象は、そこに存在する霊の波長と合わない波長をもった人間には、決しておこらない。

（大霊界シリーズ①「守護神と奇跡の神霊治療」Ｐ62〜64）

霊と波長が合ってしまうのは良くないことばかりのようですが、むろん、そればかりが霊のすべてではありません。人を苦しめる低級な霊もいれば、人を助け導く善霊もいる、それが大霊界です。

そんな善霊とぴったり波長が合って、よき人生を送っている人たちもいます。そして、当初は寄り添っていなかった善霊に、その人が人生の荒波を乗り越え、苦楽を体験するうちに、あるとき波長が合ってくる、そんな場合もあるわけです。

たまたま波長の合った霊が神格の高い、強大な力をもった霊だった場合には、その人間を助け、味方としてのはたらきを発揮することもある。これが、一般にいわれている守護神とか背後霊《はいごれい》という存在である。

要するに、幽界以下の低級霊と波長を合わせずに、神界以上の高級神と波長を合わせればよいのである。それができたときには、ふつうの人が想像もできないような神秘の力をもち、奇跡の体験と幸福とが得られるのである。

（大霊界シリーズ①「守護神と奇跡の神霊治療」Ｐ64）

神霊研究の資料によると、高級霊の中には商売を助けたり、研究に手を貸したり、技術習得に力を授けてくれる霊魂もいます。いわずもがなのことですが、人生に何の目的も持たず、努力も反省もせず、ぶらぶら暮らしているような人に、善霊が寄りつくはずがないのは当然のことです。

霊は人間の心が居心地よい

霊は、波長の合う人間にひきよせられる。決して、草木や昆虫や動物にひきよせられることはなく、人間だけにひきよせられる、というのが初代教祖の霊の波長論のひとつです。霊人は、もとは現界に暮らしていた人々ですから、もっともなことといえるでしょう。さらにいえば、霊が好むのは、生き霊あるいは魂が存在する心だといいます。

神霊、霊の好む住みかとは、場合によっては特定の土地であり、家であり、神社仏閣であり、祠《ほこら》であり、石碑である。が、しかし、それ以上に霊界人が住み心地がいいと感じる場所が実はあるのだ。それは人間の心、精神世界である。

精神世界とは、読んで字のごとく「神に精《くわ》しい世界」である。人は、この世にありながら自己の精神世界において神と交流することもできれば、地獄の悪鬼《あっき》と交流をもつこともできる。

だが、いったい、なぜ神霊や霊——とくに霊が、人間の心、精神世界を最良の住みかとするのか。このことについては、いくつかの理由がある。

まず、第一の理由としては、神霊といえどもかつては人間の肉体に宿り、魂として現界生活を体験していた、ということがあげられる。そうであれば、もはや肉体を失って霊だけの存在となった神霊であっても、やはり古巣である人間の精神が最も適した住みかである、ということになるのである。ましてや、まだ神霊と呼べるほどに霊的に向上していないたんなる霊にとっては、自分と波長の近い現界人の精神世界は格好の住みかなのである。

つぎに、人間の精神世界とは、その神霊、霊にとって、最も居心地のいい霊界自体だということである。霊は、人間の精神世界にじんどってくつろぎ、のうのうと昼寝をすることもできるのだ。

さらに、霊にとって人間の精神世界が好都合なのは、人間がいまだ肉体をもった存在だ、という点である。生身の肉体をもった人間であれば、その精神世界にいすわった霊は、人間の意識を自在に操《あやつ》ってどのようなこともできる。たとえば、その人間の体を使って自分(霊)が現界で果たせなかった夢を果たす、または晴らせなかった恨み、うっぷんを晴らすなど、いろいろなことが体験できるのである。

(「大霊界 神々と霊族と人類」P39〜40)

霊のなかでも人間の精神世界に救いを求めてしまうのは、霊界に入ったのに、霊界になじめずにいる霊人です。あるいは、もう魂だけの存在となっているのに、そのことをかたくなに認めようとしない霊人も人間世界に救いを求める霊といえるでしょう。

彼らは現界と霊界を行き来しながらさまよいます。そして、なじみのある人間界にやって来た霊たちは、人間の精神世界にはたらきかけます。

とはいっても、もちろん、現界人であれば誰の精神世界にでも住みつけるかといえばそうではなく、波長の合った現界人でなければだめである。そのため、もう一度現界生活を味わいたいと思っている霊たちは、霊界にありながら虎視眈々《こしたんたん》と現界人をねらっているのである。そうして、自分とぴったりと波長の合う人間を見つけるや、すばやくその精神世界にはいりこんでしまうのだ——と、これが霊憑依《ひょうい》(とりつき)の道筋でもある。

こうして、人間の精神世界の中央にどっかりと座りこんでしまった霊は、その人間の知恵、意識、肉体のすべてを支配して、霊自身の思いのたけ、つのる欲望のすべてを爆発させるのだ。(中略)……悪のかぎりをつくして、その人間の一生を完全に破壊させて、生きながら地獄につき落としてしまうようなことすら平気でやってのけるのである。

こうした霊の憑依《ひょうい》現象は、ことばをかえていえば、現界人に送られる霊界通信ということになる。霊界通信というと、一般には、たとえば霊がいろいろなかたちであらわれて、人間にはわからないことを教えてくれたり、役に立つ情報をもたらしてくれる、指導をしてくれる……と、そんなことだと考えられているようだ。もちろん、それも霊界通信ではある。だが、霊の憑依《ひょうい》現象こそ、最も日常的かつ端的にあらわれた霊界通信なのである。

わけても、わたしたち人間にとって最も身近な霊界通信といえば、霊障によるいろいろな病気をもふくめて、心身の痛み苦しみということである。霊障による病気の多くは、霊界の低い段階で迷い、苦しんでいる霊界人が救われたい一心で現界人にとりついてくる現象――つまり、救いを求める霊界通信なのだ。

(「大霊界 神々と霊族と人類」P40~41)

私自身は、救われている霊か、救われていない霊かの違いがあるだけで、本来、霊には善も悪もないと考えています。人間に取り憑いて起こす現象がすさまじいものか、軽いものか、その違いによって善し悪しを人間側が判断しているにすぎません。

その意味では、霊界で苦しみあえぐ霊界人が救われたい一心で、現界人に取り憑いてくる憑依現象が、「救われたい」という霊からのメッセージ――霊界通信だ、という初代教祖の理論を、私も引き継ぐ者です。

低級霊・雑霊と波長が合いやすい霊媒体質

霊と波長が合いやすい霊媒体質の人は、霊を感じやすい人ともいえます。霊を感じて、その度に波長として反応してしまうのを、浮遊する霊にキャッチされ、結果としてさまざまな霊を招いてしまうのです。あたりに浮遊しているのは、低級霊がほとんどですから、体の不調に悩まされることも多くなります。

なかには、近づいてきて人の体の中に入っていく霊や、人の体から出ていく霊が見えたりする人もいます。次にあげるのは、そうした一つのケースです。

たとえば、治療依頼人の中に、こんな人がいた。

五年来の頭痛の治療のために来会した中年の女性だったが、彼女は頭の痛くなる日の一週間ぐらい前から、自分の目の前に黒っぽい霊がいるのが見えたという。霊視現象である。

そして、その霊が見えはじめた日から、時がたつにつれて、次第しだいに霊が自分のほうに近づいてきたというのである。

——変なことがあるものだ……。

彼女がそう思っているうちにも、霊はどんどん接近してきて、一週間目、とうとう彼女の頭の中にズドンとはいってしまったのである。と、その瞬間から、頭が割れるほどに痛みはじめた。こうして、彼女の頭痛は、五年間もつづいてきたのだそうである。

原因が彼女の体中に侵入してきた霊であれば、神霊治療でその頭痛が解消されるのは当然のことである。彼女は、わたしの二回にわたる神霊治療で、五年来の頭痛から完全に解放された。

（大霊界シリーズ⑥「魂の存在」P52～53）

次は、たちの悪い目的を持った低級霊が取り憑いた、憑依現象の一例です。初代教祖の憑依現象の理論に、全身憑依というものがありますが、それに当たるケースと思われます。

たとえば、つぎのような話はきいたことがないだろうか。

それまでまったくふつうの生活をしていた人であったのに、ある日、突然霊がかかってきて、それ以来、すっかり人格が変わってしまった。のみならず、憑依《ひょうい》霊がその姿（想念）を強くあらわしはじめると、当人の意識はほとんど消失され、霊がその人間の口を使って、自分の生前の状態や霊界の状態について、ベラベラ、ベラベラと語りつづける、といった話。

そして、このような場合、憑依《ひょうい》された側の人間は憑依《ひょうい》現象をあらわしているあいだ中、奇妙な霊動《れいどう》や霊言《れいごん》などをして、はたから見れば、まったくの錯乱状態に陥っているとしか思われない。この間、当人は正常な意識を喪失しているわけで、自分の行っていることについて、ほとんど自覚がない。憑依《ひょうい》霊が、完全にその人間の意識を占領し、思いのままに体を使っているのである。

自ら意志の力で体中《たいちゅう》に霊をよびこむ力（招霊《しょうれい》能力）をもたない人に、不意に霊がかかってくると、その人は霊をコントロールできないために、その時点で正常な意識を失ってしまうことになる。

（大霊界シリーズ⑥「魂の存在」P44〜45）

未熟な霊に波長を向けない

機械文明が未発達だった古代の暮らしにおいては、人々は自然エネルギーや気象が放つある種の信号を察知する能力が、現代人にくらべるとはるかに高かったようです。

言葉を変えれば、霊感が強かったともいえます。けれども現代の人々も、霊能力者といわれる人たちでなくても、訓練によってある程度の霊能力を身につけることはできます。

ただ、霊能力が発揮できるうれしさに、近づいてくる霊を無条件に受け入れることには注意をはらわなければなりません。近づいてきたのが低級霊だったことに気づかず、激しい憑依現象を起こした例は、先に紹介しました。

そうした憑依の一つである霊聴現象を受けながら、本人の努力で憑依をなくしたケースを次にあげます。著作では実名ですが、ここではFさんとしておきます。

「どのようにして治されましたか？」

わたしのこの問いに、Fさんは、つぎのように語りはじめた。

「(中略）霊的なことについてもほとんど知識はありませんでした。ただ、自分の耳もとで、いろいろ語りかけてくる目に見えない存在が、なにか霊的なものなのだろうということだけがわかっていたのです。

それが、便利というかなんというか、いろいろとわたしのわからないことを教えてくれるのですね。まあ、日常生活の小さなことですが……。たとえば、明日の天気とか、誰に偶然に会うとか、ちょっとした事故のこととか、ええ、ほとんど当たりましたね。競輪や競馬でも、一千万ぐらいはもうけたんじゃないかな。はじめのうちは、そりゃ実に便利だなと思ったものです。

ところが、こちらが霊のささやきに頼りはじめると、それから、だんだん霊のことばがあやしくなってきました。明日どうなるとか、あさってこうなるとか、いろいろいうのですが、それがほとんどちがっているのです。で、そのうちに、いうことすべてがでたらめになってしまいました。その命令的な強引な口調と、現実の人間生活とのくいちがいがはなはだしいのです。

それで、わたしは、あ、この霊は悪い霊なんだなと思いました。霊についてはよく知りませんでしたけれど、とにかくウソをつくんだから、悪い霊にちがいないと思ったわけです。で、それからは、わたし自身、その霊に全然関心を示さず、徹底的に無視したのです。霊がなにをいってこようと、相手にしなかったのです。

そうしましたら、しじゅう耳もとでささやいていた霊のことばがしだいに少なくなって、そのうちに、まったくなくなってしまいました。わたしの体験からいうと、霊聴《れいちょう》があったら、とにかく無視するのが一番いいようですね」

このFさん、当時、霊についてほとんど知識はなかったということだが、たいへん賢明な方というべきだ。

人間界に介入してくる未浄化な霊というのは、人間がその霊に心を向ければ向けるほど、喜んで、より激しく現象をあらわすものなのだ。霊と人間との心の波長が合わなければ、決して憑依《ひょうい》現象はおこらないのである。だから、霊が憑依《ひょうい》しかかってきたら、意識的に心の波長を霊に向けないようにすれば、霊は自然にはなれていってしまう。

わたし自身、強度の霊媒《れいばい》体質で、かつて、四六時中どこかしら体の具合が悪かった時代に、自然にこの方法をマスターしていたことを思いだす。つまり、どんなに体の具合が悪くても、その悪い部分に気持ちをもっていってはいけない、ということである。

たとえば、どんなに胃が痛くても、その痛みにとらわれることなく、痛みは痛みとしておいたままの状態で、心を、痛みから解放してやるのである。そして、ひたすら

図3　霊界の段階

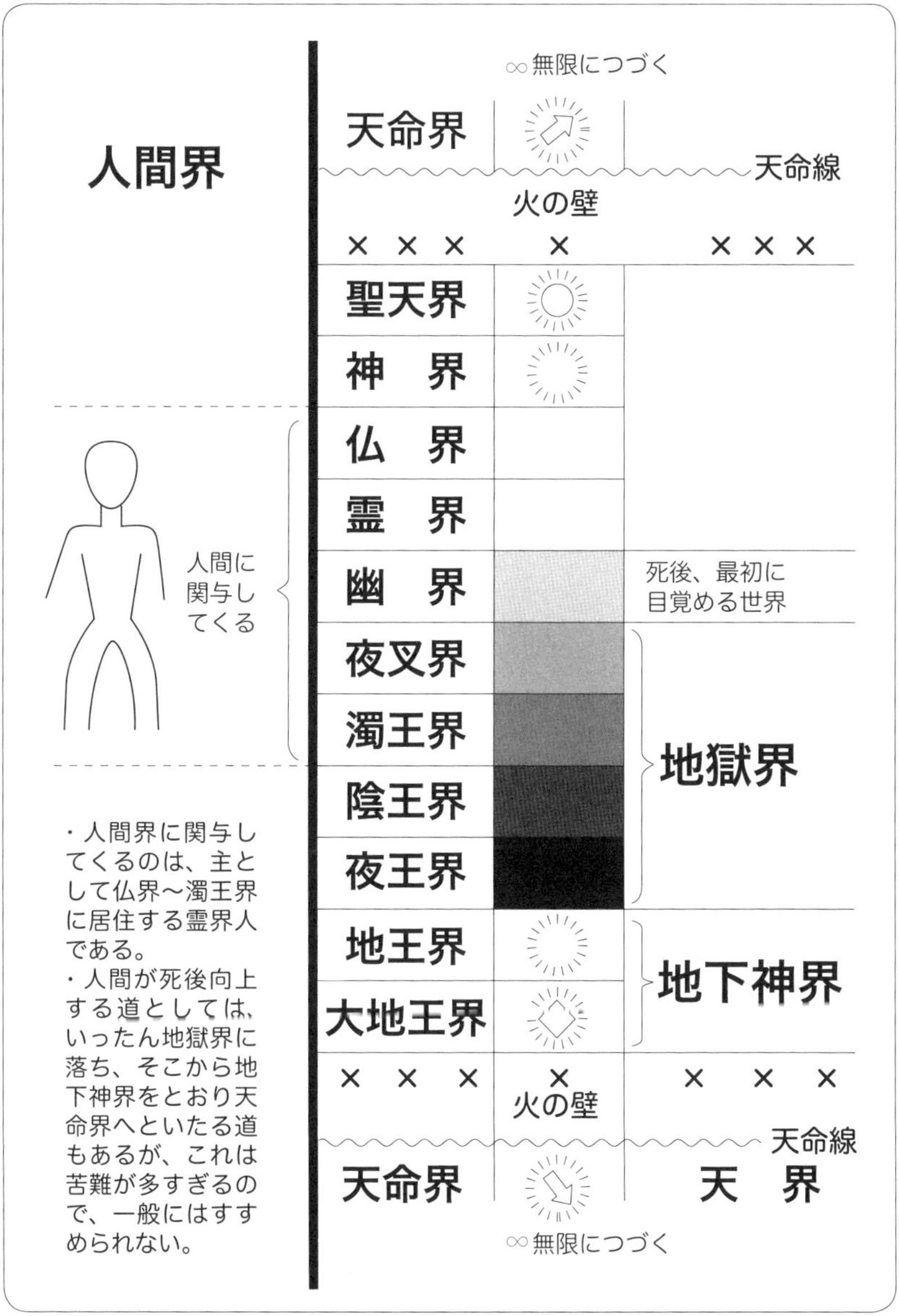
∞無限につづく
天命界
人間界
天命線
火の壁
× × ×　×　× × ×
聖天界
神　界
仏　界
霊　界
人間に
関与し
てくる
幽　界
死後、最初に
目覚める世界
夜叉界
濁王界
陰王界
夜王界
地獄界
・人間界に関与してくるのは、主として仏界～濁王界に居住する霊界人である。
・人間が死後向上する道としては、いったん地獄界に落ち、そこから地下神界をとおり天命界へといたる道もあるが、これは苦難が多すぎるので、一般にはすすめられない。
地王界
大地王界
地下神界
× × ×　×　× × ×
火の壁
天命線
天命界
天　界
∞無限につづく

大いなる神霊の霊流を仰ぐのである。すると、求める心に感応した神霊の心が大いなる霊波を発動して、その結果、胃の痛みの原因となっていた憑依《ひょうい》霊がはずれていくのである。

（大霊界シリーズ⑥「魂の存在」Ｐ50～52）

前ページの図３は、人間に関与してくる霊と、そうした霊たちの居場所である霊界の段階をあらわしたものです。神霊の霊流に関しては、第二巻で詳しく紹介します。

先祖霊の波長による憑依

死して霊界入りした霊魂は、本来、人間界と関わりを持ちたいとは考えていません。現界での想いから離れ、霊界においてより高い場所に向かう修行を始めたいのです。それなのに、この世の中に、迷える低級霊による憑依現象が、ちっとも減らないのはなぜでしょうか。霊界入りしたものの、少なからずの霊人がさまよえる低級霊になってしまうという現状は、未来の現界にも影を落とします。大霊界のゆたかな恵みを想いながら、初代教祖は、著作でそれをくり返し憂えています。

神霊世界に対してまったく理解も知識もなく、したがって霊界生活に対してなんの準備もなく亡くなっていく人たちの数は日ましに増えつづけるばかりで、これでは、わたしたち神霊治療（浄霊）能力者がいくらがんばったところで、きりがない。

死後の世界、霊の存在を信じないままに他界していった人たちは、幽界《ゆうかい》で向上できずに滞留し、迷い、苦しみ、阿鼻叫喚《あびきょうかん》のなかで、わたしたち人間世界にどんどん介入し、波長の合う人間をみつけては憑依《ひょうい》しかかってくるのだ。憑依《ひょうい》する霊界人の苦しみもさることながら、これでは、憑依《ひょうい》される側の現界人もたまらない。

しかし、神霊に対する正しい知識が十分に普遍化されていない現状のままでは、時がたてばたつほど、年数がたてばたつほど、これら救われない霊の数が驚異的に増大していくことは必至である。そして、それにともなって、未浄化の霊の重圧が、わたしたち現界人の生活をどんどんおびやかすことになってしまう。いってみれば、死者、生者がともに苦しまなければならない悪しき構図というわけだ。

（大霊界シリーズ⑥「魂の存在」Ｐ１０５）

次は、そうした先祖霊の迷えるさまを解説したものです。併せて、迷える先祖霊の苦しみが、現代に生きる人間にはたらきかけるばかりでなく、未来の人類にも影響を及ぼす理由があげられています。

死んで霊界に旅立った人のなかには、人間界からもちこした魂が霊界入り後も目覚めることなく、長期間にわたって眠りつづけている存在もある。つまり、睡眠霊である。この睡眠霊は、十年、百年、五百年、場合によっては千年、万年と眠りつづけることもある。

しかし、いかに睡眠霊とはいえ、永遠にエネルギーの噴出をくり返しながら霊界に生きつづける存在である。そうして、ある日突然に、くり返しくり返し噴出する自己のエネルギーの波動にゆすぶられるようにして目を覚ます――。ところが、目覚めてみると、そこは一寸の身動きすらできない暗い穴ぐらのようなところだ。（中略）

この霊が人間界を去ってすでに三百年、あるいは四百年とたっているのだから、呼ばれた妻も子供も、もはや人間界にはいない。霊界においては、その霊の意志の力によって他の霊と交流することはできるが、霊同士の憑依《ひょうい》（とりつき）ということはあり得ない。したがって、霊界で長い眠りから突然目覚めたような未熟な霊（まだ自分が死んでいることすら悟っていないのだ）にあっては、他の霊と交流することなどとてもできないし、かといって他の霊にとりつくこともできないのだ。

こうして暗黒の霊界で不意に目覚めたあわれな霊は、生前の妻を想い、子を想い、想いの世界で霊線をどんどん、どんどんつたっていく。霊線によって結ばれた妻から子供へ、子供から孫へ、そして孫からひ孫へと……どんどん、どんどんつたっていく。やがて反応があった！　数百年という歳月を貫いて、今、人間界にいる子孫の誰かに想いが通じたのである。

さあ、こうなったらたいへんだ。霊界から霊線をたどって送られてくる、救われない先祖霊の波動のために数百年後の子孫が苦しむことになるのである。つまり、時空を超えて霊の憑依《ひょうい》（とりつき）が成立したわけであるが、これが先祖の因縁とか先祖のたたりといわれるものである。

（「大霊界 神々と霊族と人類」P181〜182）

ここに出てくる霊線とは、霊が発する波長の流れ、と考えてよいでしょう。また、「先祖霊の因縁とかたたりといわれるもの」について、初代教祖の隈本確も私自身も、「先祖の因縁」「先祖のたたり」ともに、これをきっぱりと否定する立場です。苦しみ惑う先祖の霊が取り憑いたとしても、それは救済を求めての現象であると申し上げます。

霊界に居場所を見つけられない先祖霊が現界の人々に取り憑く、その原因について、初代教祖は物質主義におちいった現代社会にも批判の目を向けます。

一般に現代人は昔の人にくらべて霊的なものに対する畏敬《いけい》の念がうすく、万事に唯物的《ゆいぶってき》になってしまっている。そして、やれレジャーだ、グルメだといっては、らくをすること自己の権利を主張することばかりにやっきとなっている人たちも多い。そうなると当然、心の世界は貧しく、生前も死後も魂は眠ったままということになって、それらの人たちは死後、長期間睡眠霊としてすごすことを余儀なくされる。

思うに、現代はぞくぞくと睡眠霊が生まれつつある時代ではないか——。とすると、今から二百年後、三百年後の子孫たちにたくさんの被害者（憑依霊《ひょういれい》による被害者）がでることにもなる。迷惑な話である。

（「大霊界 神々と霊族と人類」Ｐ１８３）

現界に暮らす私たちは、つい世間体や周囲に合わせることを大事にしてしまいがちです。面倒やトラブルを恐れて、社会的な問題には無関心な大人たち。そんな大人を見ている子供たちは、学校でいじめられている生徒がいても、見て見ぬふりをして自分さえ傷つかなければと考えます。「悪いことをすると、お天道様が見ている」とか、「集団で弱い者いじめするのは卑怯」という言葉も、いまや死語になってしまっているようです。

となると、霊的なものに対して畏敬の念を忘れた現代社会と、その子孫がになっていく将来は、霊憑依だらけの世界になってしまうのでしょうか。その問いに対する初代教祖の答えは、「否」です。

わたしたち人間の運命は、すべて先祖霊のありようにかかっているのか。救われない先祖霊がいる限り、つねに霊障による病気や事故、災難をおそれつづけなければならないのであろうか。

否《いな》。そうではない。たとえ、わたしたちの先祖霊の多くが地獄・魔界入りをして、悪しき波動をわたしたちに流していようとも、わたしたちは、それらの先祖の悪因縁を断ちきることができる。

（中略）

人間というものは、自分自身の心のもち方しだいで、高き神霊とも低き地獄霊とも自由に交流ができる。現象界とは、そのようにできているのである。

（「大霊界 神々と霊族と人類」P184）

さらに、次のような希望を語ります。いずれ霊界入りし、霊界人として永遠につづく時を暮らしはじめる私たちに向けたメッセージでもあります。

もし、わたしたちが死後の霊界生活に対する用意を、生前において十二分にしておいたらどうか。まちがいなく、事態はまったく変わるはずである。

まず、わたしたちが正しい神霊学を学べば学ぶほど霊界に対する理解が深くなり、それにともなって、死後、霊界でスムーズに向上の一途をたどる救われた霊界人がより多く誕生することになる。そして、そのことによって、現界にもたらされるきりのない憑依《ひょうい》現象に、いくらかでも歯止めがかけられることになろう。

（大霊界シリーズ⑥「魂の存在」P105）

霊界における霊魂の向上段階

霊界に入ったのちは、より高い段階をめざし修行の日々を送るのが、本来あるべき霊の姿、と申し上げました。ここで、霊界における霊の向上段階について、ご紹介しましょう。

初代教祖のものと、第二代会長の私が考えるものは、表現が少し異なっています。その違いも含めてあらわしたものが図4―Aです。はじめに、初代教祖による霊界の区分けは次のとおりです。

霊界というものについて、これまでわたしは七段階にわけてきた。すなわち、下から地獄《じごく》・魔界《まかい》、幽界《ゆうかい》、霊界《れいかい》、仏界《ぶっかい》、神界《しんかい》、聖天界《せいてんかい》、天命界《てんめいかい》の七段階である。

（中略）

まず霊界全体について、幽界をはさんで上界、下界と区別している。この下界を段階別にわけると、全部で六段階ある。幽界に近いところから、夜叉界《やしゃかい》、濁王界《だくおうかい》、陰王界《いんおうかい》、夜王界《やおうかい》、地王界《じおうかい》、大地王界《だいじおうかい》の六段階である。

そして、さらにこの下界を大づかみにわけた場合には、地殻霊界《ちかくれいかい》、地下凍結霊界《ちかとうけつれいかい》、地核霊界《ちかくれいかい》という三つの区分が成立する。

（中略）地獄とは、この区分でいくと地殻霊界《ちかくれいかい》（夜叉界《やしゃかい》、濁王界《だくおうかい》）と地下凍結霊界《ちかとうけつれいかい》（陰王界《いんおうかい》、夜王界《やおうかい》）のことである。それよりもさらに下の段階である地核霊界《ちかくれいかい》

図４—Ａ

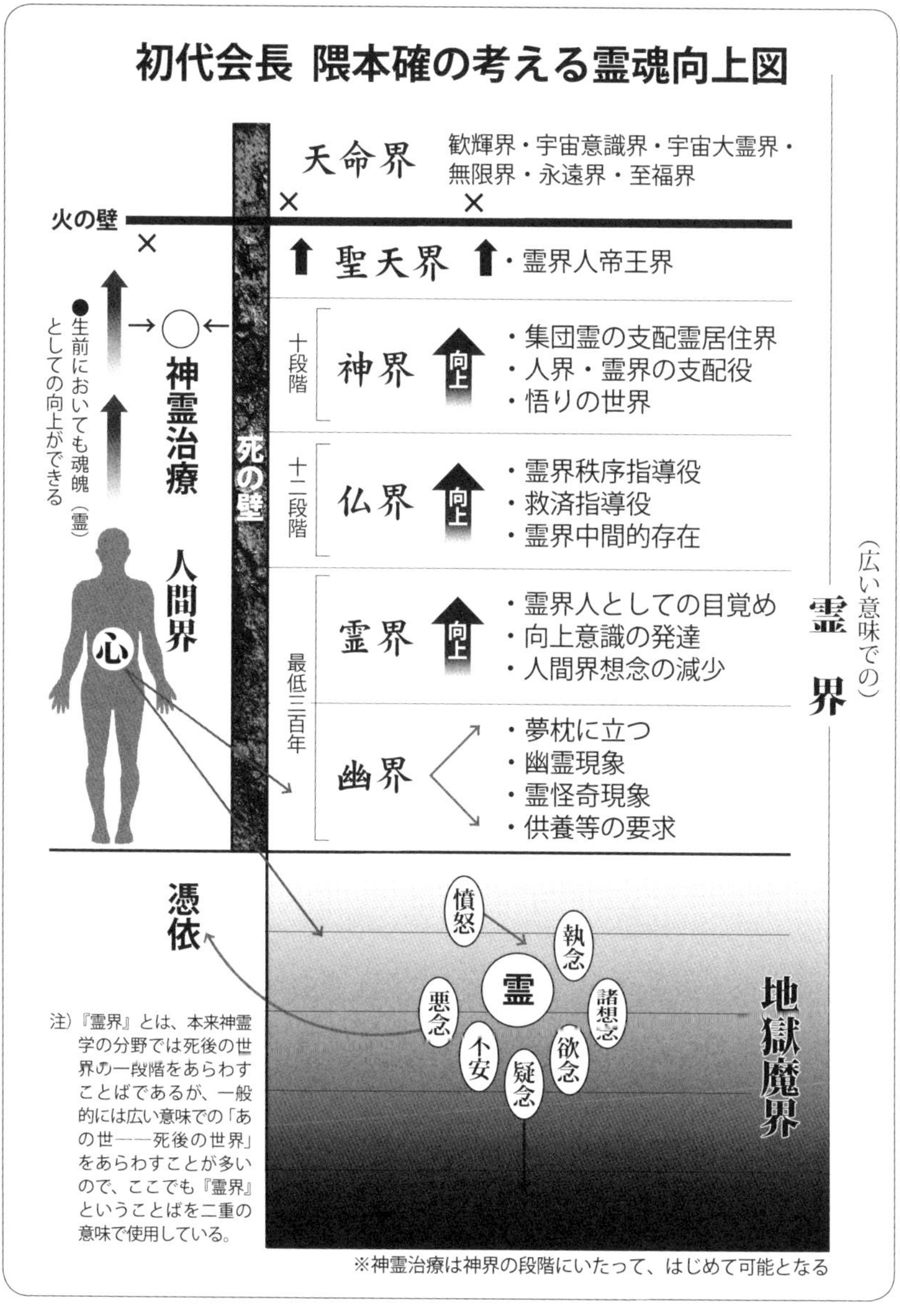
初代会長 隈本確の考える霊魂向上図
天命界
歓輝界・宇宙意識界・宇宙大霊界・
無限界・永遠界・至福界
火の壁
聖天界
・霊界人帝王界
十段階
神界
向上
・集団霊の支配霊居住界
・人界・霊界の支配役
・悟りの世界
十二段階
仏界
向上
・霊界秩序指導役
・救済指導役
・霊界中間的存在
霊界
向上
・霊界人としての目覚め
・向上意識の発達
・人間界想念の減少
最低三百年
幽界
・夢枕に立つ
・幽霊現象
・霊怪奇現象
・供養等の要求
死の壁
神霊治療
●生前においても魂魄（霊）としての向上ができる
人間界
心
（広い意味での）霊界
憑依
地獄魔界
霊
憤怒
執念
諸想念
欲念
疑念
不安
悪念
注）『霊界』とは、本来神霊学の分野では死後の世界の一段階をあらわすことばであるが、一般的には広い意味での「あの世——死後の世界」をあらわすことが多いので、ここでも『霊界』ということばを二重の意味で使用している。
※神霊治療は神界の段階にいたって、はじめて可能となる

（地王界《じおうかい》、大地王界《だいじおうかい》）となると、ここでは再び神の世界がひらけてくることになる。これが、地下神界の存在である。

（大霊界シリーズ⑤「神と魔界」P148〜150）

初代教祖による区分に使われる仏界、神界という言葉について、少し説明をつけ加えます。
私たちがふつう「神」というとき、キリスト教やイスラム教などの神や、神道などの神々、あるいは観念として抱いている絶対的存在をイメージします。「仏」も、仏像、仏陀などと使われる仏教の言葉です。初代教祖が発表した区分は正しいもので、私もその教えを受け継ぐ者ですが、私の区分（図4―B）では誤解を招かないように、表現を変えています。
初代教祖の区分は、人々が理解しやすいように一般になじみのある「神」「仏」という言葉を用いて説明したものと、ご理解ください。

図4—B

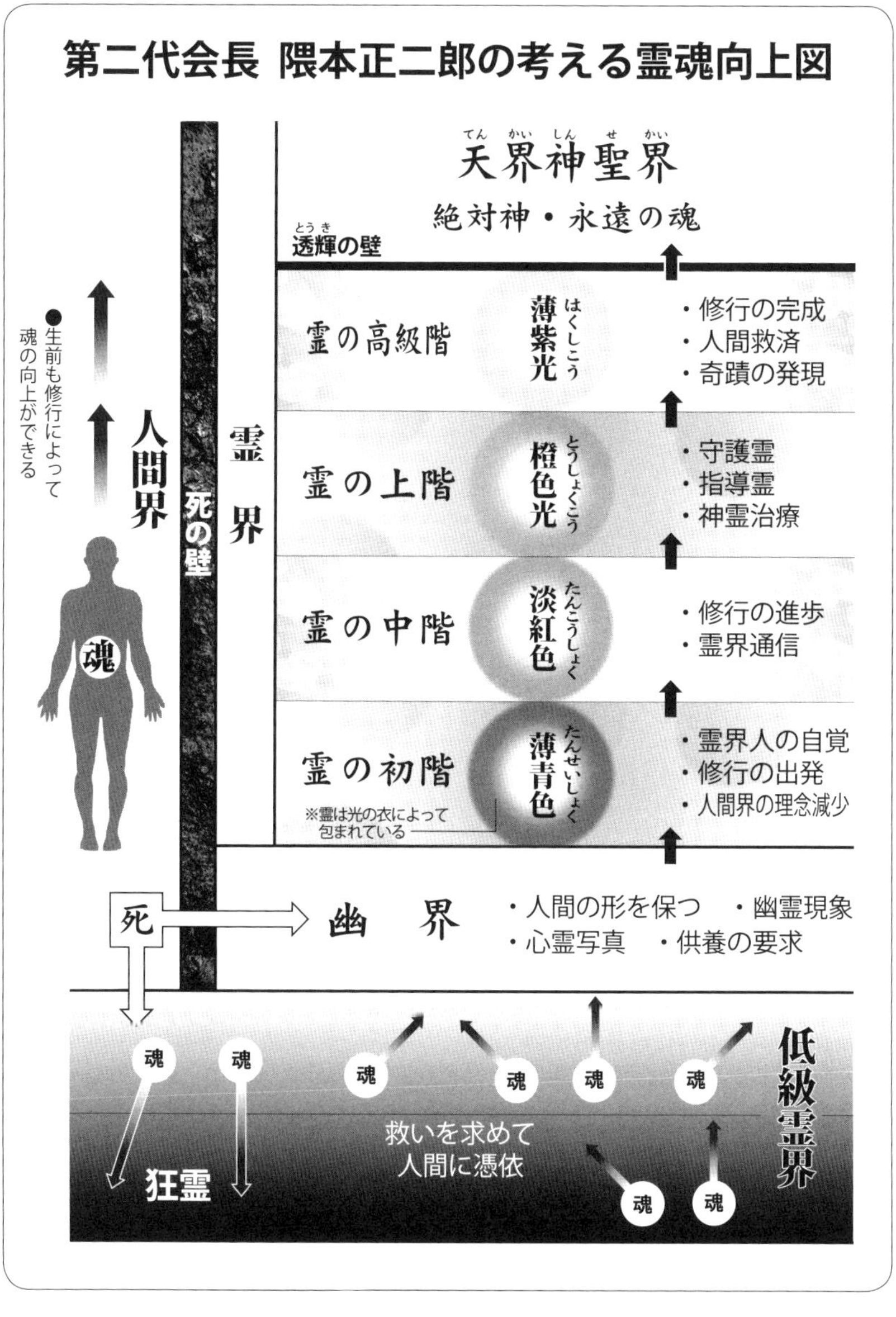
第二代会長 隈本正二郎の考える霊魂向上図
天《てん》界《かい》神《しん》聖《せ》界《かい》
絶対神・永遠の魂
透輝《とうき》の壁
霊の高級階
薄紫光《はくしこう》
・修行の完成
・人間救済
・奇蹟の発現
霊の上階
橙色光《とうしょくこう》
・守護霊
・指導霊
・神霊治療
霊の中階
淡紅色《たんこうしょく》
・修行の進歩
・霊界通信
霊の初階
薄青色《たんせいしょく》
・霊界人の自覚
・修行の出発
・人間界の理念減少
※霊は光の衣によって包まれている
霊界
人間界
●生前も修行によって魂の向上ができる
魂
死の壁
死
幽界
・人間の形を保つ ・幽霊現象
・心霊写真 ・供養の要求
低級霊界
救いを求めて人間に憑依
狂霊

隈本確の霊的修行と神への想い

二十歳で知った神の存在、霊の存在

この項では、初代教祖における霊（神霊）との関わりについて、まとめました。

初代教祖は、長崎に生まれ育ちました。幼いころから強い霊媒体質で、急に呼吸が苦しくなったり、吐き気や頭痛、だるさなど、突然、襲ってくる体の不調に悩まされるほかは、元気な子供だったようです。


わたしは生まれつき、天気のことや事故のおこることなどピタリピタリと当てる奇妙な能力があったものの、そういう不思議な現象についても、当時のわたしは、わたし自身がもつたんなる特殊能力だとしか考えていなかったのです。学生時代も、数学、化学といった、とにかく理づめで答えがでてくる学科が得意でした。

一方、わたしの父は自分なりの信仰家で、正月、一日、十五日というと、かならず神社にお参りをしていました。そんなわけで、わたしもたびたび父に連れられて神社にでいりしているうちに、自然に宗教的なものに興味をもつようになっていきました。ところが、そうしたものに興味をもてばもつほど、形式的な神社・仏閣のあり方に不信感を覚えるようになってしまったのです。

白装束の神主、きらびやかな僧衣に身をつつんだ僧侶、白衣をまとった宣教師……、けれども、これらのものものしい形式的な衣装でかざりたてたこの人たちの内実は、わたしたち一般の人間とあまり変わるところがないのを知ったのです。また、それら宗教家の一部の人たちの中には、心の中に、逆に食欲、性欲、物欲、名誉欲、その他いろいろな欲想念を燃やしている人もいるということも知ったのでした。

（「超神霊」Ｐ60〜61）

形式的な宗教観やうわべだけの人間関係への反発は、正しい答えを理詰めで考える、という性格も影響しているのかもしれません。そんな初代教祖が、霊の存在、神の存在を確信したのは、二十歳のころ。原因不明の病で夜も眠れず、苦しむ父親を、知人の勧めで行者さんと呼ばれる神霊能力者の家に連れていったときのことでした。

初代教祖が初めて霊の浄化を目にした、そのときの様子です。

行者さんはただ父に向って手印を組み、あぐらをかいたままで十回二十回と九字《くじ》を切ったあと、「さあ、これでいいでしょう」と簡単に言うではないか。

「あのう、お聞きしますが、屋敷の神の障りとはどういうことでしょうか」と、わたしがおそるおそるたずねると、「いや、あなたがたがいま暮らしている屋敷に住んでいる神様ですたい。強か力をもった三体の霊ですたい」という答えが返ってきた。とたんに、わたしの耳に飛び込んできたのは「ぐう、すう」といういびきの音。はっと振り返ってみると、なんと父であった。すわっているのもやっとという状態で首をがくんとたれ、父が大いびきをかきはじめているのである。それも、ほうっておいたらどさっと横に倒れて、そのまま眠り込んでしまうほどの深い深い眠りに誘《さそ》われているようだ。

〈これは……？〉

わたしは、胸を突かれたようにはっと気づいた。

〈父は治っている！〉

（中略）

いったいどういう理論で、どういうことが成り立って父の病気は治ってしまったのだろうか。三か月ものあいだあれほど苦しみつづけた父。西洋医学、東洋医学、その他もろもろできるかぎりの手をつくしてもいっこうに治る気配のなかった父の病気。あれはいったいなんだったのだろう。いったいどこへ消えてしまったのだろう。わたしはもう頭も心もこんがらがってしまい、何をどう考えたらいいか見当もつかなくなってしまった。
行者さんのところで一部始終を見てきたわたしは、たしかに「神」の力を目の前にした。しかしそれは、それまでに考えていた「神」とはまったくちがっていたのだ。理論ではない、理屈ではない。目にも見えない、耳にも聞こえない。わたしの五感、知覚には何も感じなかった。
しかし、父の長いあいだのあの苦しみを解消する力をもった何者かは存在する。何かの生命体が存在するのだ。不思議な不思議な存在、それが「神」というものであるのか。

（大霊界シリーズ⑯「生と命と大霊界」P71〜72、74〜75）

鴨居の上に祀られた小さな社に向かい十回二十回と九字を切った、それだけで父親は癒え、翌日には仕事に復帰するという回復ぶりでした。その不思議な力と、不思議な存在のことが知りたいと、初代教祖は行者さんの家に通いはじめます。そして、依頼者の腰痛を、行者さんがやはり手印を組んで九字を切ることで、治すのを見たのでした。

わたしのそばにすわっていた、この依頼者の方は、腰の痛みもすっかりとれて喜びにあふれた顔で「先生、その、わたしんところの畑に住んどった霊ですが、今後どがんお祀《まつ》りばすればよかですか」と行者さんにたずねた。

すると行者さんは「いや、何もせんでよかですばい。うちん神様の力ば、たっぷりとあげときましたけん。もうすっかり喜んで上のほうば上がっていきよりましたけん、もう何もすることはありまっせん」と言われたのである。

（中略）

行者さんの家を辞してわが家へと帰る途中、わたしは車の中で一心に思った。

〈なんとかしてもっと霊のことを知りたい。神様のことも知りたい。なんとしても知りたい。あの行者さんのように、神のお力をいただいて霊を助けてあげること、そしてその霊の障りで苦しんでいる人をも併《あわ》せてその場で助けてあげること、これは現実の仕事なのだ。なんとすばらしいことだろう。

人間は何も知らずに職業につき、家庭生活を送っているが、この世界にはわたしたちの知らない多くの霊がいる。また、その霊の障りで苦しんでいる人もたくさんいる。そしてその霊と、苦しんでいる人を同時に救ってくださる神もいるのだ〉

何かしら熱いものが心の底からグウーッと込み上げてくるのをわたしは感じた。熱い、熱い希望のようなもの、光のようなものがわいてくるのを覚えたのである。

（大霊界シリーズ⑯「生と命と大霊界」P79〜81）

これは、人に憑依して人を苦しめる霊もまた、救済を求めて苦しんでいる、ということを、はじめて実感として知った出来事でした。取り憑いていた霊が、神によって救われ、喜んで上にあがっていった――。人間も霊も、ともに救われる道がある。初代教祖のこの想いが、人生の大きな目的へとつながっていったのです。

ほとんどの人が知らない、新聞記事などで見たこともない、そして科学者も医学者も知らない世界。それがあった。あったのである！　目に見えない、耳に聞こえない、あの不思議な世界の出来事が。

〈これだ！　これだ！〉

わたしは心の中で歓喜《かんき》の叫びをあげた。大きな希望の炎が心の中で力強く燃え上がるのを感じたのである。

〈この不思議な世界、神様のことを研究して、わたしも必ずあの行者さんのようなすばらしい人間に、すばらしい神霊能力者になろう！〉

わたしは強く意を決して、神霊の道に足をふみ入れたのである。

（大霊界シリーズ⑯「牛と命と大霊界」Ｐ82）

この行者さんの家に祀られていた神様は、名を第十代埴山姫之命《はにやまひめのみこと》といいました。徳川政権の初期、島原の乱に巻き込まれて亡くなった武士の霊で、行者さんの屋敷で命を落とした武士だったそうです。

この後、初代教祖は行者さんを師と仰ぎ、その屋敷に七年間、通いつづけることになります。

そして、守護神である第十代埴山姫之命に深く傾倒していきました。心の底からの祈りに、はじめて神様からの応答を聞いた日の喜びをこう記しています。

「第十代埴山姫之命大神様、わたくしはあなた様のお屋敷に毎晩お世話になっている隈本確《くまもとあきら》と申す凡夫《ぼんぷ》です。よろしくお願いしまあーす」

すると突然、わたしの胸の中にはっきり聞こえてきたではないか。

「おう、余《よ》は第十代埴山姫之命である。苦しからず」

〈神のお声が聞こえた！〉

わたしは思わず〈うっ〉と口を押さえたくなるほどの歓喜で、胸がはちきれそうになるのを覚えた。静めようとしても胸の奥から強くわき上がってくる喜び。

〈惚《ほ》れて惚れて惚れ抜いた行者さんの神様とお話しすることができた。できた、できた！〉

（大霊界シリーズ⑯「生と命と大霊界」P88〜89）

その埴山姫之命への想いを、初代教祖は次のようにつづります。

わたしは行者《ぎょうじゃ》さんの守護神である埴山姫之命《はにやまひめのみこと》に、心底惚《ほ》れこんでしまったのである。

それは、人間の親子の愛、夫婦の愛をなお超えた、まさに命がけの深い深い愛であった。

（「大霊界 神々と霊族と人類」P70）

第十代埴山姫之命の代を命ぜられて

やがて、行者さんに代わって初代教祖が浄霊をするようになりました。胸に聞こえる師の守護神・第十代埴山姫之命の導きにしたがって、依頼者に取り憑いた霊の浄霊をするのです。

その回数が増えるにしたがい、神霊治療（浄霊）を願って、初代教祖が自身の胸中に招く埴山姫之命の力は、日ごとに力強さを増していったといいます。数年後、師の行者さんが亡くなり、その後も、屋敷へ通い続けていたある日のことです。

その夜もわたしは亡くなられた行者さんの家族の方たちと囲炉裏《いろり》を囲んで談笑していたのであるが、突然、鴨居《かもい》の上の小さなほこらから天来のような声がわたしの胸中に響いてきたのである。

「余《よ》は第十代埴山姫之命である。余は今日《こんにち》ただいま、そなたに余の代《だい》を命ずる。今日《こんにち》より余はそなたの守護神となる」

突然わたしの胸中にとどろきわたったこの神の声。

〈ええっ！〉

わたしの心は一、二秒間沈黙した。

（中略）

神の声はさらにつづいた。

「今後においては、当屋敷に関係なく、そなたはいずこの場所にあろうとも余の代である。人間凡夫の用件以外で当屋敷に立ち入る必要なし」

この神のお言葉を聞いて、わたしの心の底から怒涛《どとう》のごとく歓喜がわき上がってきた。

〈とうとう、わたしは巨大なる、偉大なる神と遭遇《そうぐう》し、交流し、しかも神の代に命じていただけた!〉

今後は、この偉大なる神のお力を頂戴して、これまで以上に医学に見はなされた多くの人々の痛み苦しみを救ってあげることができる。併《あわ》せて、わたしたち人間界に居を同じくする霊の救済をもどんどん行うことができるのだ。

つぎからつぎへとわき起こる歓喜の想念。行者さんの家を辞して我が家へと帰る道すがら、わたしの心は躍《おど》り高まっていた。ついにわたしは、実在の、本物の、しかも巨大で偉大なる守護神をいただくことができたのである。

(大霊界シリーズ⑯「生と命と大霊界」P105~107)

神霊治療や神霊学研究をとおして続けられた、さまざまな行

二十代から四十代にかけて、初代教祖は父親から家業を受けついだ電気商の倒産・失業を経験

し、都合八回、職業を変えています。

実生活の面ではこうした苦労を負いながら、第十代埴山姫之命を守護神にいただいた初代教祖は、依頼者があれば、神霊治療（浄霊）を施していました。

けれども、痛みが消えたと喜んで帰る依頼者を送り出しながら、初代教祖自身の肉体は、そして精神は苦しみの日々だったといいます。これを、初代教祖自身はこのように分析します。

わたしは、第十代埴山姫之命がわたしに下された「余はそなたの守護神となる」という御神示《ごしんじ》の意味することを、まるで理解していなかったのである。

では、それはいったいどういうことであったのか。

第十代埴山姫之命は、わたしのご守護神となられると同時に、わたしの肉体と精神世界のすべてを、宇宙をふくむ大霊界に向けて一挙に開放してしまわれたのである。

それはすなわち、霊界のあらゆる神や霊に対して、わたしの肉体も精神もまったく無防備な状態となったということなのであった。

まず、わたしを襲ったのは、突然にわき上がってくる強い恐怖感、不安感であった。いつ命がなくなるかわからない、いても立ってもいられないほどの恐怖感、不安感にさいなまれて夜も眠れない日が二日、三日、四日とつづく。いったいこれはなんだろうと、じいっと自分の精神世界を見てみると、悪鬼《あっき》の形相《ぎょうそう》をした地獄霊がわたしの胸中で暴れまわっていたのである。

（中略）

わたしは暴れまわる地獄霊に対して、必死の想いをこめて言った。

「こら地獄霊よ！　わたしの胸の中で勝手に暴れまくり、わたしを発狂させようとしているおまえ、ぜったいに許さん！」

そして、両手のひらをしっかり組み合わせ、下腹にグウッと力を入れて、まるで原爆が破裂するかのように「出ていけ！」と全身に力をこめたのである。

と、あれほどわたしの胸中で暴れまくり、わたしを恐怖と不安のどん底におとしいれていた症状が、スウーッと、うたかたのように消え去ったのであった。

〈やれやれ、やっと命拾いをした〉とほっとしたのもつかのま、今度は数日後から後頭部の割れるような痛みがはじまった。毎日毎日、朝から晩まで、晩から朝までひっきりなしに襲ってくる痛み。後頭部をよき（昔、薪《まき》を割ったなた）でスパッと切って脳みそを引きずり出し、それを地面にたたきつけたらどんなに気持ちがいいだろう。当時わたしはいつもそう思っていた。

この後頭部の痛みは、どんなにわたしが勝負を挑《いど》んでたたき出そうとしてもどうしてもなくならないのである。こうした痛みが五年ほどもつづいただろうか。それが消えたと思うと、今度は胃の痛み、腰の痛み、呼吸困難などに日々悩まされる毎日がまたはじまるというぐあいだったのである。

（大霊界シリーズ⑯「生と命と大霊界」P107〜109）

実は、初代教祖の不安感、恐怖感、呼吸困難などの症状は、著書の『大霊界』シリーズの出版を重ねている期間にも起こり、心身を苦しめたといいます。けれども三巻、四巻、五巻と巻を重ねるうちに、初代教祖自身、分かってきたことがありました。いま紹介してきた理由、「肉体と精神世界を大霊界へ開放したため」とは、また違う理由でした。

それは、このようなことです。

わたしは『大霊界』シリーズの著書において、読者の方が自分で自分の病気を治す「自己治療（浄霊）法」、および、読者の方が人さまの病気を治す「他者治療（浄霊）法」を発表してきた。そのために、『大霊界』の本を読まれた何万人という方が、わたしをとおして超神霊のエネルギーをひかれたはじめたのだ。何万人という方が、いっせいにわたしの胸、精神世界をとおして超神霊のエネルギーをひかれるために、わたしの胸、精神世界には、超神霊の霊流が夜も昼も絶え間なく奔流《ほんりゅう》のようにドーッと流れこんでいたのである。

延々《えんえん》、十数年とつづいてきた、わたしをおそう恐怖感、不安感、呼吸困難の原因はこれであった。これがはっきりとわかったとき、わたしは「いたしかたない」と腹をくくった。自分が著書に発表したことによって、自分が苦しむ。これは誰の責任でもない。自分自身で、なんとかこれを克服《こくふく》しなければならない。何万人という方々にエネルギーをひかれることによっておこる恐怖感、不安感、呼吸困難に負けてはいけない！

それからというもの、わたしはそれまで以上に自己の健康に留意《りゅうい》し、心して体の鍛練《たんれん》にうちこむようになった。毎朝のジョギング、柔軟体操などの運動、それに、バランスのよい食事とよく眠ること。食に関しては、とりわけ生野菜をよく食べることと、水をどんどん飲むことに気をつけた。

（大霊界シリーズ⑮「浄霊と霊とのたたかい」P85〜86）

『大霊界』シリーズには、初代教祖が、神霊治療の師として、また父親として私たち兄弟と交わした対話も載録されています。

そうした対話の中で初代教祖が、自身の心身の苦しみを「神との闘い」と語ったことがあります。低級霊の憑依をはずすための浄霊において霊と闘うなら理解できますが、神と闘うとはどういうことなのか。最初に聞いたときは、私たち兄弟も戸惑いました。次は、そのとき、初代教祖が父として、私の兄である長男と交わした会話です。

父　仏界に十二段階、神界に十段階、その上に聖天界《せいてんかい》があるんだが、この聖天界《せいてんかい》にも五段階ある。

長男　父さんは、その神さまたちと闘っているというわけ？

父　まあ、闘いといってしまうと語弊《ごへい》があるけれども……、それぞれの段階の神と同じ力を修得するための行《ぎょう》ということになるだろうな。

長男　どういうことなの、具体的にいうと。

父　たとえば、わたしが神の段階の五段目までの力をもっていたとするね。そうすると、神の段階の五段目にいる、あらゆる神霊が父さんの体の中にはいってきて、父さんの守護神や魂の親さんと交流、対決をすることになるんだ。ま、力くらべということだね。

ここで、父さんのほうが勝つと、父さんの守護神や魂の親さんは、神の段階の六段目にはいる。そうすると、今度はまた、六段目にいる、あらゆる神霊が父さんの体の中にはいってきて、対決、術《じゅつ》くらべをするんだ。

若いころからずっと、父さんは、このことのくり返しで、神の十段の行《ぎょう》を終え、聖天界《せいてんかい》の五段の行《ぎょう》を終え、大霊界の高きへ突入し、さらに天命界《てんめいかい》の行《ぎょう》にはいり……という具合に、だんだんに神霊能力を伸ばしてきたんだよ。

（大霊界シリーズ⑨「神と奇跡」Ｐ184〜185）

神との闘いとは、言い方を変えれば、神霊を前にしたとき、自分自身の心を顧みることかもしれません。向上心を失っていないか、自分を過信してはいないか、という自分自身との闘いといってもいいでしょう。

父であり初代教祖であった隈本確は、自らの心身の痛みや苦しみを受けいれ、神霊治療（浄霊）

と神霊学研究をとおして、自身の心を顧みながら神との対話をつづけたのだと、私は確信しています。

聖

第三章

死後の世界の認識

死後の世界は存在する

信じなかったための迷いと苦しみ

死というものを生理学的にいえば、脳が活動をやめて、すべての肉体的機能が停止することです。霊の存在や、霊界の存在を信じる私たちにとっては、死は体の中にある魂が肉体を離れ、現界から霊界へと移行する、大事な節目となります。人間が肉体という衣服を脱ぎ、魂だけの存在として、霊界で永遠の命を再生させることだからです。

霊界とは死後の世界です。死後の世界を信じる人にも、信じない人にも、誰にでも訪れる死について、初代会長隈本確教祖の著作を見ていきます。

神霊学や神霊治療（浄霊）について理解しようとする者にとって、死後の世界の実在を信じることはごく基本的なことである。人間、死んだらなにも残らない、と考えているような人は神霊学に無縁の人といってもいい。

しかし、死後の世界は、信じようと信じまいと確実に存在する。それゆえに、生前、目に見えるもの、五感に感じられるもの以外は絶対に認めようとしなかった人は、実際に自分が死というものを迎えたときに、たいへんな驚きを感じることになるのである。なにしろ、肉体はなくなったにもかかわらず、心、想いというものは、それまでどおり相変わらずあるのだから……。

そして、夢にも考えていなかった死後の世界に突然出現させられた魂は、なにがなんだかわけがわからず、迷い苦しむことになるのである。

（中略）

死というものが、新しい魂の誕生を意味していることはわかっていただけたと思うが、しかし、死の壁のこちら側（現界）にいる人間にとっては、依然として死後の世界は不可解な謎であるかもしれない。

それだからこそ、わたしたちは、ただいま人間として肉体をもっているうちに、魂ということについて、また死後の世界ということについて、よく研究し、理解しておきたいと思うのである。

（大霊界シリーズ①「守護神と奇跡の神霊治療」Ｐ98～１００）

心をもつ人間が、霊人となって霊界入りすることをあらわしたものが次ページの図１です。

「うつし世のような人生は、わずか百年たらず。これは、長い霊界での生活に入る前の準備期間

図1

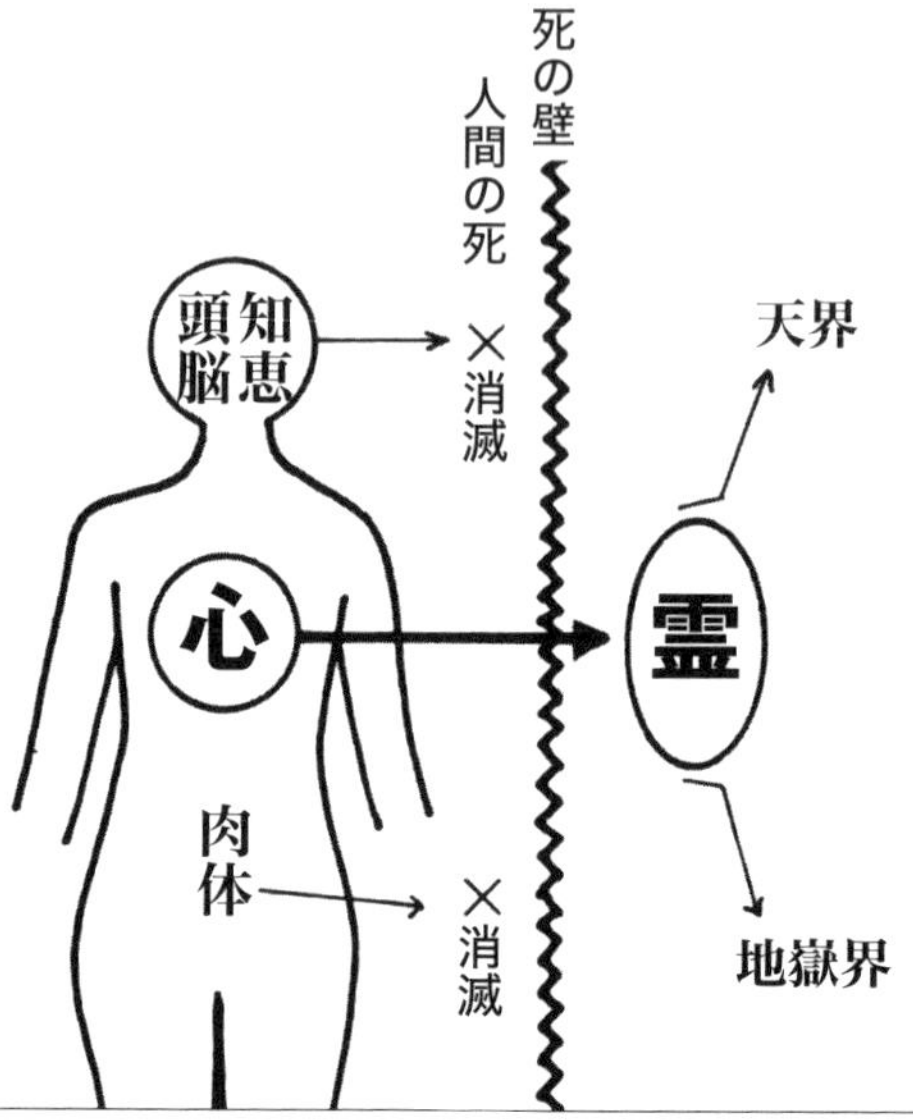

●死とは、心が頭脳（知恵）と肉体を捨て消滅し去り、霊界へ入り、霊としての誕生を意味し、新世界での生活の黎明である
●不要な頭脳、肉体を捨てて身軽になった霊には、あのような窮屈な汚らしい人間界には二度と戻りたくないという霊もいる

のようなもの」というのも、初代教祖がよく口にしていた言葉です。

肉体と魂の関係をあらためてお話しすると、人間というものを構成する、肉体、頭脳、心（魂、想念）の三つの要素のなかで、いちばん大事な存在を「心（魂、想念）」とするのが初代教祖の主張です。

心（魂）というものが健康に機能していないとき、肉体と頭脳の健全な活動はあり得ない。あくまでも、心が〝主〟であり、肉体は〝従〟なのだ。もっとはっきりといってしまえば、肉体とは、心をつつむからのようなものである。

だから、人はこの世で一定の期間をすごすと、古びたからをぬぎ捨てて魂だけの存在となって、永

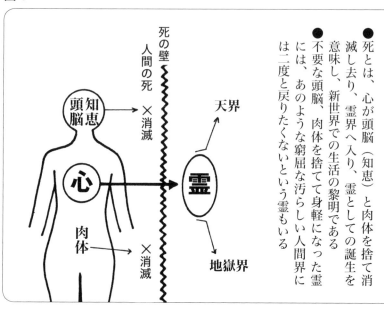

遠の霊界へと旅立っていく。

死とは、肉体と頭脳の滅亡を意味すると同時に、魂の霊界への誕生を告げるものでもある。……ならば、死とはそれほど怖いものではないのか。たとえ肉体はなくなっても、「この心」「この想い」というものが永え《とこし》の霊界で生きつづけるものだとしたら――。

そうである。死とは、怖いものではない。死に対する恐怖は、現界にしか通用しない頭脳によって生みだされた観念である。

（大霊界シリーズ③「恐怖の霊媒体質」P24）

霊界の入り口、幽界で目ざめる魂

この世からあの世へ旅立って、あの世からこの世へ帰ってきた人は一人としていません。であるからこそ、昔から死は謎であり、恐怖を感じることといえます。

時代によっては、死を穢れた忌むべきこととして、生活に死の穢れが入り込まないように、穢れを封じるさまざまな風習が生まれました。

初代教祖の理論によると、人間は亡くなると、現界と霊界を隔てる「死の壁」を越えて霊界へと入ります。このときの魂の状態は、たとえば次のようなものだといいます。

魂が完全に肉体をはなれたあと、すなわち死後も、その魂は三～四日というもの、昏睡状態にあるのがふつうである。しかし、人によっては死後二か月も三か月も、その魂が昏睡状態をつづける場合もある。

（中略）

何日か何十日かの昏睡状態を終えて、しっかりと形成された魂が初めて目ざめる世界――、それが霊界である。こうして、いよいよ魂の、霊界への出発となるのである。

（大霊界シリーズ①「守護神と奇跡の神霊治療」Ｐ１０５）

魂が霊界人として目覚めた世界は、ふつう幽界と呼ばれます。霊界の入り口に当たる世界ということになります。次は、この幽界のさまや霊人たちについての記述です。

ふつう、死後まもなくの魂は、いったんは幽界《ゆうかい》に留まり、その後、肉体人間時代の当人の想念次第で上界、あるいは下界へと、それぞれの道を進みはじめるものである。ところが、生前に霊界の存在を認めなかった人たちの魂は、実際に自分が死というものを迎えてさえも、まだ死後の世界というものを信じることができない。そうして、暗い霊界（幽界）で相変わらず、生前の想念のみに固執しているがゆえに、いつまでたっても霊界人としての生活がはじまらないのである。

うす暗い幽界の、かんまんな時の流れの中で、見る、聞く、嗅ぐ、味わう、触れるといった生前の五感知覚の顕在意識の世界がうすれるほどに、徐々に霊界意識が発達しはじめ、それにともなってようやくにして霊界の実在に気づきはじめる霊人たち。

その過程は、各々の霊人たちの想念界意識の発達次第で一〜二か月、数年、数十年、数百年……と、年数も大きくちがってくる。

しかし、いずれにしても生前の顕在意識がうすれ、霊界のみに通用する想念界意識が発達してくると、まさしく想念だけの世界であるところの霊界のもようが、己れの意識界に映じてくるのである。

（大霊界シリーズ⑦「神と医」P35）

幽界とは、つまり死者が生前の暮らしや、考え、価値観、想いなどを捨てるために必要とする場所であり、時間であるともいえます。これを初代教祖は「まったく異質の永遠の霊界に入るための準備期間」としています。その過ごし方も霊人（霊魂）によってさまざまですが、幽界から移行する霊の段階について、こう記します。

そのさきは、当人の生前の想念いかんで、いろいろにわかれてくる。まず、幽界にはいってすぐに上界へとのぼっていく霊魂。それから逆に、下界へと落ちていく霊魂。また、いったんは下界に落ちながら途中で想念の大転換があり、Uターンして上界へとのぼっていく霊魂。

人間死後の霊界進路はだいたいこの三種に分類されるが、このほかにも、幽界から上にも下にもいかれず、何十年、何百年とさまよいつづける霊魂もある。いわゆる幽霊などになったり、その他の霊的怪奇現象をひきおこして人間界に立ちあらわれるのは、おおむね、これらの幽界霊である。

では、幽界にはいって間もなく、上界、すなわち霊界、仏界、神界と進んでいくのは、どのような霊魂なのだろうか。まずいえることは、生前において悪、欲、疑いといった汚れた想念がひじょうに少なかった人の霊魂だということである。

（大霊界シリーズ⑤「神と魔界」P150〜152）


下界に落ちてからUターンして上界へのぼる霊について、初代教祖は、生前の誤った想念によって下界に落ち、しかし、その下界で深く反省し、霊性を向上させるように修行した結果によるとしています。

この場合、すんなりと上界へ入った霊より、霊の働きは力強いものとなり、最上界の天命界へ進む霊もいるといいます。

幽体の役割とはたらき

死とは、肉体から離脱した魂が霊界に入ること。このとき、魂のみがポンと霊界に進むのではありません。これは、多くの霊学研究者たちも認めていることですが、魂の霊界入りに欠かせないのが、生きているときから肉体にあった幽体《ゆうたい》という存在です。魂はいわばこの幽体という衣につつまれて、霊界入りを果たす、というのが多くの霊学研究者たちの認識となっています。

次が、幽体についての初代教祖の説明です。

> 神霊学的にみてひじょうに重要なもうひとつの要素……（中略）人間の肉体全面にくまなく浸透している幽体《ゆうたい》といわれるものである。
>
> 幽体《ゆうたい》は人間の生命のみなもとである魂と肉体および頭脳を結ぶ連結媒体であると同時に、他の霊との媒体役もする。すなわち、いろいろな霊の波動をキャッチして、それを魂に伝えるのが幽体《ゆうたい》である。そして、死の瞬間には、幽体《ゆうたい》と魂とが一緒になって肉体を離脱する。
>
> 健康な人というのは魂、肉体、頭脳がほどよいバランスを保ちながらはたらいている人のことをいうが、そのためには幽体《ゆうたい》もまた、ほどよいバランスを保ちつつ機能していなければならない。
>
> この幽体《ゆうたい》密度の濃度にも個人差があるが、だいたいにおいて密度が濃い人ほど霊の波動を受けやすい霊媒《れいばい》体質となっていく。なぜなら、霊の幽体《ゆうたい》と人間の幽体《ゆうたい》とが、それぞれ憑依《ひょうい》の仲立ちとなっているからである。
>
> （中略）

わたしはつねづね、高級霊は人間の霊視《れいし》に映らないといっているのであるが、高級神霊になればなるほど、人間界にいたときからもちつづけていた幽体《ゆうたい》が消滅していくので、霊視《れいし》に映らなくなってくる。つまり、人間側の幽体《ゆうたい》に反応するべき幽体《ゆうたい》がないのだ。

これに対して、人間界からひきずっていった幽体《ゆうたい》を死後もそのまま魂に付着させている未浄化な霊は、生者側の幽体《ゆうたい》に反応して、生者側から見れば、そこに霊の憑依《ひょうい》および霊障がおこってくる。

（大霊界シリーズ③「恐怖の霊媒体質」P32〜34）

幽体のはたらきと、その強弱をあらわしたものが図2です。

初代教祖は、魂というものを、人間の意志が力を発揮する、その根源的な存在と断言します。そこで、全身を支配する魂の力が強ければ、全身に浸透している幽体密度も薄くなる、というのです。ちなみに神霊治療とは、体に憑依した低級霊の幽体を浄化することであり、また低級霊に取り憑かれた人間の側の幽体密度を薄くすることでもある、といえます。

さて、永遠に続く死後の世界、つまり霊界の時間の感覚について、初代教祖はこういいます。

霊界にはいってからの霊は最低でも三千年の命脈を保つ存在だが、わたしがいままであつかった神霊で、その年数が一ばん深いものは、十五万八千年前に発生した霊であった。すなわち、十五万八千年前に亡くなって、霊界にはいった人間の魂である。

図2　人間の幽体密度に応じた霊の働きかけ

◎幽体とは、魂と肉体および知恵の媒質（仲立ち）

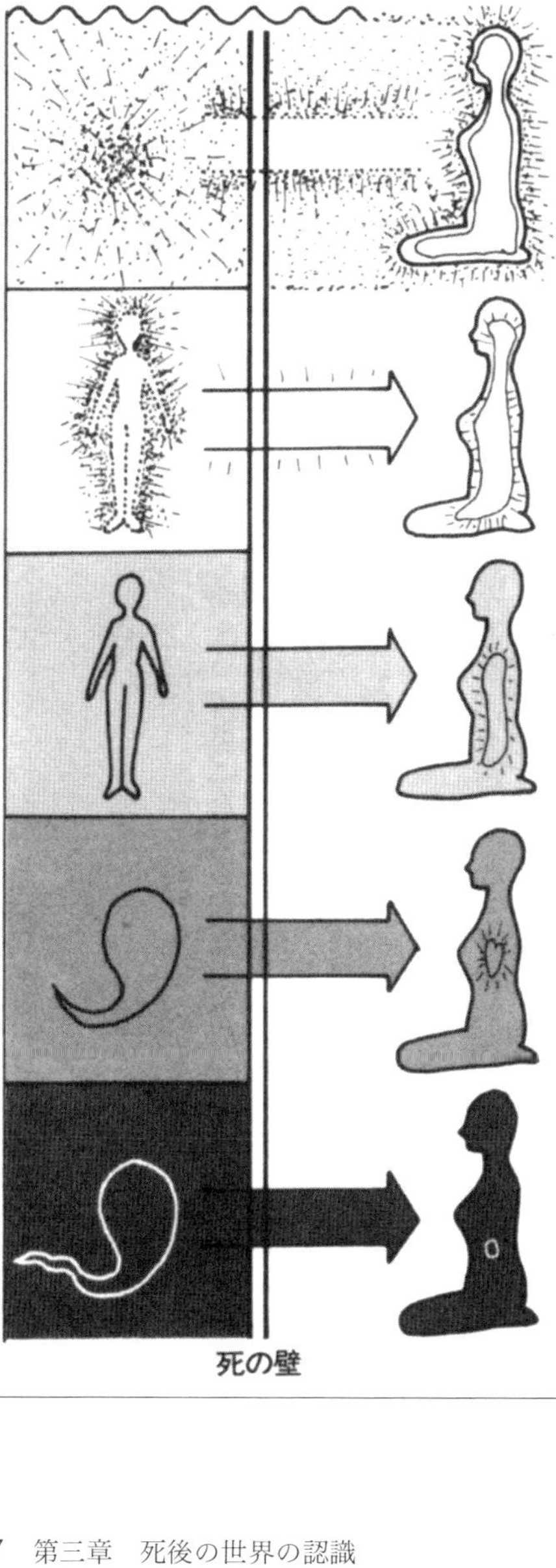

●神霊治療および浄霊を何度も受けると、神と魂、人、一体となり、この世で奇跡をあらわすようになる。

●人間界の霊視に見える霊は、人間界での幽体を魂につけたままの未浄化の霊である。
●高級神霊になるほど、人間からもちつづけてきた幽体が消滅していくので、人間の霊視には映らなくなってくる。

●幽体密度が濃いということは、魂が弱小で、肉体・智恵に対する支配が弱いということである。
●幽体密度が薄くなると、全身を支配する魂の波動が強大になる。
●幽体をもった未浄化の低級霊は、魂の支配力の弱い幽体密度の濃い人にかかりやすい。
●霊の幽体と人間の幽体とが低級霊憑依の媒介をする。

さらに、それ以上深い年数となると、人間の想いの固まりとしての霊魂ではなく、精気という存在となって、まだ意志をもち命脈を保ちつづけるのである。

霊魂と精気とはどのようにちがうのかということについて理解するのに、たとえば、天から降ってくる雨について考えていただきたい。この場合、降ってくる雨自体が霊魂だとすれば、上空にある雲もしくは霧が精気であると説明できる。

（大霊界シリーズ①「守護神と奇跡の神霊治療」Ｐ１００）

霊界には終わりがなく永遠に続く、というのが、もはや神霊学における常識になっています。形あるものはいつかは滅び、地球の寿命もいつか尽きて消滅するといわれます。けれども霊界は、形あるものが滅んでも、永遠に存続します。であるからこそ、霊界で救われずにいる霊の苦しみはそれこそ限りないのです。だからこそ、私たちは救われた霊魂として霊界にいくこと、つまり現界での過ごし方が大切となるのです。

死後の世界で迷い続ける霊

死の壁近くにたたむろす低級霊たち

「死の壁」によって現界と霊界が分けられる、といっても実際に物質的な障壁があるわけではありません。現界と霊界は切り離されたものではなく、表裏一体となって現実の世界を構成しています。

とはいっても、死というものが人間が人生を終えて霊界入りをする、その重要な節目であることは間違いありません。そうした意味で、概念的なものとして死の壁という表現を使っている、と初代教祖も説明しています。現界に近い死の壁の近くには、次のような霊がいるといいます。

霊界にもたくさんの段階があるということについて、もう十分に理解されていることと思う。ここであらたに心にとめておいてもらいたいことは、霊界でも死の壁に近よっている霊ほど人間界側に幽霊となってあらわれたり、種々の怪奇現象をあらわす存在だ、という事実である。人間の体にとりついて病気の原因をつくったり、事故をおこさせるのも、これら死の壁の付近にたむろしている霊たちである。

このように人間界側に近づいている霊の多くは、まだ自分が死んで霊界の住人になっていることをはっきりと悟っていない低級霊である。そして霊界にありながらも、人間界で生活していたときの想念をそのままもちつづけていて、さかんに人間界側に介入しようとしている。つまり、霊界という存在を認めずに、自分が人間であるということを主張しよう、主張しようと、さかんにもがいているわけである。

逆にこの死の壁から遠ざかれば遠ざかるほど、その霊は人間界の想念から遠ざかり、霊界での向上の道を歩んでいる霊魂だと思っていい。

（大霊界シリーズ③「恐怖の霊媒体質」P36〜37）

霊というものが、ふつうは目に見えないため、人間とはまったく別の何か特別な存在のように、つい思いがちです。けれど考えるまでもなく、霊はもともと人間界に暮らし、私たちの隣人として過ごしていた一人ひとりです。

霊は肉体はもたないが、わたしたちと同じように心、魂はもっている。というよりも、心、魂だけの存在なのである。そうだとすれば、心、魂という点においては霊も人間と同じようなものであって、霊も人間と同じようなことを思い、同じようなことを感じているということになる。

（中略）

人間は、生まれてから成人に達するころまではほとんど親の庇護《ひご》のもとにいるのがふつうである。それが二十歳をすぎるころともなれば一人前の社会人となって、やがて自分自身の力で人生を切りひらいていくようになる――と、これは理想であるが現実にはそのようにいかないことも多い。世の中には、三十をすぎても親がかり、結婚してまでも何かと親をあてにしてやってくる子供たち（といっても、立派なおとなのだが）も多いという。こまったものである。

だが、こうしたことはこの娑婆《しゃば》世界だけの話ではない。霊界に住む霊界人のなかにも、親ばなれのできない人間によく似た存在があるのだ。つまり、肉体を去ってすでに霊界入りしたのであれば、霊界人としての自覚をもつべきであるのに、それがまったくなく、現界への未練が断ち切れない霊界人がいるのである。いうまでもなく、このような霊界人はしばしば現界人にとりついて供養の要求などをし、さまざまの霊障をもたらす。

（「大霊界 神々と霊族と人類」Ｐ１５２）

性格も趣味嗜好もさまざま、人間に悪人や善人、怠け者も働き者もいるように、霊界人もさまざまです。人間と霊界人が違うのは、霊界人はより個々に、より独立した存在、ということでしょう。霊界ですることはすべて、その霊の意志によるもの、と初代教祖はいいます。

霊同士がコンタクトを取るには、霊人としてのはっきりした意識をもっていることが条件です。つまり、その自覚がない霊がしでかした不始末をカバーしてくれる親の霊もいなければ、ただ怠けている霊に指導や助けの手を差し伸べてくれる師の霊も友の霊もいない、ということです。

悪霊・浮遊霊・地縛霊

霊界に確かな場所を確保できず、霊界と人間界をさまよう低級霊。人間に災いをもたらす低級霊の中には、悪霊、浮遊霊、地縛霊などと呼ばれる霊もあります。


悪霊というのは、霊界で救われることなく、現界の人間にいろいろな災いをもたらす霊をひっくるめたよびかたなのだが、これに対して浮遊霊《ふゆうれい》、地縛霊《じばくれい》となると意味がもっと限定されてくる。

浮遊霊《ふゆうれい》とは、まだ自分が死んだということを悟りきらずに、霊界（厳密には、幽界）と人間界とをいったりきたりしている霊である。また、地縛霊《じばくれい》というのは、たとえば、ある場所で戦争や交通事故などで死んだ人の霊がそのままその地にすみつき、動けないままに何十年、何百年と経たものをいうのである。

しかし、いずれにしても、未浄化の迷える霊であることには変わりない。おりあらば、現界の人間に憑依《ひょうい》しかかってこようとしている存在である。このような低級霊ともいえる霊たちは、生前、死後の世界をまったく信じようとしなかったばかりでなく、死んで肉体を失ってからでさえも、生身の人間時代にもっていた想念をそのままもちつづけていることが多い。場合によっては、自分が死んだことさえ気づかずに、現界の人間に話しかけてきたり、生者の夢枕に立ったりすることもある。つまり、幽霊として姿をあらわすのである。

（大霊界シリーズ①「守護神と奇跡の神霊治療」P101）

神霊治療では、霊障をとりのぞくために、人間に憑依している霊を浄化するという処置を施しますが、たとえば、そうした霊の一体を胸に招霊したときの状況を、初代教祖は次のように書いています。

胸にその霊をいれた瞬間に、なんともいいがたい不安感と恐怖感とがドーッとわいてくる。そして、それを霊言《れいごん》現象でことばにあらわしてみると、だいたいつぎのようなことばがでてくる。

「ウワーッ、苦しい、苦しい、苦しい、助けてくれー、なにも見えない、なにも見えない、誰かワシを助けてくれる者はないか、助けてくれ、おねがいだーッ」

あるいは、〝あ……、痛い、痛い、痛い……〟と、〝痛い、痛い〟の一点ばりの霊。

あるとき、このような霊をよく調べてみたら、八百年前に死んだサムライの霊だったということがあった。

（中略）

すでに肉体がないのだから、肉体の痛みはないはずなのだが、死のまぎわの痛みの想いが八百年もの間残存し、このサムライの霊は、くる日もくる日も「痛い、痛い」の想いですごしていたわけである。

（大霊界シリーズ①「守護神と奇跡の神霊治療」Ｐ１０２）

霊界否定論者の困惑

霊界に入って苦しむ霊の筆頭に初代教祖があげているのが、霊界否定論者として人生を送った人の霊です。死後の世界は論外のこと、霊界の存在などまったく信じようとしなかった人が霊界にやって来たとき、その困惑と恐怖は、想像して余りあります。その様子を初代教祖は、著作でもさまざまな表現で繰り返し、私たちに伝えています。

死んで肉体はなくなったにもかかわらず、意識は生前と同じようにある。にもかかわらず、自分をとりまく環境は、まったくいままでのものとはちがっている。住みなれた家もなければ、家族もいない。いや、家族どころか、人間が誰一人いないのだ。

毎日、通勤していた会社もない。第一、電車やバスというものがない。いったい、どうなってしまったのだろうか。

――おかしい、おかしい、おかしい！

誰かにきいてみようにも、人っ子一人いない。不安と恐怖感とで気が狂いそうだ。心臓がドキドキする。そうだ、病院にいって、精神安定剤をもらってこよう。……いや、しかし、どこにも病院なんてありはしない。

（中略）

こうして生前の無神論者、霊界否定論者は、死後、それまでとはまったく環境のちがう霊界へやってきて、驚いたり、あわてたり、嘆いたり、なにがなんだかわからずに狂乱状態になってしまったり……、それはもう泣いたり、叫んだり、たいへんなものである。とくに、生前、識者、科学者といわれ、その知的能力で大いに活躍し、人々にあがめられていたような人は、往々にして、自己の理解のらち外にある世界を絶対に認めようとしないかたくなさのために、霊界入り後においてすらも、それを認め、受けいれようとはしない。したがって、このような人たちは霊界で助かる道を模索することなどとうていできず、それゆえに、霊界入り後の苦しみはまた、凄絶なものとなる。

（大霊界シリーズ⑭「霊障と地獄への道」Ｐ１４５～１４６、Ｐ１５３）

霊界にさまよう霊人は、霊界の誰ともコンタクトがとれぬまま砂漠に迷う旅人さながらに、孤独と恐怖にさいなまれます。その苦しみのあまり、なじんだ人間界とのつながりを断ち切れず、むしろ執着を深めます。

というのも彼らには、かなたに、あるいは上界に無限に広がる霊界を見ようとする余裕などないからでしょう。信じられるのは、それまで存在していた現界。安心できるのも、それまで過ごしていた人間界しかないからです。

彼ら、救われない霊は、過去の記憶をたどり、人間界へと想いを馳《は》せる。

（中略）

闇夜にサーチライトを照らしてなにかを捜し求める人のように、低い霊界、地獄界から、人間界に向けてサーチライト、すなわち想念線をくまなく放射しつづけるのである。

そして、その想念線が、誰かにキャッチされるのを必死の想いで待つ。それをキャッチしてくれた人が自分を救ってくれるだろう、彼らは、そのようにつきつめて考えているのである。

ところで、このような場合、霊界から放射された想念線をキャッチするのは、やはり、その発信もとである霊と生前かかわりのあった現界人であることが多い。たとえば、いまは霊界人となってしまった自分の、生前の妻であったり、夫であったり、子供であったりするのである。

よく、ご主人が亡くなって十日後くらいから、猛烈な頭痛、あるいは肩の重さなどに悩まされるようになった、との訴えをされる奥さまがいるが、これもやはり、亡くなったご主人からの霊界通信によるものである。

すでに霊界の住人となった死者の側から、現界人に対して想念線を送った場合、それがキャッチされるためには、死者と生者とのあいだに、たがいに想い合う、「想いの波長の一致」ということがなければならない。それゆえに、死者からの通信を受けとるのは、多くの場合、その死者と生前、親交の深かった人たちなのである。

（大霊界シリーズ⑭「霊障と地獄への道」P154〜155）

実例として著作に出ている一つが、次にあげる娘に取り憑いた実父の霊のケースです。父親の名前は著作では実名ですが、ここではRさんとしておきます。

Kさんは、父親のRさんが亡くなってしばらくして、治療依頼に見えました。そのときの苦しみようは、治療の順番も待てないほどだったといいます。

霊視をすると、Kさんの全身が、どす黒いもやのようなものですっぽりと覆われているのが見てとれました。初代教祖の霊憑依理論によると、このような状態を急性憑依と呼びます。初代教祖はすぐに、Kさんに憑依した霊を胸中に招霊し、浄霊にとりかかりました。

わたしが招霊した霊の救済と浄霊とは、苦しみ、のたうちまわる未浄化の霊をわたしの胸中においたまま、わたし自身の守護神を招神することからはじまる。すると、浄霊と救済作用がすぐにはじまるのである。

わたしの胸中につくられた霊界では、ちょうど、まっ暗な闇夜に突然太陽があらわれたような場面が展開され、ほんのすこしのあいだ、地獄の苦しみにあえぐRさんの霊と目もくらむばかりに輝くわたしの守護神とが同居した。

しかし、ものの五、六秒もたつと、わたしの守護神のはたらきと力とによって、Rさんの霊体はすっかり光り輝く霊体と化していた。

（大霊界シリーズ①「守護神と奇跡の神霊治療」P177）

こうして浄化されたKさんの父親の霊は、初代教祖の胸中で、次のような告白をしたのでした。

「わたしは死んで人間界を去りましたが、三日ほどはなにもわからず、ただこんこんと眠りつづけていたようです。

しかし、その後だんだん、まっ暗な闇の中にたったひとりおかれて、目に見えない力で全身をぐいぐいしめあげられるような感じがしてきたのです。そして、そのしめあげられる苦しみは時がたつほどひどくなってきて、四、五日もすると、もうどうにも表現のしようのない苦しみになってしまったのです。

郵便はがき

料金受取人払郵便

小石川局承認

5772

差出有効期間
平成32年5月
13日まで

1 1 2-8 7 9 0

0 8 5

（受取人）
東京都文京区小石川3-1-7
エコービル

㈱展 望 社 行

フリガナ		男・女
ご 氏 名		年齢 歳
ご 住 所	〒 ☎ （ ）	
ご 職 業	(1)会社員（事務系・技術系） (2)サービス業 (3)商工業 (4)教職員 (5)公務員 (6)農林漁業 (7)自営業 (8)主婦 (9)学生（大学・高校・中学・専門校） (10)その他 職種	
本書を何でお知りになりましたか	(1)新聞広告 (2)雑誌広告 (3)書評 (4)書店 (5)人にすすめられて (6)その他（ ）	

愛読者カード
「隈本確全著作解題第一巻」

■お買い上げ日・書店

年　月　日　市区町村　書店

■ご購読の新聞・雑誌名

■本書をお読みになってのご感想をお知らせください

■今後どのような出版物をご希望ですか？　どんな著者のどんな本をお読みになりたいですか（著者・タイトル・内容）

（中略）
のたうちまわり、うすれていく意識の中に、生前一ばんかわいかった娘のT子（Kさんの名前）の姿がかすかによぎっていくように感じたのです。

――これだ‼

わたしの意識はなおもうすれていきましたが、この消えかかっていく意識の中をかすかによぎったT子の姿に、わたしは最後に残った想いの力をふりしぼって食らいついたのでした。

――T子、T子、T子‼

一心不乱にT子を想い、求めつづけたのですが、（中略）いまにして思えば、やっぱりT子も死後の世界にはいってしまった父親のことを想いつづけてくれていたのでしょう。

わたしは死後の世界から必死にT子によびかけつづけ、T子はT子で、現界から一心にわたしを想いつづけていた、この想い想われる心の波長が合ったのでしょう……、とにかく、わたしはこの波長をたどりながらドーッとT子の体中にはいっていったのです。しかし、必死の想いではいってはみたものの、わたしの苦しみはいっこうに解消されないのでした。

ところが、いまやっと、こうして先生のおかげで救われました……」

（大霊界シリーズ①「守護神と奇跡の神霊治療」P177～179）

浄霊によって白く輝く霊体となったKさんの父親の霊を、初代教祖は霊界の高い段階へと送ったのでした。

ところでKさんも、死ぬほどのこの苦しみの原因が亡くなった父親ではないかと、うっすら感じていたといいます。あの世で父が苦しんでいるのが、勘で分かったのでしょう。けれども一方では、娘の自分を生前、あれほどかわいがってくれ、尊敬もしていた父親が、なぜ娘を苦しめるのか、どうしても信じられない気持ちでした。

「葬式は立派にいたしました。戒名にしても、お金にいと目をつけずに、一ばん上等のものをつけていただいたのです。……その上、わたしは毎日、毎日、仏壇の位牌の前で悲しみにしずみながらも、父の成仏を祈っていたのです。

それなのに、なぜ父があの世にいって地獄の苦しみにあい、生きているわたしに憑依《ひょうい》しかかり、親子ともどもに、あの世とこの世とで、あんなに苦しまなければならなかったのでしょうか？」

（大霊界シリーズ①「守護神と奇跡の神霊治療」Ｐ１８２）

このような疑問や質問が、愛する親や身内を亡くして、悲しみにくれる家族から、ときおり寄せられます。こうした疑問に対して、初代教祖は残された者の心の持ちようとして、このように教えています。

たとえ、亡くなった人をどんなに深く愛していても、いたずらに悲嘆し、深く執着していると、せっかく霊界にはいって向上しようとしている死者の霊の霊界での向上を妨げ後ろ髪を引く結果となる、ということである。

生き残った人間の死者に対する愛執の想いは、すでに現界をはなれた霊を再び人間界にひきもどそうとする念と化して、霊界で向上の道を模索している霊を苦しめることになってしまうのである。

（中略）

さらに、実例の話の中でKさんは立派な葬式のこと、高い位の戒名のことをいっていたのだが、それらのことはすべて死者の霊とはなんら関係のないたんなる現界での行事だといえる。

（大霊界シリーズ①「守護神と奇跡の神霊治療」Ｐ１８５）

霊界は、現界とはまったく異なる世界です。現界で共感され広く認められている価値や物事の順位といったものは、霊界においてはまったく通用しません。「霊界に相いれない霊であれば、霊界で苦しむことになってしまう」、これも初代教祖がよく口にしていたことです。

神霊治療の依頼者の中には「困っている人がいれば、すぐに手を差し伸べるような優しかった母親が、なぜ憑依霊となって娘の私を苦しめるのでしょう」と困惑する家族もいます。その質問に対する、初代教祖の答えは次のようなものです。

たとえ人間世界にあったとき、どんなに高い学問を修めた人でも、社会のために尽力した人でも、生前に、霊界こそが人間の生命の永遠の生活の場であるということをしっかりと認識していなかった場合には、死後霊界で相いれられざる存在となってしまうのである。これらの中には、学者、医師、政治家、社会奉仕家をはじめ、神官や僧侶までもいる。

（大霊界シリーズ①「守護神と奇跡の神霊治療」Ｐ１８４）

弱い魂のままでは霊界で迷う

たとえ霊界の存在を認めていたとしても、霊界入りをした霊が、霊界と相いれない場合があります。それは「魂の力が弱い」場合であると初代教祖はいいます。

魂の力が弱いとは、たとえば強欲に走ったり、世間体さえ整えておけばいいと、物事の表面ばかり気にしたりする心。あるいは、人を激しく憎んだり、親のエゴで子供の進路を決めてしまったり、また過保護になって子供を溺愛したりする人間の心です。そういう想いでいると魂を育てるどころか悪想念をひきずりこんでしまうのです。悪い想念を抱きつづけては、心（魂）の力を強めることができず、弱い魂のまま霊界入りすることになります。

自分の魂があると気がつかないまま、ただお経を上げれば天国に行けるというような言葉を実行していたのでは、死後に一番あわてるのは、あなたの心の中にいる魂なのである。

死後の魂の想いは、人間界の人には全く通じないからである。魂は、自分の遺体や墓の周りをグルグル回っているのである。知らず知らずのうちに一般的な霊界に入って行き、下界の地獄に堕ちる魂（霊）も多くある。死後はまず霊界に行き、そこから上界《じょうかい》へ行くか下界に行くか分かれるのである。

人間界にいる時に、魂を強くし魂を向上させた人は、霊界に行ってもすぐに天界《てんかい》に向かう道を自分で見つけ出し、上界《じょうかい》へ上界《じょうかい》へとグングンと上がっていく（向上していく）のである。

しかし、死後に行く霊界があることを知らずに、生きている間に魂を強くし向上させなかった弱い魂は、弱いままで霊界に入り、他の霊たちに押されて霊界の隅で一人しょんぼりと過ごすのである。

（「大霊界　天界道（天国への道）」Ｐ１５４）

次ページの図3は、霊界入りした霊人が自ら選択した進路の、いくつかのパターンをあらわしたものです。

図 3　人間死後の霊界進路

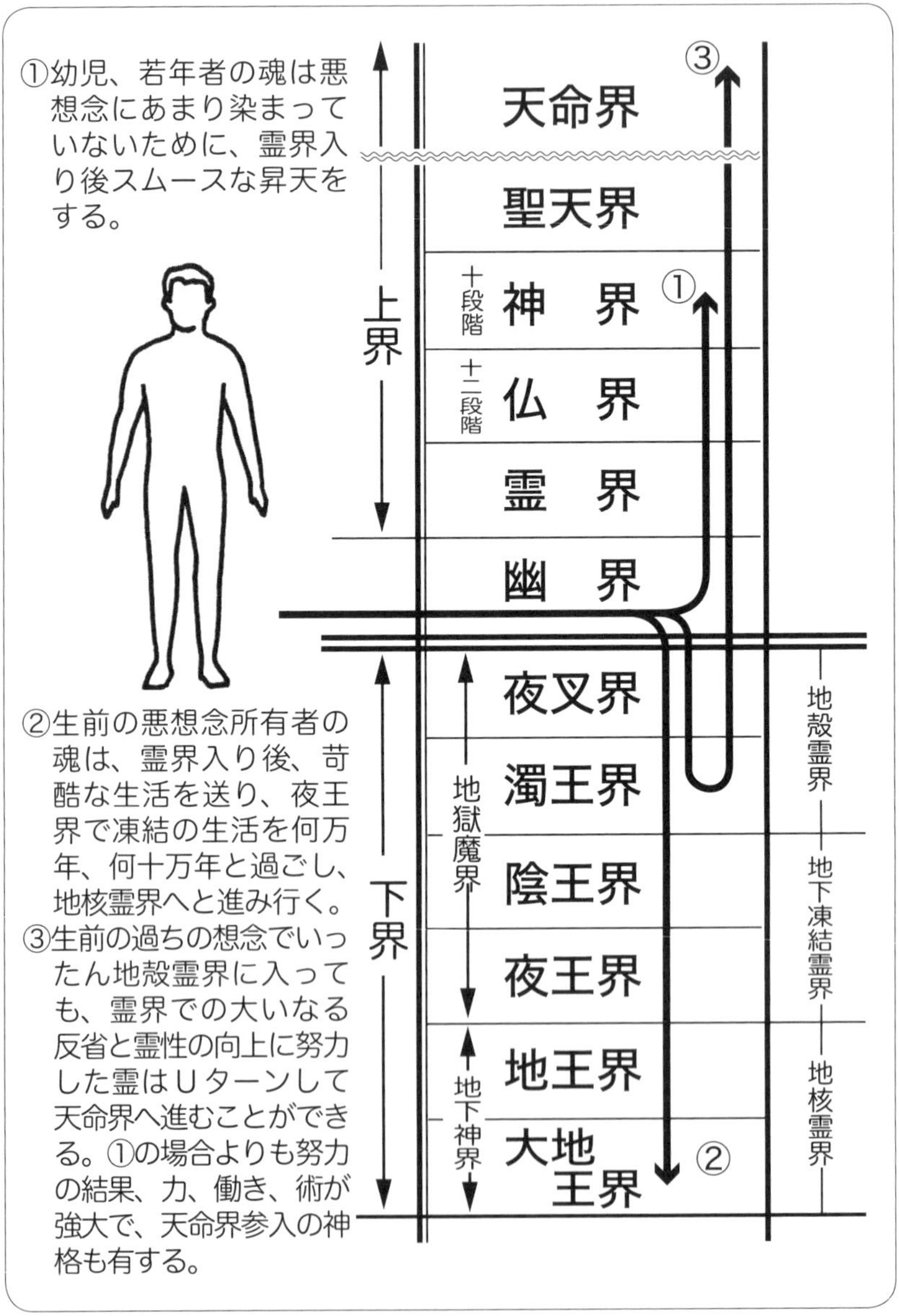

死についての隈本確の試論

霊界で永遠の時を過ごす霊界人は魂だけの存在だということを、著作より、さまざまな角度から引いてきました。「魂」というものを、強い意志を持つ存在、とする初代教祖の霊理論も紹介しました。

この項では、死についての初代教祖の試論を展開していきます。その試論の一つに、「人間を死に至らしめる要素として、魂の意志による死がある」というものがあります。

魂の意志による死がある

世の中には、定期的に健康診断を受けたり、健康のためにアルコールやタバコまでひかえているような注意深い人がひじょうに多い。しかし、これらのうちのどれほどの人が、自分の魂が自分という人間に嫌気をおぼえた場合、魂独自の裁量において肉体を離脱していく（魂の霊界入り、すなわち肉体人間の死）という驚くべき事実について知っているだろうか。

人間の死とは、本来、魂が霊界生活に対する準備万端を整えて、もはや不要となった肉体というから《・・》を脱ぎ捨てて、霊界という新しい世界へ旅立っていく現象である。

それは、ちょうど胎児が約十か月という準備期間を母親の胎内ですごし、やがて母親の体を必要としなくなって、この世に誕生してくる状態とよく似ている。

いつもいっていることだが、そのかぎりにおいて、死とはすこしも恐ろしいことではない。それは、霊界という新世界への魂の誕生であり、人間は魂だけの存在となって、はじめて人間としての真実の生活を獲得するといっても過言ではない。

わずか数十年という肉体人間の期間ではあるが、この間に、肉体と頭脳とを通して十分に養分を吸収し、りっぱに育てられた魂は、ごく自然に古い肉体をはなれていく。ある程度高齢になって、なんの苦痛もなく亡くなっていった人の死に様についてよく大往生ということばを使うが、まったくそのとおりである。いわゆる大往生を遂げていった人たちの魂は、霊界入りに対する十分な準備が整っていたおかげで、死後の世界では大いなる安泰《あんたい》を得ているはずである。死とは、本来、このようにあるべきものである。

ところが、死という現象がかならずしも、いつもこのように「平和」なものであるとはかぎらないところに大きな問題がある。

(中略)

あなたの体の苦しみの原因が、あなた自身の魂にきらわれた結果生じたものであるなら、いかなる健康管理法も効を奏することはなく、神霊治療（浄霊）によってさえも思わしい結果を得ることはむずかしい。

（大霊界シリーズ⑥「魂の存在」P129〜130）

「自分の魂に自分が嫌われる」——すぐには、ピンとこないかもしれません。

初代教祖の長きにわたる神霊治療の活動を通して生まれた言葉に、「生き腐れ」「生き死に」というものがあります。神霊との関わりの中で、自然発生的に出てきた言葉だといいます。どちらも、「魂に嫌われる」ということに関わってくる言葉ですので、まず、「生き腐れ」「生き死に」についての、初代教祖の説明を紹介します。

　ふつう人間の体というものは、死後、魂が離脱するとすみやかに腐敗現象を呈しはじめるのであるが、この「生《い》き腐《ぐさ》れ」現象にあっては、生きながらにして体が腐りはじめて、そして、ついには死にいたる、という経過をたどる。また「生《い》き死《じ》に」とは、生きながらにして原因不明の激しい肉体の苦しみを三日、四日、一週間、十日と味わい、その塗炭《とたん》の苦しみのなかでついに息絶えていく。

　これらの現象は、いずれも人間の魂の存在にかかわるもので、一般医療ではもちろんのこと、神霊治療（浄霊）の力をもってしてもどうすることもできない、いわば特異な死への道程である。

「生き腐《いぐさ》れ」「生き死《いじ》に」現象が、偉大なる神の力をもってしても食い止めることのできない自己の魂の意志によるものだとしたら、人間にとって、いかなる悪霊の憑依《ひょうい》現象よりも恐ろしいのは自己の魂の存在の動きだということになる。

（大霊界シリーズ⑥「魂の存在」P126~127）

私自身は、初代教祖のこの「生き腐れ」「生き死に」論に対して、やや違う受けとめ方をしていますが、基調として流れる主張、想いは共有できるものです。

いってみれば、自分自身の魂をないがしろにしない、現実の生活の中で魂を磨き成長させていくことが、よりよい霊界入りをはたすことにつながる――、そのことの大事なたとえ、というふうに解釈しています。

魂の苦悩

「生き腐れ」「生き死に」現象をもたらす「魂が自らもっている意志」について試論を進める前に、思い出していただきたいことがあります。

それは第一章で紹介した、心の知恵は五十代をすぎてから、ということです。体力の衰えに反比例するように、魂の成長に磨きがかかり、精神世界が豊かに充実してくるのは、五十代も過ぎ老年期にさしかかった年代、ということを申し上げました。

次にあげるのは、そんな年代を迎えた人間が気をつけたい魂の話です。

老年期にはいると、魂は霊界入りを目前にして、いよいよ急ピッチで自らにみがきをかけ、現界での修行を完了させるべくはげむようになる。

ところが、ここが問題だ。このとき、場合によっては、現界に住む肉体人間とそこに内在する魂とのあいだに大きな亀裂《きれつ》が生じることがあるのだ。

魂としては、あと十年、二十年、まだまだこの肉体と知恵・頭脳をとおして養分を吸収し、霊界生活に備えて自らをりっぱにみがきあげたいと思っているのに、どうまちがったか、当の肉体人間が魂をないがしろにして、勝手に悪想念を発生させはじめたらどうか。

魂としてみれば、なんとも迷惑なことである。せっかく老境にはいり、霊界生活に向けてますます自身（魂）に磨きをかけんとピッチをあげていたところに、突然ふってわいたスモッグのような、この悪想念の発する汚臭。しかも、それが日ましに激しくなっていく。

（中略）

魂は自らを顧《かえり》みて、もはやこれ以上悪想念のカサブタをこびりつかせることを潔《いさぎよ》しとしない。しかし、自分（魂）は、まだりっぱに霊界入りが果たせるところまで修行が完成されていない。

……と、このような状況に立たされるとき、魂は大いに迷い、その想いは乱れに乱れるのである。

——あと十年、二十年がんばってこの凡夫の体中《たいちゅう》で修行をつづけたいところだが、この悪想念のいやらしさ、けぶたさ、醜さ……。これでは、とても修行どころの話ではない。自己（魂）を低級化させる、最悪の環境だ。霊界入りの準備が完了していないとはいえ、もう肉体をはなれる潮時なのだろうか？

こうして魂は人間の体中《たいちゅう》にあって、もうしばらく止まるべきか、ここらあたりで霊界への誕生を果たすべきか、いろいろと想いをめぐらせているのである。（中略）

おのが体中《たいちゅう》に、もう一人の意志ある存在としての魂が厳然として在《あ》ることを知らぬ人間の悲しさというべきか。

だが実際のところは、わたしたちの内部に棲《す》むもう一人の意志ある存在、すなわち魂こそが肉体や知恵・頭脳を統率《とうそつ》し、肝心要の生命を掌握《しょうあく》しているのである。したがって魂が決断し、下す命令に対しては、肉体も頭脳もこれに従わなければならない。たとえ、その決断が肉体と頭脳の消滅を意味していたとしても、もはや、肉体人間にはそれを食い止める術《すべ》もないのである。

そして、魂が自分をつつんでいる肉体人間に嫌気をおぼえ、ひとたび霊界入りを決断するや、そこに生身の人間の凄絶なる「生き腐《ぐさ》れ」「生き死《じ》に」現象が展開されることになる。

（大霊界シリーズ⑥「魂の存在」P131〜132）

悪想念からの魂の離反も含め、「生き腐れ」「生き死に」という言葉は、いかにも過激な言葉と受けとられるかもしれません。

私自身は、こうした表現はあまり使用しませんが、良心や善の心を曇らせない生き方の勧めと、とらえています。ソフトな言い方をすれば、良心や善の心に相反する、欲望や憎しみに満ちた生活を思い浮かべてみてください。

著作には時折、こうした激しい表現が出てきますが、読み返してみますと、初代教祖は悪化の度合いを深める世界情勢や人間界を憂え、あえて強い表現にしたものと理解できます。

救われて死ぬということが、未来の現界を救う

死というものを考えたときの魂のあり方について、別の角度からの言及もあります。

霊界から投げかけられる低級霊の波長が増えれば、現界の未来に悪影響を及ぼすなど、前の章のくり返しとなる部分もありますが、紹介していきます。

もし、現在生きているわたしたちが、死後、低級霊界へどんどん移行していくなら、そのふえつづける低級霊の波動が、子々孫々になげかけられていくことになるだろう。

何百年とつづいた悪因縁を切って人々の苦しみを救済するように、現代の人類が低級

霊界の波動をふやさないばかりでなく、むしろへらしていき、霊界から発する悪の波動で人類を滅亡させるような恐ろしい傾向に終止符をうたなければならないのである。

やがて、きたるべき死――それは人間の肉体と頭脳とが魂に対する補助的な仕事を終えたという証《あか》しなのだが――、その魂の新生のときに、黎明、夜明けを迎えられるか、無限の暗闇の世界へ沈んでいくかは、生前につちかわれた魂の性癖によって決まるといえる。

生前、ついに神霊の実在を心に感じることのできなかった人の魂は、肉体の死とともに深い闇の中へと埋没していく。……この黎明への入口を閉ざされた霊は、まっ暗な地の底へずるずるとひきずりこまれていく得体の知れない恐怖感を味わいながら、なにも見えない、きこえない世界で苦しみのあまり蛮声をはりあげ、号泣し、ついには涙もかれ果ててしまう。この生前の人間の知恵、想像力ではとうていはかり知れない慨嘆の境地を科せられた霊は、以後何万年という歳月、自らの不運をかこつことしか知らない。

そして、これらの霊たちはワラをもつかみたい想いで人間界に救いを求め、おりあらば人間に憑依《ひょうい》しようと、いつでも機会をねらっているのである。そこには、生前自分の子供だったとか兄弟だったという人間的な思惑はいっさい介在せず、霊と人間との波長さえ合致すれば、いつなんどき、どのような憑依《ひょうい》現象をおこすかもしれないのである。

（中略）

できることなら、わたしたち人間のひとりひとりが魂の新しい誕生とともに、黎明への道を歩んでいきたい。

（大霊界シリーズ①「守護神と奇跡の神霊治療」Ｐ２３０〜２３２）

死後に上界へと向かう霊界人とは

魂の霊界での向上段階について、第二章の１４８ページに記しましたが、生前の過ごし方によって、つまり人間界でいかに魂を育て磨いてきたかが、低級霊となって苦しむか、すんなり上界へ向かうかの大切なポイントになることを紹介しました。霊界の入り口に当たる幽界にしばらく過ごしたのち、上界に向かう霊人たちも、もちろんいます。

では、幽界にはいって間もなく、上界、すなわち霊界、仏界、神界と進んでいくのは、どのような霊魂なのだろうか。まずいえることは、生前において悪、欲、疑いといった汚れた想念がひじょうに少なかった人の霊魂だということである。

その意味で、生まれながらの魂の清浄さを保ったまま他界した若年者の霊魂は、だいたいにおいて、死後スムーズに上界へとのぼっていく。また、生前において、すでに霊界や神霊の存在を信じ、自己の想念管理に気をつけて生活していた人とか、人間界にありながらもその魂魄《こんぱく》がすでに高級神霊の格をもっていた人の霊魂にあっては、当然、死後まもなくずんずん上界へとのぼっていくものである。

ただし、若くして亡くなった人の魂については、まったく問題がないわけではない。というのも、若年死した人の魂は、人間界の悪想念をまとうことなく霊界入りした分だけ霊界での進化向上は早いものの、いかんせん、人間界での修行の期間が短すぎるからである。したがって、幽界からスムーズに上界への道を進むことはできたものの、上界のうちでもずっと高いところにある聖天界《せいてんかい》に達するまでには、何百年、何千年という歳月を経なければならないという道程も待ちうけているのだ。

（大霊界シリーズ⑤「神と魔界」Ｐ１５２）

ここでは世の中の汚濁に染まらなかった若年層の魂が、霊界入りした後にスムーズに上界へ向かうことが明らかにされるのに併せて、さらに霊界のずっと上の段階に達する難しさも説かれます。魂にとって、肉体をまとった時代、つまり人間界での過ごし方や生き方が、いかに大事な修行期間であるか、ということです。汚れた世の中にいることを自覚し、その中で、いかに精神世界を磨いていくかが、肉体をまとった魂の修行だというのです。このことについては、次のような記述もあります。

わたしは、ここではっきりといおう。わたしたちが現界人としてすごすこの世の生活は、人間が霊界入りする前段階の束の間のモラトリアム期間であると。そして、この時期にわたしたち人間は、きたるべき永遠の霊界での生活に備えて、十分に魂を向上させておかなければならないのである。

その魂の向上は、ときとして現界での熾烈な苦しみをあまんじて受けることによって達成される場合もある。しかし、そのようにして現界で課せられた苛酷なまでの試練を乗り越えた魂は、肉体を去って霊界入りしたあかつきには、一路、きらめく大霊界の高みに向かってずんずん進みゆくであろう。

（大霊界シリーズ③「恐怖の霊媒体質」Ｐ２３１）

転生に見えるのは、実は憑依現象

日本でも、生まれ変わりの思想は、昔から広く信じられてきました。

生まれ変わりというものがあってほしい、心の優しい人だから、きっと来世は幸せな境遇に生まれ変わるに違いない……。こうした考え方は、宗教的な概念を超えて、広く受け継がれてきた人々の願いや想いのようにも受けとめられます。

また、霊の存在を信じる人によっては、生まれ変わり、つまり転生が証明されることは、そのまま霊の存在の証明にもなると、歓迎する向きもあります。転生について、初代教祖は次のように述べています。

神霊活動をつづけているわたしは、一見、あたかも転生《てんせい》の事実を証明しているかのような状況にでくわしたことは無数にある。たとえば、浄霊依頼人である子供が、当人はまったく知るはずもない他界している親戚（その子供の出生以前に他界している）の人がかつて秘密にしていたようなことを急にしゃべりだしたり、亡くなっているその親戚の人そっくりの声色で霊言《れいごん》（入神《にゅうしん》状態にはいった人間の体を借りて、憑依《ひょうい》霊がその想いのたけを語ること）をはじめたりするわけである。おそらく、神霊能力をもたない一般の方たちがその場に立ち合っていたら、さっそく、それを「転生《てんせい》」として受けとってしまうだろう。

しかし、わたしの目から見れば、それは転生《てんせい》ではない。たんに、依頼人の子供に、亡くなった親戚の霊が憑依《ひょうい》しているということなのである。この場合は、憑依《ひょうい》現象が自然発生的に生じているわけだが、神霊能力者や霊媒《れいばい》能力者となると、自ら人為的にトランス状態（入神《にゅうしん》状態）にはいり、すでにこの世に存在しない死者の霊魂を招霊し、生前そっくりの声音でしゃべる（すなわち、霊言《れいごん》）ことができるのだ。

（中略）

転生《てんせい》思想は、もともと古代インドの思想であったが、初期の仏教では、善業《ぜんごう》によって善の世界に、悪業によって悪の世界に生まれかわると説いている。この転生《てんせい》思想によれば、人間はその行いによって畜生に生まれかわったり、逆に、現世の畜生が来世には人間となって生まれかわってくることもあるという。……だから、わたしたちは行いを正しくしなければなりませんよ、などとこじつけてみれば、これは、いかにも教育的な物語の世界そのものだ。

にもかかわらず、現在、わが国でも転生《てんせい》ということを信じている宗教関係者や神霊能力者、行者《ぎょうじゃ》、加持祈禱師《かじきとうし》が大勢いることにびっくりしてしまう。

わたしは、この転生《てんせい》思想というものについて、人間界のモラルを保たしめるために考えだされた方便の教えであると解釈している。

（大霊界シリーズ④「迷信と地獄」Ｐ98～99、Ｐ109～110）

さらに、転生が霊の憑依現象であることの理由を、次のようにあげています。

神霊能力者でもない、たんなる霊媒《れいばい》体質の少年少女、あるいは幼児（青年期以降には、ほとんど見あたらない）となると、しばしば、数時間、数日間にわたって神がかり状態（入神《にゅうしん》状態）となり、自然的招霊現象をおこし、まったく別人格となってしまうことがある。長年、神霊の仕事をしていると、このような現象には少なからず遭遇するものである。

（中略）

転生《てんせい》とは、死者の霊魂が生者の体中にはいりこみ（憑依《ひょうい》現象）、死者の生前の記憶が、生者によって再現される現象をいう。したがって、時間の経過により、生者側の魂が力を増し、復原されてしまえば「転生現象《てんせい》」は消滅してしまう。

転生《てんせい》といわれる現象が、魂の力がまだ未熟で精神的にも不安定な未青年者に発現し、二十歳をすぎた成人にはほとんどおこらない現象であることからも、それがたんなる霊の憑依《ひょうい》であることがわかる。

たとえば、世界じゅうにかなりの数の報告がある、前世を記憶しているといわれる子供たちにしても、成長するにしたがって、おおかたはふつうの人間になっていくものだ。こうした現象について、多くの神霊研究家たちは「成長するにしたがって、前世の記憶をわすれていく」などと説明しているようであるが、そうではない。実際のところは、子供が成長するにしたがって、自己の生き霊（魂）の力が増大し、他からの憑依《ひょうい》現象が解かれていった結果の現象なのである。

まったくのしろうとはもとより、一般宗教家やたんなる神霊研究家たちは、目の前にいる子供たちが別人格をあらわしたり、当人の知るはずもない先祖のことなどをペラペラとしゃべりはじめると、とたんに生まれかわりではないかと錯覚するのであるが、熟練した神霊能力者には、それが憑依《ひょうい》現象であることが一目でわかるものである。

ここでひとついえることは、意志や精神力が強く、顕在意識のしっかりとしている人には、決して自然的に「転生《てんせい》現象」はおこらないということである。

（大霊界シリーズ④「迷信と地獄」P107〜109）

魂を成長させることの意味

霊界の三大原則を知って、人間界を生きる

神霊治療や神霊研究において、初代教祖が招霊したり接触した霊や神霊は、何百万体にものぼるといいます。そうした経験を通じて、霊界の原則、法則のようなものを理解していったのだろうと想像できます。それは、次のような形にまとめられています。

まず、霊魂というものは、霊界にあって真の自由体でなければならない。ここに、霊界の三大原則とでもいうべきものを掲げてみよう。

一、霊界において霊魂は、あらゆる研鑽《けんさん》を積み、力、働き、術《じゅつ》（エネルギー）を修得することの自由をもつ

一、霊界において霊魂は、自己の霊体の浄化の自由をもつ

一、霊界において霊魂は、神界での自己の霊体の無限の向上の自由をもつ

（中略）

本来、自己の魂は自己の王者であるべきだ。それなのに、その魂をとりまく想念界で、あれこれ度を過ぎた想いに走ると、真の自由体である魂には大きな負担となるのである。一般にいわれている悪い考えにこり固まることは、魂にとって当然よくないことであるが、いわゆる一般道徳的に正しいことであっても、あまりに排他的にその考えひとつにこり固まることは、やはり魂にとってよくないことなのだ。

たとえば、親側にはなんの反省もなく一方的に「親には孝行しなければならない」と子供にいってみたり、「墓はりっぱにし、法事は盛大にしなければならない」「子供は一流大学をだして、一流会社に就職させなければならない」……などなど、世間一般で多くの人たちが人間界倫理としてかたくなによいと信じていることも、度が過ぎれば結果は裏目にしかでないだろう。

しかも、教条主義的思考をもって一生を終えた者は、ある一定の考えにかたくなにこり固まった想念が魂の重りとなっているため、死後も高き霊界へは進むことができず、地獄界へと落ちていくことが多い。

（大霊界シリーズ⑤「神と魔界」Ｐ１３８〜１４１）

自由であるべきなのが本来の魂の姿なのにもかかわらず、それをゆがめてしまう現界の社会。その要因の一つに、初代教祖はまず、表面上の形式にとらわれがちな、いわゆる教条主義をあげています。

同様に要因としてあげているのが、日本人の特性として、外国にも広く知れわたった感がある、本音と建て前の世界です。次のような場合が、魂の自由を大いに妨げてしまうというのです。

次ページの図4は、教条主義や建て前の世界が、魂を束縛してしまうことをあらわしたものです。

心（魂、想念）だけの霊界に通用するのは、本音のみ

心にもないお世辞をいったり、心と裏腹のことをさも真実らしく語ったりする人物は、まったく我慢ならない存在であるが、彼らは、自分自身の背後霊《はいごれい》や先祖霊にその心の実態をすべて把握《はあく》されているということを一刻も早く知るべきだろう。自らの想念界で製作したウソを平気でしゃべりちらしている人たちは、まことに気の毒な人たちである。

人に平気でウソをつく、本音《ほんね》と建て前がちがうということは、要するに自分の心、魂に対してウソをついているということになる。わたしたちが、肉体の死後も魂だけの存在となって永遠の大霊界で生きつづけなければならないことに思いいたれば、こ

図4　教条主義者は自己の魂を束縛する

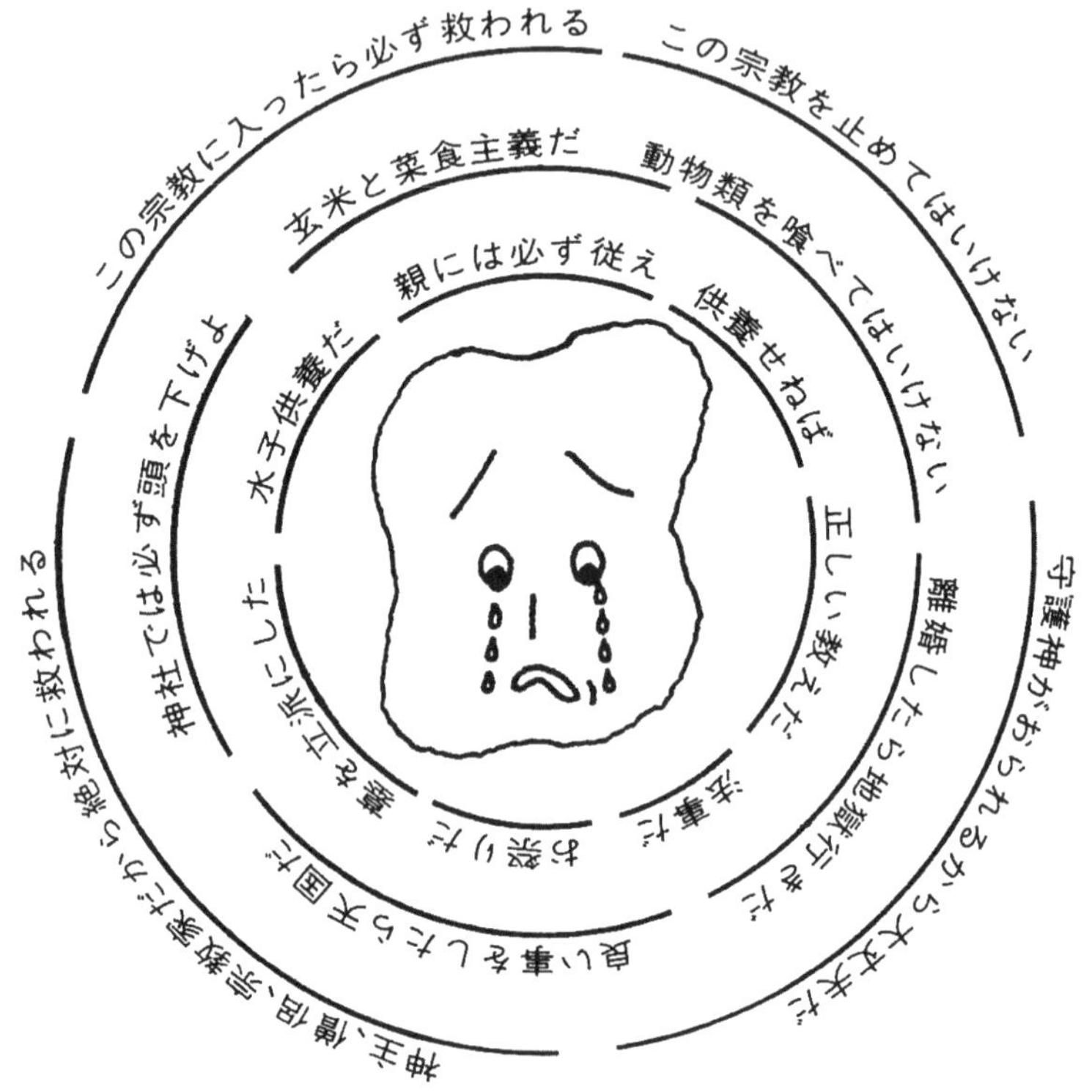

- 生前の教条主義者は、その想念が自己の魂を束縛し、上界に行くことなく地獄（地殻霊界）へと進むことが多い。
- 良いと想う想念も、悪いと想う想念も、度を過ぎると自己の魂を苦しめる結果になる。自己の魂は、自己の王者である。想い過ぎ、想いの固まりで、自己の魂に負担をかけないように注意を怠っていけない。

ればたいへんなことである。もし、あなたが不幸にして自らの魂を欺《あざむ》くようなことを日常しているとしたら、一分でも一秒でも早く、ぜひ、ことの重大さに気づいてもらいたい。

（中略）

人間、いくらじょうずに表面をつくろい、建て前でおしとおしたところで、それが通用するのは生きてこの世にあるあいだだけだ。高々、百年足らずのことである。それにくらべて、死後、何千年、何万年とつづくかもしれない霊界にあっては、その人間が現界からもちこしてきた本音の部分だけしか通用しないのだ。

だから、どんなにやさしげな顔をつくっても、また誠実そうなことばを吐いても、それが真心からでてきたものでなければ、霊界においてはまったく意味をなさない。のみならず、霊界が心（想念）だけの世界であれば、ことばに反して心が醜い人間は、霊界では当然、悪想念ばかりがうず巻く地獄界へと落ちていくことになるのだ。

（中略）

誰でもたったいま心の底から反省し、心の姿勢のすべてをきりかえれば救われる、ということでもある。もし本書を読まれて、自らの心のあり方がまちがっていたと気づかれた方があれば、即座に大いなる反省をし、改悛《しゅん》の情を燃えたたせてほしいと思う。

心の世界とは、たとえ一秒の反省であっても、その想いがほんとうに深いものであれば、天に通ずる世界である。それだからこそ、心のあり方しだいでは、神霊治療（浄霊）をはじめいろいろな奇跡すら可能なのである。

人間、この生身の肉体はいつ死ぬか知れないからこそ、つねに心の管理を怠ってはならないという道理も成り立つ。

人間は、ひとつの心こそたいせつなものであると思う。本音《ほんね》と建て前がちがうということ、つまり二心《ふたごころ》、三心《みごころ》をいだくということは、自己の魂を苦しめ、自分自身を破滅へと導くものであることを知るべきだ。

（大霊界シリーズ⑤「神と魔界」P141〜145）

現界の魂の修行しだいでは即座に神界入りすることもある

永遠ともいえる霊界において、魂は自分自身を磨き、向上しようと、修行を続けます。魂の霊界での向上段階を前に紹介しましたが、一段階あがるのに、どれくらいの時間がかかるのでしょうか。おそらく、百年、千年、あるいはそれ以上かかる場合もあるでしょう。そうした魂の霊界での段階について、初代教祖は次のようなことにも触れています。

霊界を信じる人たちの多くは、自己の行いに照らして、死後の進路を漠然と考えることであろう。上界へいくか、下界へいくか。天界へいくか、地獄へいくか。

だが、霊界進路に関して、ここにひとつおもしろいことがある。それは、上界と下界とでは、進み方にちがいがある、ということについてである。

もし、あなたが運悪く、地獄ゆきのキップを持った人だったとしよう。その場合、あなたは死後、まず幽界《ゆうかい》にいくことになる。そして、夜叉界《やしゃかい》、濁王界《だくおうかい》、陰王界《いんおうかい》、夜王界《やおうかい》……と、順次、下降していくことになるのだ。

この下界ゆきの道のりにおいては、たとえば幽界《ゆうかい》をとびこして夜叉界《やしゃかい》へいったり、あるいは、死後直接、濁王界《だくおうかい》や陰王界《いんおうかい》へいくということはあり得ない。地獄の道のりは、あくまでも長く、険しく、省略が許されないのだ。

これに対して、上界はどうか。こちらは、当人の生前の想念界に応じて、飛び級ともいえるシステムがある。

もちろん、死後、上界へと進むほとんどの人たちは、幽界《ゆうかい》を経て、霊界《れいかい》、仏界《ぶっかい》、神界《しんかい》……と、順次、上昇していくのではあるが、生前において、すでに魂、想念界が浄化されていた人たちにあっては、そのかぎりではない。当人の魂、想念界の浄化の度合いに応じて、死後直接、霊界へはいることもあれば、仏界《ぶっかい》、または神界《しんかい》へとはいる場合もあるのだ。

つまり、上界は、当人の生前のあり方次第で、どのような高い神界でも、死後、即座にはいることが許されているのだ。

（大霊界シリーズ⑧「神と想念界」Ｐ２０８～２０９）

現界は肉体をまとった魂の修行期間、霊界とは肉体を捨てた魂が修行に励む世界です。この魂の修行というものに関して、初代教祖は、霊界と生前の現界とでは、時間的な概念に大きな違いがあるとしています。

ここに、現界にいるみなさま方に知っていただきたい不思議な現象がある。それは、魂の修行ということに関する、霊界と現界の時間の相違についてである。

たとえば、魂が霊界で修行をするのに、一段階のぼるためには千年かかるとする。しかし、人間界でこれを果たそうとすれば、その想いの深さしだいでは、一年で、いや一日、一分でさえ可能となるのである。ちなみに、霊魂の救済を一瞬にして行う神霊治療（浄霊）の原理も、同じく現界にある神霊能力者の体を借りて行われるという点が基本となっている。

ここに、人間界にいるあいだになす自己の魂の修行、向上という問題が大きくでてくるのである。

（大霊界シリーズ⑤「神と魔界」Ｐ１５２〜１５３）

隈本確の語る霊界探訪

霊界探訪は神霊修行のひとつ

霊界の風景がはたしてどのようなものなのか、霊魂の存在、死後の世界の存在を信じる人なら、誰しも気になるところです。

臨死体験をしたという人がよく語るように、草原に花々が咲き乱れ、草花の間を縫うようにきれいな川が流れているのか。亡くなった身内とあの世でも生活をともにできるのか。もしそれが本当なら、死後の世界に楽しみや希望がもてる、という人もいるでしょう。

初代教祖はその著作において、霊をひきよせる、あるいは霊のところに自分がとぶ、この二つの方法を使って行った、いくつかの霊界探訪について書き残しています。

わたしは、毎日、一眠りしたあとの午前三時ごろから朝方まで、床の中に横たわったまま、いろいろな神霊世界、宇宙界を探訪する習慣がついている。肉体はふとんの上に横たわったまま、精神世界で神霊と交流するのであるが、ここで、わたしはただいまお話しした神霊術のふたつの方法を存分に駆使することになる。

ある場合には、大霊界の中のある部分を自己の胸中にひきよせて映しだし、探索する。

また、ある場合には、魂の親さんにおねがいして、自己の想念世界ごと大霊界のめざす場所へ直接いって、探索する。つまり、この方法では、わたしの肉体のみ現界において、魂も想念界も、はるかかなたの大霊界を浮遊していることになる。

（中略）

こちらは、わたしの魂や想念世界の浮遊にしたがって、霊界や宇宙界のどこでも自由自在に見聞することができる。

ただし、この状態を長くつづけていることは、現界におきざりにされているわたしの肉体にとっては、相当に苛酷なことである。肉体に重圧感、しびれ、息苦しさなどが生ずる。また、場合によっては、自己の全生命力が体からぬけきってしまうような、はっきりいって危険なこともある。

ちなみに、さきほどの自己の胸中へよびこむ方法では、このような危険はあまりない。したがって、この比較的らくな方法は、明け方といわず、日中でも寸暇《すんか》を利用して、必要に応じて行うことができる。

いずれにしても、わたしは日々、以上のような神霊術を駆使して、いろいろな神霊と交流し、大霊界、宇宙界のあれこれを見聞することに余念がない。

さきほどからいっているように、わたしの全心身は、大霊界、大宇宙界に向かって開放されているため、四六時中、心身にいろいろな霊流を受け、それが神霊能力向上の大きな要素となっている。そして、もうひとつの神霊能力向上の要素が、ただいまお話ししてきた毎日の霊界探訪というわけだ。これも、わたしの修行といえば修行といえないこともない。


（大霊界シリーズ⑧「神と想念界」P110～111）


魂の親さんとは、初代教祖の胸中にあって独立した存在である魂のことであり、現在、日本神霊学研究会の守護神である聖の神のことをいいます。初代教祖は、霊界や霊人たちの様子を見聞し、神霊と呼べる高級霊とコンタクトをとることによっても、神霊研究をすすめてきました。

ところで、神霊能力者ではないふつうの人たちも、実は霊界探訪をしている、と初代教祖はいいます。それは老年期に入った人たちです。お年寄りが、うつらうつらしているひととき、その魂は肉体から離脱して霊界を探訪したり、胸中に映しだされる霊界を眺めたりしていると、初代教祖は書いています。

肉体が枯れていく一方で、深まりゆく精神世界が、やがて向かう霊界というものを垣間見せるのは不思議なことではありません。

三途の川のほとりにある、霊界へのいくつかの入り口

霊界の入り口に流れているとされる三途の川の風景について、初代教祖は次のように述べます。

　わたしの目の前に、川が流れている。その川の水の色は、キラキラとメタリックに輝く、不思議な茶色である。茶色の水といっても濁っているのではない。それは、深い透明な、金属のうねりのようにも感じられる。

　川底には、卵大の透きとおるような茶色の石。石は、キラキラとメタリックな光を水に反射させながら、どこまでも川底いっぱいに広がっている。

　左側、川の上流に目をやると、はるかかなたに淡い乳白色のモヤの壁があった。そして、そのところどころが、淡い紅をさしたように、ほのかなピンクに染まっている。(中略)だが、モヤをとおして、その向こう側にあるものは、どうやら黒々とした洞穴の入口であるらしい。やれやれ、入口はいい感じでも、奥を見れば、あまり気持ちのいい霊界とは思われない。

　つぎにわたしは、川の右側、つまり下流のほうへと目をやった。ごくうすい乳白色のモヤがかかっている。わたしは、さらに目をこらす。目をこらして、モヤのずっと先のほうまでたどっていく。と、どうであろうか。白いモヤは、先へいくほど黒色に

変化して、しかも不気味なウズを巻きつつあるではないか。そして、そのいきついた点では、まっ黒いモヤのウズがさかまき、グルグルと回り、いかにも地獄の底へと吸いこまれていきそうな感じがする。

わたしは、あわてて目を転じた。今度は、正面である。わたしの目の前を、キラキラとメタリックな光をたたえて流れる三途《さんず》の川のほとりには、清潔そうな白いモヤがかかっている。だが、どうか。なおも、モヤの先へと目をこらしていくと、奥へいくほどに、その清潔そうな白いモヤも、だんだん灰色がかったものになりつつあるのであった。

（大霊界シリーズ⑧「神と想念界」Ｐ１１５〜１１６）

三途の川は、仏教において冥土への道中にあるとされる川です。川中には三つの瀬があり、生前の業によって、渡る場所が異なるといいます。

霊界のさまざまな風景を、神霊研究者たちが伝えていますが、確定されたものはありません。そして、広大無限な霊界について、その全容はいまだ解明されていません。そう考えたとき、霊界の風景は、霊人たちが見させた心象風景、あるいは霊界探訪者が抱くひとつのビジョンともいえるのではないか、私自身はそんな感想を抱いています。

初代教祖の、この三途の川探訪も、霊界というものを理解してもらううえでの、一種のビジョンとも解釈できます。著作の続きでは、三途の川をとびこえ、正面の白いモヤを過ぎて、見えてきた風景について、次のように伝えています。

灰色の風景のあちらこちらに、霊人たちの影。そして、よく見れば、霊人たちのいずれも、現界人の年齢でいえば三歳から五歳くらいの幼児なのであった。だが、顔つき、表情はふつうの子供のそれではない。

よく辻などで見かける、小さな石地蔵の顔をしているのである。泣き叫ぶわけでもなし、おこるわけでもなし、笑うわけでもなし。しかし、やはり子供だからだろうか。無表情のままに、賽《さい》の河原《かわら》で遊び回っているのである。

（中略）

どうやら、わたしが三途《さんず》の川をとびこえてやってきたところは、幼くして病死した子供たちの集まる、幼児の霊界であったようだ。

（大霊界シリーズ⑧「神と想念界」Ｐ１１７）

親はわが子の成長を願い、深い愛情をそそぎます。それが、当たり前の常識的な親としての愛です。初代教祖はそれを踏まえたうえで、親がそそぐ情愛の背景には、幼くして亡くなった霊たちが無心に放つ、幼児霊界からの波動があり、それを受けることで親たちの子供に対する情愛がより深まるのではないか、と指摘しています。

霊界の霊人たち

幽界をはさんで広がる霊界の上界には、さまざまな段階があります。次にあげるのが、幽界のすぐ上にある、初代教祖の分類で霊界と呼ばれる段階の風景です。

わたしたち（親さんとわたし）は、前方からやってくる霊人の行列に出合った。ゾロゾロ、ゾロゾロとやってくる、その霊人たちの行列は、いったい、総勢どれくらいいるのだろうか。数百人、いや、とてもそんなものではきかない。はるか後方のもようははっきりとらえられることもできないが、それでも、優に数千人はいそうな感じである。

わたしは、さらに行列のほうへと近づいていった。そして、それら霊人たちの観察にかかった。

まず、服装はどうか、鎧《よろい》に烏帽子《えぼし》、帯刀の武士の姿、いかにも公家《くげ》らしい姿、肩に荷物を背負ったり、天秤棒で荷物をかつぐ商人風の姿、百姓風の姿、漁師風の姿。さらに、裃あり、モンペあり、ふつうの着物姿あり……と、さまざまであるが、とにかく、現代のような洋服姿は見られず、ほとんどすべてが昔の着物姿である。

男も女も子供も、みな、昔風の着物姿で、野原の一本道を、ただ、ゾロゾロ、ゾロゾロと歩いているのである。

そのいでたちの様子、雰囲気からみると、どうやら、この霊人たちは、今から五百年から一千年くらい前に日本で霊界入りをした人たちと思われる。

つぎに、表情はどうかといえば、これが異様であった。どのように異様かといえば、どの霊人もどの霊人も、まったく無表情なのである。喜怒哀楽のさまが、まったく顔にでていないのである。親子づれらしい霊人もいるが、これも能面のように表情がはりついたままである。

そして、ただ、もくもくと歩いている。この霊界では、うれしいことも悲しいことも、特別に腹立たしいこともなければ、夢も希望も目的もないらしい。そして、ただ、くる日もくる日も歩きつづけるだけの生活であるらしい。

（中略）

人間として生まれてきて、悪想念ももたないかわりに、特別、善想念ももたない。なんのために生まれてきたのかという疑問ももたなければ、どのように生きたらよいのかという向上的な想いをもつこともない。ただ、時の流れにそって、くる日くる日を生きつづけてきた人たち――。そのような人が死後たどりつく場所が、ただいま見てきたような霊界なのではないか。

（大霊界シリーズ⑧「神と想念界」Ｐ１３９～１４３）

人間として過ごしてきた人生のうちには、どんな人でも数回は、幸せを強く感じた過去や、心ときめかせた瞬間があると思います。そんな人生がいつか、うまくいかないことが続いたり、手ひどい裏切りや不信を味わううちに、彼らを無目的にさせ、流されるままの日々を選ばせたのでしょうか。

この霊人たちを見て、初代教祖の脳裏に浮かんだのは都会のラッシュアワーだと記されています。人波にもまれ、無気力に会社や学校へ向かう人たちの姿を重ねていたようです。

現在でいえば、格差社会の中で、非正規雇用によって未来図も描けぬまま低賃金で働かざるをえない人たちの姿かもしれません。現界の不条理さも感じてしまいます。

霊界探訪には、豊かな森や川が点在する、アメリカ大陸の大草原のような地で霊人たちが幸せいっぱいに暮らす霊界、さらには、次のような霊界も報告されます。

霊界探訪をするほとんどの場合、まず最初のごくわずかな時間（ほんの一秒の何分の一かの時間ではあるが）、黒いドームの中をサッととおりぬけて、そして、目ざす霊界へとたどりつくのであった。

だが、今回はそうではなかった。黒いドームをくぐりぬけるかわりに、満天の星空の中をどんどん、どんどん、突き進んでいったのである。それは、わたしの感覚にはかなり長い時間に思われたが、正確なところはわからない。しかし、いつもの黒いドームのときよりは、確かに、ずっと長い時間のように思われた。

わたしたち（親さんとわたし）は、どんどん、どんどん、満天の星空の中を突き進んでいった。突き進むほどに、次第に星の数がへりはじめ、それはやがて、まったく見えなくなってしまった。深い夜の世界から、薄明の世界へとやってきたのである。

わたしたちは、さらに突き進んだ。


（中略）


大地も川も木々も草花も、すべてが透明な黄金色に輝きわたり、それ自身が、大いなる喜びの波動を発散している。

と、不意にわたしの目の前に、ゆらゆらと淡い黄金色の陽炎《かげろう》が立ちのぼった。ハッと見ていると、それはゆらめきながら、しだいに人の形になっていった。なんと、それは、この歓喜の霊界に住む霊人だったのだ。

あらゆる喜びと至上の満足とで形成された、この霊人は、その霊体自体が透明な黄金色で、表情はあくまでも穏やかで、美しい。その姿を見た者にまで、深い喜びの想いと感動とをもたらす、そのような波動を全身から発散させているのであった。

と、見ているうちに、その霊人はスーッとかき消えてしまった。オヤッと思って目をこらすと、また、ゆらゆらと陽炎《かげろう》が立ちのぼり、さきほどとはちがう霊人があらわれた。見わたせば、あちらにもこちらにも、消えては、立ちあらわれる、たくさんの霊人の姿があるのだった。

しかも、それらの霊人たちは、みな、全身から喜びと至福の波動を発散し、表情は穏やかに輝きわたっているのである。

（大霊界シリーズ⑧「神と想念界」P150〜152）

私自身は、神霊研究のため霊界とコンタクトをとっても、テーマ以外のことに話が広がることはなく、したがって霊界の風景を聞くことはありません。ただ霊界とは、やわらかな光に満ちた世界であろうと推測はしています。

霊界の風景は、霊人たちが神霊能力者に見させるビジョン、あるいは神霊能力者が抱くビジョンではないかという私の感想を先に書きましたが、初代教祖は霊界で出会った霊人の話として、それに近いことを書き記しています。

ある霊界人は、わたしに対して「余は、四十七の変化《へんげ》をつかうことができる」といってきたことがある。つまり、その霊界人は四十七のいろいろな顔形、姿形のちがう霊界人となって、わたしに見せることができるというのだ。

また、ある霊界人は、わたしにこんなことをいってきた。

「そなたが、いつも心の中に清らかな清浄なる想念を有したいと思うならば、余が送って見せるところの、現界では絶対に見ることのできない、この野原の草花の美しさを見よ。山々の姿を見よ。海を見よ」

……なるほど、それはおそらく現界のどこをさがしても決して見ることのできないだろう絶景。かぐわしい花々の咲き乱れる深緑色の草原、萌黄色《もえぎ》に映える山肌、はたまた、白雪をいただいて白銀《しろがね》のごとく輝きわたる白亜の山肌。紺碧の大海原は、どこまでつづくのだろうか……。と、見る間に、あらわれいずる満天の星空は真珠をちりばめたパノラマの世界に変わりゆく……。

霊界人は、再びいう。

「つぎに、余が送りだすところの地獄のさまを見よ。暗黒の世界でうごめく地獄霊のさまを見よ」

まったく、それは、なんという恐ろしさ！　なんという地獄絵図！　黒い炎が燃えたぎり、さかまく噴炎の中でのたうちまわる醜怪きわまる地獄霊どもの形相のすさまじさよ。奈落の底とはいえ、霊界の果てには、こんなところもあったのか……。

わたしは、霊界人がその術《じゅつ》をもってわたしに見せた世界のあまりの麗しさと、また、あまりの凄惨さに肝をつぶしたものだが、霊界人のはたらきとはそのようなものである。

（大霊界シリーズ③「恐怖の霊媒体質」Ｐ76〜78）

著作には、地獄界つまり下界のもようや、下界で苦しむ霊人たちの様子が、多くのページを割いて語られています。ある意味で、それは人間界で過ごす私たちが、霊界入りしたときに苦しむ霊人とならないための導きやアドバイス、と受けとることができます。

一方で、下界に落ちたら、もうそれでおしまいというわけではない、というのも初代教祖の主張です。なかには次のような霊人もいるというのです。

幽界以下の地獄界で苦しんでいる霊界人は無数にいる。が、その地獄界にありながらも、霊界人としての修行を積み、かならずや霊界の上界へとUターンしていこうと、懸命に努力している霊界人たちもたくさんいる。彼らは、地獄・魔界にあっても、やはり善の霊界人というべき存在である。

この地獄界に住む善の霊界人の中には、生前、高潔な武人、宗教家、教育家、政治家、学者、医者だったという人も多い。これらの人たちは、人間界においては高き倫理の持ち主で、いわゆるりっぱな人、人格者でもあったろう。しかし、その生前の想念が霊界倫理にそぐわなかったために、ある一定の年数、地殻霊界《ちかくれいかい》に陥っているわけである。

（大霊界シリーズ⑤『神と魔界』P172）

霊界人となったA氏に会って

先に霊界入りした知人と、霊界で再会を果たした場面も、著作にいくつか登場します。次のAさんの話は、生前のAさんにお世話になり親しくさせていただいたという知人の方から、ぜひ訪ねてほしいと頼まれて出向いた、初代教祖の霊界探訪です。

わたしは、胸中の想いの世界で、A氏の名前を念じつつ、大霊界は地下霊界から天上界まで、瞬時にしてながめわたした。

いた。A氏は、天上界にいたのである。ま昼の、まっ青な天空の中から、ゆったりとほほえみながら、A氏はあらわれた。写真の面影のとおりである。

「霊界での生活はいかがですか」

わたしが想いのことばでそうたずねると、即座に想いの波動が返ってきた。

(中略)

「わたしは人間界のあれこれについて、気がかりなことや思い残すこともないではありませんでしたが、それも、いまとなってはふっきれました。自分は自分なりに、全力をつくして生きてきたのです。そして、いま、このような霊界にやってきました。

わたしはここへきて、すぐに気づいたのです。いつまでも、人間界の想いにこだわっていてはいけない、ということに。それで、わたしは自分がおかれている霊界の情況に順応するように、現界からひきずってきたいろいろな想いを消すことに全力をあげました。

おかげさまで、いまでは、このように澄みきった霊界の中で、自由自在に移動することができます。このわたしの想念界に対しては、なんらの障壁となる存在もなく、自由というか、のびのびしているというか、実に羽毛のように軽やかです。

人間界でもいろいろと楽しいことはありましたが、そのような楽しみとはまったく次元のちがう、ほんとうに晴れやかで軽い心の、楽しい毎日です」

この満ち足りたA氏の想いのことばに、わたしの想いの世界もまた、深い安堵《あんど》と満足とでいっぱいになった。

「Aさん、ますます霊界の高きに向上され、今後、いく千年、いく万年と、幸せな霊界人としておすごしください」

わたしがそういうと、A氏はにこやかにうなずいて、まっ青な大空をゆうゆうと舞いながらとぶ一羽のカモメのごとく、軽々と、楽しげに、わたしの視界から消えていった。

（大霊界シリーズ⑧「神と想念界」P146〜147）

聖

第四章

守護神についての考察

真実の守護神とは

一人ひとりについている無数の霊たち

一般にいわれている守護霊・守護神とは、本人に関係のある先祖霊や本人に何らかの関わりをもつ高級霊や神霊で、生涯を通じてその人を守ってくれるものとされています。また、私たちの生活に直接関わってくる背後霊のうちの中心的な存在ともいわれます。

一般的な霊学では、守護神を守護霊と区別して、守護霊のはたらきを援助する存在を守護神と呼ぶようです。つまり、一人ひとりに寄り添っている霊を分けると、背後霊→守護霊→守護神の順で、霊位が高くなるといってもいいでしょう。

この章では、初代会長隈本確教祖の著作から守護神というものにスポットを当てて解説していきます。

背後霊《はいごれい》は、人間一人ひとりにかならずついており、その数はほとんど無数といっても、まちがいではない。そして、わたしたちは日ごろ、自分の意志で考え、行動していると思っているのだが、実はそれが背後霊《はいごれい》の意志であり、考えであるという場合が多い。

しかし、それらの背後霊《はいごれい》がみな同じ程度にその人間に影響をおよぼすのかといえばそうではなく、かかわりの深い背後霊《はいごれい》と浅い背後霊《はいごれい》とがいる。しかも、わたしたち人間を守り、味方となってくれる背後霊《はいごれい》が半分いれば、わたしたちをこまらせる背後霊《はいごれい》も半分はいるのだということを忘れないでいただきたい。そこに、わたしたち人間の喜怒哀楽もあり、生活のさまざまの変化、異変もおこってくるのである。

ところで、背後霊《はいごれい》というと、おおかたの人が直接自分と血のつながりのある先祖のことだと考えてしまうようだが、そうとばかりはかぎらない。背後霊《はいごれい》は、確かにわたしたちの先祖にはちがいないのだが、ここで、先祖にも四つの種類があるということを知っていただきたいのである。

屋敷の先祖　わたしたちが毎日、寝起きし、生活している家の敷地内で過去に亡くなった人々の諸霊をいう。これは、現在の家が建つ以前からの要するにその敷地、土地における先祖を意味している。

家の先祖　わたしたちが毎日、寝起きし、生活しているその家で過去に生活し、亡くなっていった人々の諸霊をいう。これは当然、古い時代に建って、代々たくさんの人々が生活してきた家ほど、先祖（霊）の数も多くなる。

土地の先祖　わたしたちの生活の根拠地である家の敷地ではなく、それ以外の自己の所有地で過去に亡くなった人々の諸霊をいう。これは、たとえば自己の所有地である山や畑などの場合が多い。

血の先祖　わたしたちがふつうにいう先祖、つまり直接に血のつながりのある先祖の諸霊をいう。

以上、四つの先祖の諸霊が、それぞれわたしたち人間の背後霊《はいごれい》たりうるのである。

これは、たいへんな数にのぼるものである。かりに直接血のつながりのある血の先祖だけを考えてみても、二十代前にさかのぼるとざっと二十万単位、三十代前にさかのぼると億という単位になってしまう。

もちろん、かならずしも計算どおりにはいかないだろうが、このことから考えても、わたしたち一人ひとりの人間に、いかに多くの霊がかかわっているかということがよくわかる。

（中略）

わたしのいう真実の守護神とは、無数の先祖諸霊のうち、当人に善の意志をもつもっとも浄化された格の高い霊界人である、ということである。

（大霊界シリーズ①「守護神と奇跡の神霊治療」Ｐ１４０〜１４２）

ほんとうに霊格の高い神霊のみが真実の守護神となれる

数えきれないほどの背後霊に囲まれ、そのうちの格が高く、善意にあふれる霊界人（守護神）に守られる生活を思うと、もう万全で、それだけで十分に安心して暮らしていけそうな気がします。それが生涯にわたって続くのなら、なおのことです。

けれども、人間への霊の憑依や霊研究に関わってきた初代教祖は、そこに疑問を持ちます。人間の生活に近づく霊人、人間に寄り添う霊、私たちの生活に深く関わってくる霊たちの中に、はたして格の高い霊人はどれほどいるのか、という疑問です。

わたしの場合、守護神というのは、当人とのかかわりの深浅にポイントをおくのではなく、あくまでも霊界での格の高さ、能力の高さにポイントがおかれている。つまり、いやしくも守護神とよべる存在は、当人にかかわりをもつ全先祖霊中、最上級の格と力をもつ存在でなければならない。

ところが、ふつうの状態ではわたしたち人間と直接深いかかわりをもつ霊魂というのは、それほど格の高いものではない。だから、そのような霊がいくら善の意志をもってわたしたちを守護していようと、病気を治すこともできなければ、運勢自体を向上させるようなこともむずかしいということになる。一般にいわれている守護霊、守護神というものの限界がここにある。守護霊とは、その人に大きな影響をおよぼす善意の霊であるとはいっても、その霊自体の格が低く、力が弱かったのでは、やはり真実の守護霊とはいいがたいのではないだろうか。

（大霊界シリーズ①「守護神と奇跡の神霊治療」P142〜143）

悪意を持って介入してくる低級霊たちから、その人間を守るべき力がなかったら、いくら善意にあふれた守護神であっても、名ばかりの存在でしかありません。そうした現状を知るにつけ、そのまま放置することは、神霊能力者としてできなかったはずです。

初代教祖は、自身の神霊治療において、ある期間、依頼者一人ひとりに対し、全先祖霊団の中で最高の格をもつ神霊を、その依頼者の守護神として出現させていた時期がありますが、それは、こうしたことが理由でもあったのでしょう。依頼者に守護神を出現させることについては、この章の中で詳しく紹介していきます。

守護神のふりをする雑霊も、修行中の守護神もいる

それでも、自分には生まれながらに守護神がついている、そう信じる方も少なからずいます。現に、起業し成長させた事業家が「守護神と呼べるようなものに守られてきた」と語ったり、人類に役立つ偉業を成し遂げた人の「神に導かれて成功をおさめたように思う」という声を聞くこ

とがあります。

そんな事例を見聞きすれば、なおのこと、守護神の存在と力をより信じることでしょう。時に運まで好転させてくれる守護神ですが、初代教祖は目に見える形にばかりとらわれてはいけないと、戒めます。


守護神とは、それほど現象界のできごとに対して強いはたらきかけのパワーをもっているもので、わたしたちがねがいかける病気治し、その他の現世的願望を、当人の誠意に応じてかなえてくださる存在である。

しかし、わたしはここで、守護神の「守護」の範囲はもっと広範におよんでいる、ということについてお話ししたい。

それがどういうことなのか、結論をかんたんにいってしまえば、守護神の「守護」の範囲は、現世的なこととともに人間の霊質にかかわることにもおよんでいるということだ。つまり、守護神は人間の現界生活をスムーズに導くこととともに、否《いな》、それ以上に人間の魂をみがき、育てるということにこそ、大きな任を担《にな》っているのである。

ところが、人は往々にして、守護神というと、ただ現界生活を安全にスムーズに導いてくれたり、さらには、人間の五感をこえた摩訶不思議《まかふしぎ》な現象をあらわしてくれる存在だ、というあたりに固執してしまうもののようだ。しかし、これでは守護神本来の意味をまったく見失っていることになってしまう。

わたしの会の会員にも、かつては霊視《れいし》や霊聴《れいちょう》、霊言《れいごん》などで守護神さまからいろいろなことを教えていただける、といって得々としている人がときどきいたのだが、そんな人たちに対して、わたしはつぎのようにいっていたものである。

「あなたがありがたがっている霊視《れいし》、霊聴《れいちょう》、霊言《れいごん》、霊動《れいどう》などの霊的現象は、あなたが危険な霊媒《れいばい》体質、霊媒《れいばい》心質であることを証明しているだけのことであって、高きご守護神とはなんらのかかわりもありません。

そして、あなたが霊の波動をキャッチしやすい霊媒《れいばい》体質であるがゆえに生ずるいろいろな霊的現象は、その八十パーセント以上が信ずるに足るものではありませんよ」

と。

（中略）

だいたい、ご守護神という存在は、高くのぼられればのぼられるほど人間界の小さな出来事に対しては関心を示されなくなるものである。そこのところをわからずに、ただ、いろいろなことを教えてもらえて便利だからといって、やたらと霊的存在と交信をしていると、当人は守護神と交信をしていたつもりが、実はとんでもない低級霊と交信をしていた、などということにもなりかねない。

また、たとえ真実の守護神と交信をしていたにしても、わたしたちが、人間界のあまりにも些細《ささい》な日常的事象にとらわれて、守護神に対して、そんなことばかりおねがいしたりおたずねしたりしていると、しまいには守護神が手をひかれることになってしまうのだ。

守護神にしてみれば、「そのような低次元の問題は、背後霊《はいごれい》か雑霊《ざつれい》にきけ」というわけである。かくて、守護神に去られたあとの人間は、さまざまの雑霊《ざつれい》や低級霊に介入されて、いわゆる憑依《ひょうい》体質になってしまうのである。

（大霊界シリーズ⑥「魂の存在」P175〜177）

霊は、高級霊になればなるほど、人間界の些末なことに関心を示さなくなると申し上げました。人間を守る任のある守護霊・守護神といえども、同じことがいえます。

人間一人ひとりが違っているように、守護神となっているのがどんな霊なのかは、霊によってさまざまです。霊は見えない存在ですから、表情で確かめることもできません。霊の中には、まだまだレベルが低いのにもかかわらず、守護神として人間に寄り添っている場合もあります。たとえば、次のような守護神もいます。

つまり、あなたの守護神は、まだ人間界に介入しながら霊界での修行を続行中だということである。もうすこし厳しいいい方をすれば、あなたの守護神はいまだ人間界に未練をもつ低級霊的な存在である、ということでもある。

あなたの守護神があなたに対して、人間界の問題について、いろいろと霊視《れいし》現象や霊聴《れいちょう》現象で知らせたりアドバイスしているとなれば、あなたの守護神は、まだわたしの神・本尊の導きの本質を理解してもいないのだ。要するに、あなたの守護神は、守護神としての存在、意義、導きの深奥《しんおう》について、わかっておらず、高い次元の神としてのあり方にも悟りの道をひらいていないということになる。

もし、あなたの守護神が人間・凡夫であるあなたに対して霊視《れいし》現象や霊聴《れいちょう》現象をおこさせて得々としているならば、わたしは、あなたの守護神に対してこういいたい。

「そなたは、守護神としての本質をわきまえているのか。人間界のいろいろな小さな問題に介入してきては、人間・凡夫に低級霊界の霊視《れいし》、霊聴《れいちょう》、霊感《れいかん》による予知現象をおこさせて、そなたは、それで〝余は守護神なり、高級神霊なり〟と得意顔をしている。しかし、そなたのしているそれらのことは、実は低級霊が行うたんなる雑霊《ざつれい》現象にすぎないではないか」

――と。

なんといっても、守護神としての人間に対する最高のはたらきかけ、導きとは、人間のわずか百年そこそこにしかすぎない現界生活のための便宜《べんぎ》をはかることではないのである。

（中略）

たったいま、こうしてページを繰りつつ本書を読んでいるあなた。しかし、読んでいるのは、あなただけではないのだ！　目には見えない、あなたの守護神も先祖も、そして低級憑依《ひょうい》霊さえも、あなたの目を通して本書に読みいり、霊界の真理に目ざめようとしているのだ。

（大霊界シリーズ⑥「魂の存在」Ｐ１７８～１７９）

神霊能力者によって守護神を出現させる

人間を日常生活において事故や災難から遠ざけ、運気をアップさせるだけが守護神の役割ではない。守護神は、人間の魂を磨き育てるという大きな任を担う存在。その人間自身が魂を磨いていくようなはたらきかけをすることが、守護神の大きな役割だ――。

こうした初代教祖の主張は、守護神の霊だけでなく、守護神に守られる人間、双方に対して投げかけられます。初代教祖が、依頼人に力ある守護神を出現させるようになったのも、そうした想いあってのことと推察されます。次は、その守護神の出現についてです。

この守護神の出現ということについては、高級霊能力者の霊視《れいし》、または霊界通信によらなければ確認されない。わたしは、たとえば神霊治療（浄霊）の依頼人に対して、当人の無数にいる背後霊《はいごれい》の中からもっとも霊格の高い神霊を守護神として出現させ依頼人当人にその名を告げ、さらにその守護神に、わたしの守護神の光と力とを分けることにしている。ちなみに、わたしが依頼人の守護神をだす場合、まだ人間界の想念を完全に断ち切っていない幽界や霊界の段階にいる霊は、絶対に出現させない。これらの霊では、守護霊にはなり得ても、とうてい守護神とはなり得ないのである。

誰に対しても、わたしが守護神としてだす神霊は、仏の世界の修行をほとんど終えつつあるか、すでに神の段階にある方である。厳密にいえば、仏の世界の修行をすべて終えて、はじめてその神霊は、神としてのはたらきや守りの力をもつようになるのである。

（大霊界シリーズ①「守護神と奇跡の神霊治療」Ｐ１４３～１４４）

文中の「仏の世界」「神の段階」、さらに次に紹介する文中の「聖天界」などは、初代教祖の分類による霊界（死後の世界）の段階です。（１４９ページ図４―Ａ参照）幽界をはさんで下界に地獄・魔界、上界に向かっては、霊界、仏界（十二段階）、神界（十段階）、聖天界、天命界へと続きます。また上界の中で、神界の四～五段以上になると、その姿は人間の知覚に映ることはない、としています。

ところで大霊界シリーズの出版が始まった一九八〇年代、いわゆる神霊ブームにあって、守護神についてもテレビや雑誌であれこれ語る霊能者が見受けられたようです。

わたしと同じ即効性の神霊治療（浄霊）能力をもつ日本神霊学研究会の多くの職員にも、もちろん、それぞれの守護神がでている。けれども、これらの職員の面々も自分の守護神の姿を見ることはできないのだ。彼らといえども、わずかに自己の想いの世界から必要に応じて守護神の霊界通信をいただき、心の中にわきあがってくる守護神の想いの波動によるお導きを受けることができるのみである。

世の霊能者の中には、自分の守護神はこんな姿をしているとか、こんなところに住んでいるなどと、あたかも自分の知人について説明しているような調子で語る人がいるけれど、もしそれが事実だとしたら、それはわたしが説くところの真に力ある守護神ではなく、たんなる背後霊《はいごれい》の一体にすぎない。

なぜなら、わたしがいつもいっているように、人間の五感知覚にとらえられる霊は低級霊であると断定できるからである。そのような背後霊《はいごれい》をいくら尊奉したところで、もともと霊格自体が低いのだから、神霊治療（浄霊）などできようはずもない。

（中略）

神霊治療（浄霊）能力者自身の守護神は、ほとんどが聖天界《せいてんかい》にあられる。依頼人の守護神を出現させるにあたって、まず能力者は、自分の守護神を自己の胸中に内在させる。そして、その胸中にある守護神の力を借りて、依頼人にかかわるぼう大な背後霊《はいごれい》の中からもっとも格が高く力のある神霊を選びだし、出現をうながすわけである。

それはひじょうに高度の技術を要する作業ではあるけれど、時間にすればほんの二、三秒のあいだに能力者の胸中にくり広げられるできごとでもある。

だが、出現した守護神はほとんど人間界の想念を解消し、人間の五感をこえた存在であるから、その姿はわずかに輪郭のみ人間の形跡をとどめているにすぎない。あるいは黄金色、白銀色に輝きわたる長方形、だ円形の光体でしかあり得ない。

（大霊界シリーズ③「恐怖の霊媒体質」P204〜206）

なぜ真実の守護神が必要なのか

災難や不運から逃れるために、やはり守護神がいてほしい

生き生きとした青春期を、成熟した中年期を、円熟した老年期を、それぞれの時代を存分に謳歌できる人生が送れるなら、それはすばらしいことです。そのためには、食事や睡眠、スポーツなど、健康的な生活も大切です。さらに、ちょっとしたミスやつまずきに遭っても落ち込みすぎず、暗い想念を育てないことの大切さも、著作から紹介してきました。

それでも、人間はスーパーマンではありません。人生には思わぬ落とし穴がひそみ、どんなに気をつけていても、ワナに陥ってしまうこともあります。

わたしたち人間は、生きているかぎり、誰しも毎日健康にすごしたいとねがっている。

また、ほとんどの人たちが、半ば本能的になるべく長生きをしたい、死ぬにしても苦しみながら死んでいくのはイヤだ、不慮の事故などで死ぬのはイヤだ、と思っている。

そして、多くの人たちは、それぞれスポーツをしたり、バランスのよい食事や規則正しい生活習慣を身につけることによって、自分自身を安全へと導こうとしているのである。このことも、たいへん重要なことである。（中略）

だが、わたしはここで、さらに厳しい現実についても目をそらすわけにはいかない。それは、わたしたちが人間としていかに努力をしようとも、個人の力では、強大なる力をもった悪霊や低級霊に立ち向かうことがひじょうにむずかしい、ということである。人は、ふとしたきっかけでひとたび悪霊とかかわりをもつようになると、不可抗的に不幸のどん底へと突き落とされていくことが多い。

霊界と現界とを行き来しているある種の強大な悪霊に対して、残念ながら、人間は赤子ほどの力ももたないのだ。

そこで、わたしたち人間は、どうしても守護神という神格の高い、強大な力をもたれる神霊の力を借りなければならないことになってくる。もちろん、わたしの行う神霊治療（浄霊）にしても、高き守護神の力あったればこそのものである。

結論をさきにいってしまえば、わたしたち人間は、病気による痛み、苦しみから逃れ、あらゆる事故、災難、不運から逃れるためには、どうしても守護神の出現を仰ぎ、これを奉持していかなければならない、ということである。

（大霊界シリーズ③「恐怖の霊媒体質」P198〜199）

体中にある魂の力が弱ければ、自分自身を守れない

なにごとにつけ「守護神がいたら他人より得をしそうだから」「守護神にお願いしたら、ラッキーなことが起こりそうだから」――八十年代当時、女性誌やテレビなどで取り上げられる、いわゆる守護神のイメージを、初代教祖は打ち砕きます。

そして、『大霊界』シリーズで、人間を真に守る神霊の存在を、〝真実の守護神〟として読者に伝えてきました。それは、私たちにとって、どうしても必要な存在だからです。その理由が、完全ではない人間が悪霊から心身を守るため。もう一つの理由が、私たちの心にすむ魂にとっての存在理由です。

わたしは、昭和五十六年に『大霊界』シリーズを刊行しはじめた当初は、守護神のたいせつさを強調してきた。人間にとって、正しい守護神を出現させ、それを奉持する生活がいかにたいせつであるか、説いてきたのである。

それからわたしは、順次刊行されていった『大霊界』シリーズの巻を追って、わたし独自の霊界論を展開し、読者のみなさまがたには実践的な「自己の魂を向上させる法」、実在の超神霊《ちょうしんれい》エネルギーのひき方についてご指導してきたのである。

その手はじめとして、当初においては、正しい守護神のあり方についてご理解いた

だくことがぜひとも必要なことだった。（中略）どうして、人間は自己の守護神（無数にいる先祖諸霊のうち、当人に善の意志をもつもっとも浄化された格の高い霊界人。当人を守り、導く存在）をだす必要があるのかということについては、ここでもう一度さらっておきたい。

われわれ人間が、どうして守護神を必要とするかといえば、自《みずか》らの体中《たいちゅう》にある魂の力がいまだよわく、自分自身を十分に守り得ないからである。したがって、自《みずか》らの体中《たいちゅう》にある魂の存在が十分に成長し、霊的格をあげたあかつきには、人は先輩霊である守護神に頼ることなく、自《みずか》らの力（自《みずか》らの魂の力）で人生を生きぬいていくのが本当なのである。つまり、守護神とは自己の体中《たいちゅう》にある霊的な存在（魂）の神格向上のための導きの親ということである。

しかし、世の中にはこの守護神という存在を誤解していて、守護神さえだして奉持していれば、なんでもかんでもうまくいくとばかりに、苦しいときの神頼みに明けくれたり、我欲をむきだしにして守護神にすがりついているような人もいる。

こうなってくると、守護神のご加護がいただけるどころか、逆に守護神の怒りを買うことにもなりかねない。守護神いわく、「余は人間・凡夫《ぼんぷ》の道具ではない、僕《しもべ》ではない」というわけである。

（大霊界シリーズ⑪「21世紀の実在する超神霊」Ｐ１０５〜１０６）

守護神のはたらきと加護

ほんとうの守護神は人生そのものを好転させる

前述しましたが、日神会において、初代教祖は神霊治療に訪れる依頼人に対し、浄霊に併せて、その方々一人ひとりを守る守護神を、大霊界の神霊の中から選びだしていました。

この方法は、のちに形を変えていきますが、つまり、守護神と神霊治療はセットになっていたわけです。このことを踏まえて、この項では、守護神の具体的なはたらきについてと、初代教祖の守護神論、想いを紹介していきます。

守護神の効用についてまずあげられるのは、病気治療（浄霊）とそれに付随して霊媒《れいばい》体質からの脱却、ということである。

だが、守護神のはたらきはそれだけではない。ほんとうに力ある守護神が出現して、当人が心の底からすがった場合には、病気が治るばかりか運勢全体が好転するのだ。

（中略）

人間の病気の大半は霊障によって生じているわけだが、霊障があらわれてくるのは、なにも肉体面ばかりにかぎらないからである。人は、自分の肉体にあらわれた霊障については〝病気の自覚症状〟としてすぐに気づくものだけれど、その他の部分にあらわれた霊障についてはなかなか気づかないものである。本来、霊障がなければもっとスムーズにいくはずの仕事にしても、永続的に低迷状態がつづいていると、当人にとってはそれが〝普通の状態〟になってしまって、なんら疑問をいだかなくなってしまっている。

ところが、たまたま受けた神霊治療（浄霊）によって霊障が解消されると、病気の快癒と同時に肉体以外の面にあらわれていた霊障によるもろもろの症状もカゲをひそめていくことになる。そこで、事業や商売、その他の対人関係などもことごとくスムーズに流れはじめるわけである。

げんに、仕事のことばかりでなく、対人関係についてのつぎのような報告も多数よせられている。

「神霊治療（浄霊）を受けた翌日から、職場での対人関係がガラッと変わってしまいました。それまで、わたしのすることなすこと、すべてに難クセをつけていた上役の態度が百八十度変わってしまったのです。いまでは、わたしに対してとても友好的で、おかげで仕事も気持ちよくできるし、毎日が楽しくすごせます」

「神霊治療（浄霊）を受けて以来、おねがいもしなかった夫の酒乱がピタッとやんでしまいました」

「あれほど反抗的だった子供が、浄霊治療以来、不思議なくらい素直《すなお》になりました」

これらのことは、いってみれば、もともとは病気治療（浄霊）を目的として行われた神霊治療（浄霊）がもたらした副産物というわけである。しかし、このことから、目に見えない霊障がいかにわたしたちの日常生活のいろいろな場面に作用しているか、ということがよくわかっていただけるだろう。


（大霊界シリーズ③「恐怖の霊媒体質」P２１６〜２１８）


このことについて初代教祖は、霊障を受けて、そのまま生活を続けていると、しだいに霊障の匂いのようなものが、その人間にしみついていてくると書いています。

そしてそれを「霊臭」としています。実際には匂いがしていなくても、人によっては、なんとなく近づきたくないムードを周囲に感じさせてしまう人がいます。

紹介した事例で分かるように、浄霊で霊障を取り除くだけでなく、守護神をだすことで、周りに漂わせていたマイナスの「霊臭」が消え、プラスの空気を振りまくようになった、ということでしょう。

そんなわけで、わたしの神霊治療（浄霊）にはたんに悪霊を祓《はら》い、浄化することばかりでなく、当人の守護神を出現させ、その守護神に力を与える、という作業もふくまれる。したがって、神霊治療（浄霊）を受けた依頼人は病気が治ると同時に、以降の人生が全面的に好転し、仕事やすべての人間関係などがスムーズに展開されはじめるのである。

守護神は、当人の運気や性格までをも好転させるのである。実際に、守護神をだしてからイライラや不安感がまったくなくなった、という報告も多数よせられている。ただ、生まれつき運のいい人というのは、知らず知らずのうちに高い神霊の守護を受けている、ということはいえる。

ところで、守護神の存在が確認されたら、その守護神といかにして深く結びつくか、ということが問題になってくる。

神霊との交流は、心、想いの世界でしかなされないということは、これまでにもたびたびいってきたことだが、守護神に関しても、もちろん例外ではない。だから、守護神と深く結びつき、大きなご加護をいただこうと思うのだったら、かたときも自己の守護神の存在を忘れることなく、深く、強く、守護神を想いつづけなければならない。守護神と人間とは、やはり、心、魂で結ばれていなければならないのである。

（中略）

先祖諸霊のうちでもっとも格の高い守護神と魂の中心でしっかりと結ばれることによって、さまざまの悪霊および低級霊から守られることになるのである。守護神と魂の中心でしっかりと結ばれるということは、つまり、守護神が自己の胸中に内在するという確信をもって、自己のうちなる守護神を強く想いつづけるということにほかならない。神といえども、自己の胸のうちに内在させることができるのである。
ここで、神と人間とが一体となって、まさに奇跡ともいえるような力が発揮されるのである。

（大霊界シリーズ①「守護神と奇跡の神霊治療」P144〜146）

図1は、一人の人間と、その背後にいる無数の背後霊、その中で、もっとも高い格をもつ先祖諸霊の代表ともいえる守護神との関係を図式化したものです。

正しい守護神であれば、運勢は好転する

「守護神は高級霊能者による霊視によって、その存在を確認できる」というのが、私たち神霊能力者の常識です。けれども霊能者を自認する人のなかには、まだまだ、守護神を知りたいという依頼人に対し、たまたま霊能者と波長が合って現れた霊が名乗った名前を、依頼人の守護神として告げてしまう人もいます。
『大霊界』シリーズの刊行は、そうした自称霊能者による混乱と、時を同じくしていたころでした。初代教祖は、そうした自称霊能力者による守護神ブームの混乱を、大霊界に対する理解をはばむものとして警戒しています。

図1

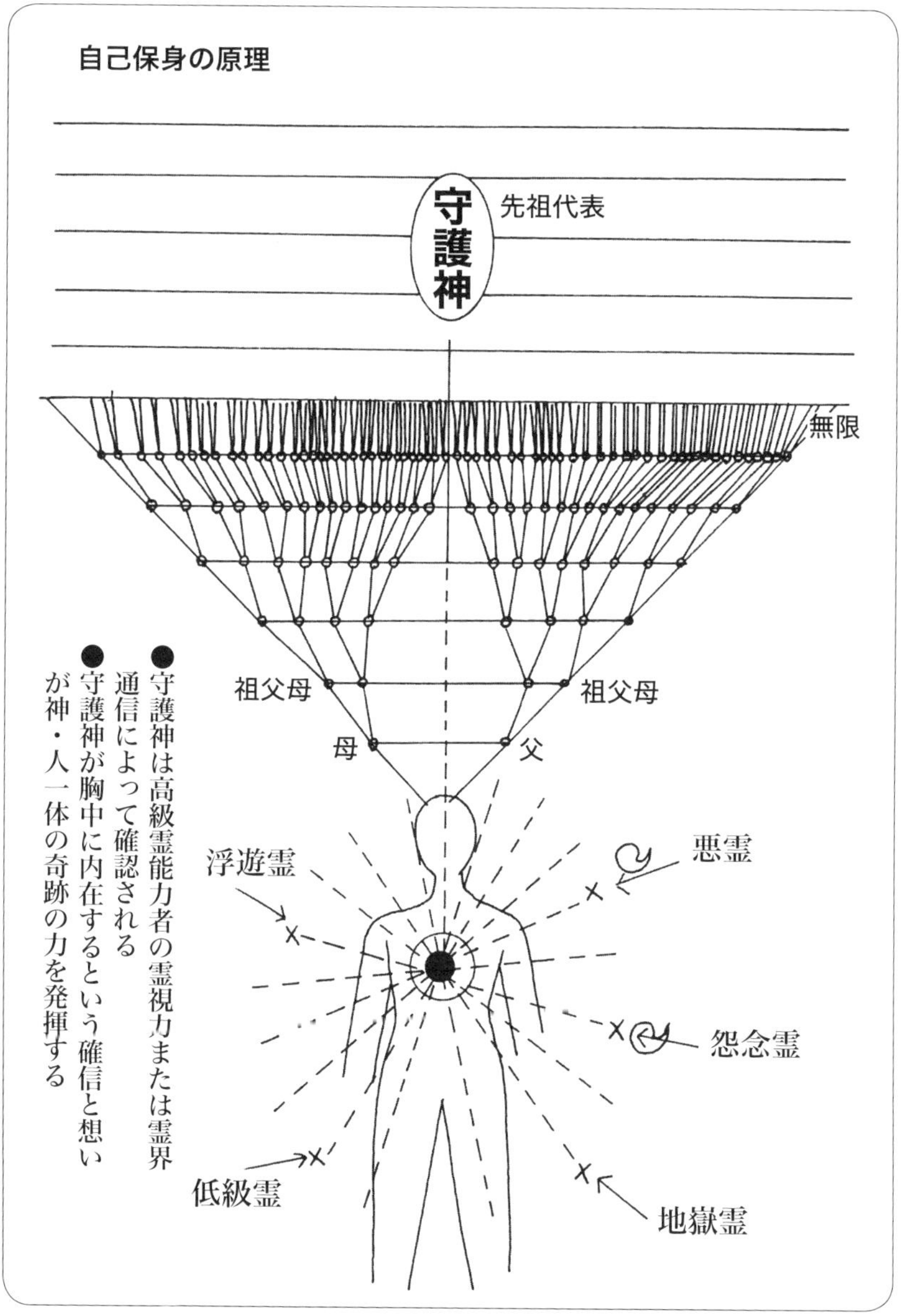
自己保身の原理
守護神
先祖代表
無限
祖父母
祖父母
母
父
●守護神は高級霊能力者の霊視力または霊界通信によって確認される
●守護神が胸中に内在するという確信と想いが神・人一体の奇跡の力を発揮する
浮遊霊
悪霊
怨念霊
低級霊
地獄霊

霊能者によっては低級霊と高級霊の見わけもつかず、たまたま自分と波長が合って霊視に映ってきた低級霊の生前の名前を臆面もなく依頼人に告げて、「この方があなたのご守護霊さまですよ。毎日、この方にお経をあげておすがりなさい」などと、とんでもないことをいう。まさに、人生破滅への道案内人である。げに恐ろしきは神霊世界であり、げに警戒すべきは霊能者の段階というべきであろう。

（中略）

守護神の出現ということについては、高級霊能者の霊視《れいし》、または霊界通信によらなければ確認されないし、出現した守護神といっても当人には決して見えるものではない。しかし、出現した守護神が果たして正しい守護神であったかそうでなかったかについては、ごくかんたんな見わけ方がある。

もし正しい守護神が出現したのであれば、人は自分の祈りの力に応じて、その瞬間から運勢全体が好転しはじめる。たとえば、病気が快方に向かう。気分が落ちつく。仕事が快調になる。対人関係がスムーズに展開されていく……などなどの、よい現象があらわれてくるのである。

だが、守護神は出現したものの、いっこうに病気も治らない、運勢全体もパッとしないということであれば、その守護神は絵に描いたモチだといわれてもしかたがないだろう。逆に、守護神の出現以来、病気がひどくなったり、いろいろな怪奇現象に見まわれるということになれば、これはもう、とんでもない悪霊の守護神のおでましということになる。

しかしながら、病気の原因となっている低級霊の憑依《ひょうい》を瞬時にして解くことのできる、また、事故・災難から当人を守ることができる格の高い守護神をさがしだし、当人との結びを深めるという仕事は、どの能力者にもできることではない。

わたし自身は、現在、病気治療（浄霊）依頼人に対してその場でパッと守護神をさがしだしてさしあげているけれど、このことを可能にしている背後には、わたしの三十年あまりにわたる心身の極端な苦しみという裏づけがあるのである。

（大霊界シリーズ③「恐怖の霊媒体質」P202〜203）

多信仰の弊害――守護神は心からすがる人間を守護する

守護神のご加護をいただくには、守護神と心で強く結びつくことが大切である、と初代教祖はその著作で、くり返し述べています。また、霊能者に教えてもらった守護神が本当に正しい守護神かどうか、見分ける方法も紹介しました。

ただ、あなたの守護神が、あなたを災いから守り、よき人生へと導く、ほんとうの守護神であり、あなた自身も心からすがり祈っているとしても、気をつけなければならないことがあります。つい、習慣のように受け入れてしまっている次のような行為、多信仰についてです。

多信仰というのは文字通り多くの神々を信仰すること、すなわち何体もの神を祀《まつ》ったり、あちこちの神社や寺院を拝みまわることをいう。

（中略）

とくに、守護神をもちながら他の神々に心をうつすとなると、守護神もそれをひじょうにきらわれるのである。

これに関連して、わたしのところへは、つぎのような質問がたくさんよせられる。

――どうしても義理でいかなければならない旅行があるのですが、そのコースの中に神社参拝がふくまれています。いったい、どうしたらいいのでしょうか？

このような場合には、あらかじめ守護神に報告しておくことである。つまり、自己の胸中に内在させた守護神に対して、たとえば、つぎのようにしっかりと念じるわけである。

「ご守護神さま、このたびわたしは町内のつき合いで〇〇に旅行にいくことになりました。ところが、そのおりに〇〇神社というところへ参詣しなければなりませんので、どうかよろしくおねがいします」

このように、ちゃんといっておけばよいのである。

そして、いざ現地の〇〇神社なるところへいったときには、心になにも想わず、祈願など決してしないことである。ただ、みんながしているように手を合わせて、頭を下げていればよい。どうしてもなにかいわなければ気がすまない人は、〝おじゃまします〟というくらいの気持ちで頭を下げればいいだろう。
要するに神霊と通ずるのは、その人間の心、想いというところにしかないのだから、心を空にして何回頭を下げようとも、いっこうに問題はないのである。

（大霊界シリーズ①「守護神と奇跡の神霊治療」Ｐ１４８〜１４９）

守護神により苦しみが生じることもある

これまで著作より、ほんとうの守護神に守られる大切さや、守護神と心で結びつき、祈ることの大切さを紹介してきました。ところで、真実の守護神の必要性を説く一方で、その守護神が人間に苦しみを与えることがあるという、一見、真逆とも思えるような記述もあります。

一般の方々の中には、近年とみに高まってきた「守護神・守護霊ブーム」によってか、守護神さえだせば人生はすべてうまくいく、との考えをもたれるむきも多いようだが、それは大きなあやまりだ。
守護神が出現したことにより、現界で苛酷な試練にあわされたり、苛烈な修行を課せられたりすることがあるということを、まず、知っておいていただきたい。
それはすなわち、現界にありながら神への道を進ませられる、あるいは、霊界生活のための準備をさせられる、ということでもある。

（大霊界シリーズ⑦「神と医」Ｐ89）

初代教祖が聖天恩祖主本尊大神を守護神にいただいてからの心身の苦しみについては、二章でも紹介しました。それは、たとえば大霊界に自己の想念世界を開放したことにより生じた、低級霊や高級霊、さまざまな霊との葛藤を原因とするものでした。

自分の体中に守護神をいただくことは、そのような側面もあるというのです。初代教祖は、守護神を持つことによる変化を、いくつかのケースをあげて述べています。「すべてがスムーズにいくようになったケース」、「守護する力が弱いために守護神が霊感や霊視などの通信によって危険を知らせるようになるケース」。そして、次のようなケースもあげます。


守護神として出現はしてみたものの、まだまだその人間・凡夫の霊障を除いて運命を好転させるだけの十分な力量がないと守護神自らが認めて、そのため、守護神が人間・凡夫の体中《たいちゅう》で修行をはじめるというパターンである。

つまり、守護神が、守護神としての十分な力、はたらき、術《じゅつ》を修得するために修行をするのであるが、これが、人間側にとってはたいへんなことなのだ。なぜなら、守護神の修行とは、自分の代《だい》である人間・凡夫の体中《たいちゅう》にあらゆる強大な霊をよびこみ、かからせることによってなされるものだからである。

いったん守護神がこの行《ぎょう》にはいるや、守護神は昼夜を分かたず人間・凡夫の体中《たいちゅう》に狂霊、悪霊、低級霊、高級霊と、あらゆる霊をよびこんでは、その一体一体と闘争をくり広げる。守護神は、凡夫の体中《たいちゅう》によびこんだ強大な霊に打ち勝つまで、その熾烈《しれつ》な闘いをやめようとはしない。

こうして、守護神は一体の霊に打ち勝ったびに、すこしずつ神霊としての力や術《じゅつ》をつけていくのである。

しかし、こうなると守護神の代《だい》である人間は、もはや、自分で自分の心身をコントロールすることができなくなってくる。自分の意志にはおかまいなしに、体の中に入れ替わり立ち替わりいろいろな強大な霊がやってきて、それが自己の守護神と対決、格闘するのだからたまらない。

霊能者、加持祈禱師《かじきとうし》、行者《ぎょうじゃ》といわれる霊をあつかう人たちが、たえず霊障に苦しめられ、しばしば病《やまい》の床に伏していたり、また、あるときは厳《おごそ》かな風情で神さま然としていたかと思えば、あるときは半狂乱のありさまでとり乱していたり……、と、とかく、常人にはわからないような状態にあるのも、このような守護神と深い霊的かかわりをもつゆえのことである。

（中略）

守護神にしてみれば、人間・凡夫に「どうか守ってください」と祈られれば祈られるほど、なんとか凡夫を十分に守護するだけの力をつけようと、ますます修行に励むようになるのである。

（大霊界シリーズ⑦「神と医」P91〜92）

さらに守護神が非常に格の高い神霊だった場合、守護すべき人間を神の位まで導くべく、その人間の魂を人間自身の力で磨くようにすることが、守護神としての役割りと考えるケースがあるといいます。そこで、守護神としてふつうに求められる役割、つまり人間を事故や災難から守るという守護神のはたらきをやめてしまうことも起こるというのです。

まさに、初代教祖の場合がこのケースに当たりますが、依頼人に対する守護神の出現には、こうしたことのないよう、次のような注意がはらわれました。

ひと口に守護神といっても、それこそピンからキリまであり、一般の人たちには、その守護神なる存在が霊界のどのあたりの段階にいるか、まったくわからないというのが実状だ。だから、守護神として現界に招じ入れられて、これ幸いと、代《だい》である人間の体中《たいちゅう》で激しい修行をはじめる霊がいたとしても、なんら不思議はない。

（中略）

まず、わたしが依頼人に出現させる守護神とは、無数にいる先祖諸霊のうち、当人に善の意志をもつもっとも浄化された、格の高い霊界人である。そして、さらに重要なことは、わたしが依頼人の守護神を出現させた場合には、かならず、いったんはその守護神をわたしの体に招神《しょうしん》し、もはや人間・凡夫の体中《たいちゅう》で熾烈《しれつ》な修行をする必要がないだけの、守護神として十分な力をもたせてから、依頼人当人に授けている、ということである。

わたしが依頼人に守護神を出現させる場合には、無言のうちにかならずそれだけのことをしているので、以降、それら依頼人の方々は、守護神をしっかりと奉持することにより病気の回復はもとより、あらゆる運勢上の好転がみられるのである。

（大霊界シリーズ⑦「神と医」Ｐ94〜95）

肉体をもつ人間を媒体に、守護神と魂は結ばれる

守護神と人間は、その人間の心・魂で結ばれます。魂をないがしろにして、守護神にあれこれ些末なことを願うのは、幼児が見境なくねだるようなものでしょう。

とはいっても、神に対して自分の魂など誇れるようなものではない、神と簡単に結ばれるはずがない、と疑問やためらいを抱く方もいるかもしれません。

それに対する初代教祖の答えとなるのが、肉体のはたらきです。肉体は神界や低級霊界と通じる霊媒のはたらきを持ちます。であるなら、人間の肉体を媒体として、魂が守護神と交流を持つことは可能だというのです。

それをあらわしたものが次ページの図2です。

図２　肉体は高級神（守護神）と魂の媒体である

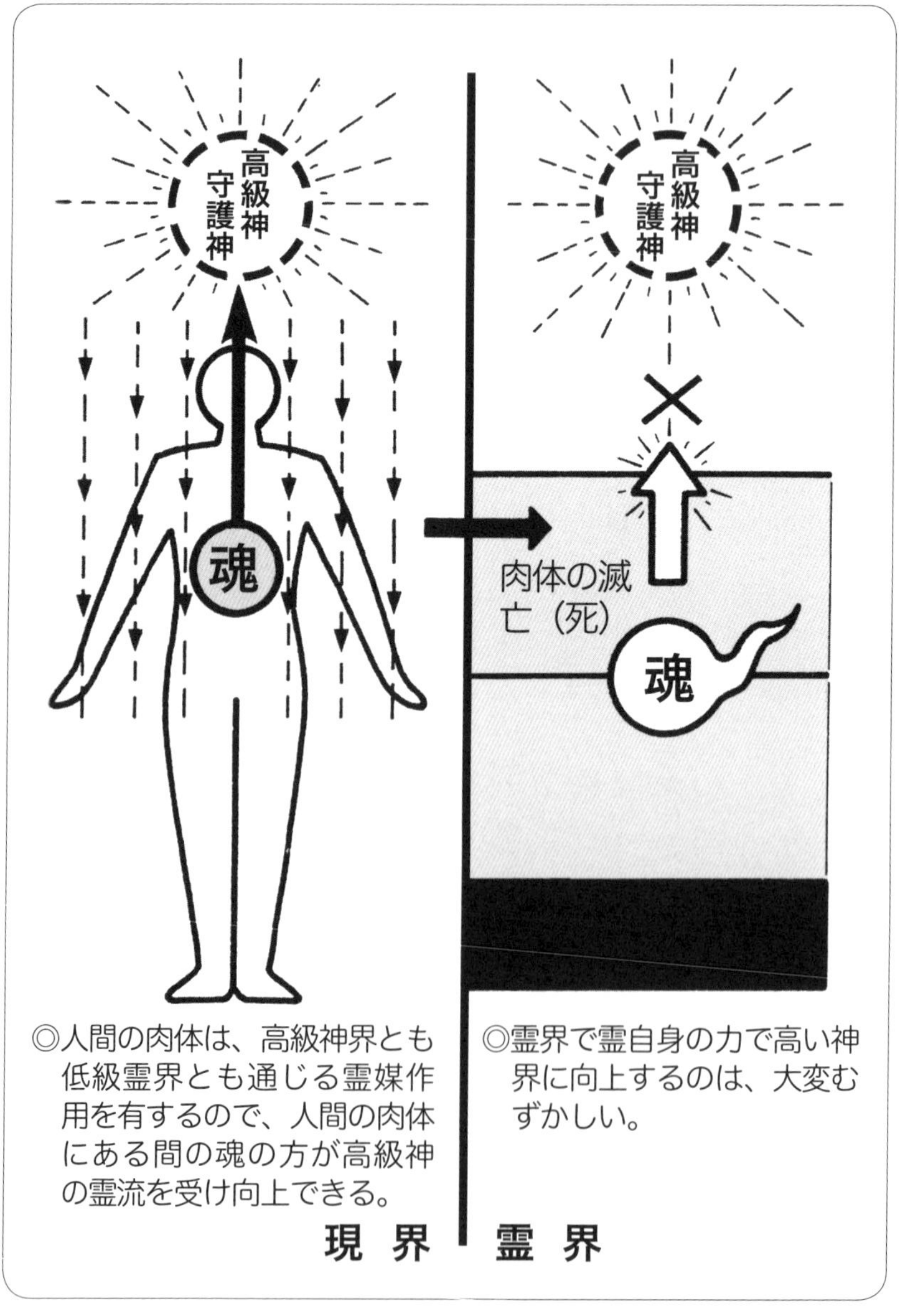

この図は、人間の肉体というものを媒体として、人間の魂と霊界の守護神とが交流をもち得ることをあらわしたものである。また、同時にこの図は、人間の死後、肉体が滅亡し去ったあとでは、霊界入りした魂と守護神とは、それぞれべつべつの霊界へいかなければならない事実をも暗示している。

ただし、もちろん、生前において当人の魂（魂の霊としての格）がその守護神と同レベルにまで高められていた場合には、肉体の滅亡後、魂は守護神のひざもとまでのぼりつめることが可能である。

果たして、あなたの魂は、あなたの死後、燦然《さんぜん》と輝く高級霊界におられるご守護神のおひざもとまでいくことができるであろうか。

（中略）

ところで、わたしの行う神霊治療（浄霊）では、浄霊と同時にかならず依頼人当人の守護神を出現させている。そして浄霊終了時には依頼人に対して、日常、わたしの霊流をひくことと、依頼人当人の守護神にしっかりとおすがりすることをアドバイスしている。そうすることによって、病気の再発が防止でき、さらに健康問題以外の日常生活のすべてがスムーズにいくようになるからである。

しかし、ここで考えてみてほしい。わたしの霊流をひき、ご守護神におすがりすることは、ただ自己の健康を守り、生活のすべてをスムーズに運ばせるためだけなのだろうか？

もしそうだとしたら、わたしや守護神という存在は、実に便利なものではあるけれど、ただそれだけのことに終わってしまう。つまり、生活に便利である、という現界的価値の範囲をこえないばかりか、人間のたんなる道具になりさがってしまうことになる。これでは、神の真意にそむく。

読者のみなさま方には、もうおわかりだろう。健康にしろ、富にしろ、人間の現界生活に神霊がもたらす幸福とは、実のところ副産物であって、それが高き神霊がねがいとする本来の目的ではないということを。

では、高き神霊の本来のねがいとするところとはなにか。それは、わたしたち人間が、この肉体をもっているうちに、各自、魂をりっぱにみがき、育てあげることにあるのだ。守護神とは、本来、わたしたちの魂に修行をなさしむるために、仮に人間側におさがりいただいている存在である。

（大霊界シリーズ⑥「魂の存在」Ｐ111〜114）

肉体をもった魂が現界にいる間に、いかに修行を続けてきたかによって、霊界入りしたときに、上界へすんなり向かう飛び級もあるということを、215ページで紹介しました。

ここでは、現界において、各人がなし得る守護神との交流をとおしての魂の修行の大切さが述べられています。

わたしたちの肉体は、まさしく魂と守護神の媒体だ。肉体をはなれた魂がひとり霊界で修行を積もうとすれば、何百年、何千年という苦行の歳月が必要とされるのに、人間の肉体をとおして高き神霊の光を仰ぐことができれば、魂は、わずか数十年という肉体人間としての生存中にでも、霊界における数千年分の修行を積むことが可能なのだ。

（大霊界シリーズ⑥「魂の存在」P114）

大霊界の深遠さ――力強い守護神の前身

ここで、著作より守護神についての興味深い記述を紹介しましょう。

広大無辺の霊界にあって、人間一人ひとりの守護神は、格が高い神霊（先祖諸霊）の中から選ばれます。その指標のひとつとなりそうなのが、初代教祖がいうところの「行年」です。

次の記述は、どのような霊界に暮らす、どのような霊界人が、私たち人間の守護神となるのかを考えるうえで、ひとつの指針になるような気がします。

霊界には、その神霊の年齢をあらわす「行年《ぎょうねん》」という特別な形態がある。ここでいう行年《ぎょうねん》とは、わたしたちがふつうにいう行年《ぎょうねん》、すなわち「この世でうけた年（享年）」のことをいうのではないから、注意してほしい。霊界における行年《ぎょうねん》とは、その神霊が発生してからの年数にはかかわりなく、神霊としての実力でとらえた年齢のよび方である。

ふつうの霊は、発生年より現在までの年数でとらえるのであるが、多くの修行を積み、特別の力、術《じゅつ》を身につけた神霊にあっては、このかぎりではない。たとえば、霊界入り後百年の神霊であっても、神界入り後十万年までの神霊を導いたり、救済したりすることが可能であれば、前者の神霊を十万行年《ぎょうねん》の神霊として、その力、術《じゅつ》を表現するのである。つまり、行年《ぎょうねん》とは、霊界における他神霊救済可能年齢のよび方である。

（中略）いったんは地獄に落ちてあらゆる苦難をのりこえて上界へとUターンしてきた神霊にあっては、実際の霊界入り後の年数よりも、行年《ぎょうねん》のほうが格段に多いはずである。

だから、わたしが病気浄霊依頼人に対して出現させる守護神にしても、死後ストレートに上界にのぼっていった神霊よりも、いったんは魔界に落ちて、文字通り地獄の苦しみを経験した後にUターンして上界にのぼり得た神霊のほうが多い。そのほうが行年《ぎょうねん》が大きく、守護神としてわたしたち現界人に対して与える恩恵も、またばく大なものがあるからである。

（大霊界シリーズ⑤「神と魔界」Ｐ１６８〜１６９）

私たちは、人を評価するとき、「人生の荒波をくぐり抜けてきて、味わいの深い人間になった」

とか、「苦労知らずに育って、人の悲しみの分からない人間になってしまった」などと言います。
同じようなことが、霊界にいる霊人たちにもいえる、と思わせるような記述です。何十年、何百年もの間、苦しい修行に耐え、下界からUターンして上界へ向かう霊界人を思うとき、現界の苦労人にも通じるような親近感を覚えます。

霊界人の中には幽界《ゆうかい》から霊界《れいかい》、仏界《ぶっかい》、神界《しんかい》と一直線に向上していく由緒正しき幸運な霊界人もいる一方、幽界《ゆうかい》から夜叉界《やしゃかい》、濁王界《だくおうかい》へと落ちながらも、あらゆる艱難辛苦に耐え、霊界人としての修行をりっぱに果たす霊界人もいるということである。

そして、さきほどからいっているように、後者のほうが霊界人としての力、はたらき、エネルギーは強大であり、しかも、人間に関与してくる度合いも圧倒的に大きい。それというのも、幽界《ゆうかい》からストレートに上昇していく霊界人にあっては、上界にいけばいくほど人間界想念から遠ざかっていくために、ほとんど人間界に関与することがなくなってくるからである。

（中略）

よく世の中には、べつに信仰心をもっているわけでもないのに、やたらに運の強い人というのがいる。一般の事業、政治、芸術など、あらゆる分野のトップで活躍している人たちは、信仰心のあるなしにかかわらず、運の強い人たちだといえる。そして、このような人たちについて霊的にみた場合に、ほとんどかならずといっていいほど、その背後には地殻霊界《ちかくれいかい》で大いなる修行を積んだ先祖霊、背後霊《はいごれい》がひかえていて、奇跡、不思議の強運をあらわしているのである。

（大霊界シリーズ⑤「神と魔界」P171〜172）

隈本確における守護神の変遷

初代教祖が神霊学の道へと導かれた、そのきっかけになった（私にとって祖父に当たる）父親の原因不明の病を治した行者さんの浄霊、そして行者さんの屋敷の神であり、のちに初代教祖の守護神となった第十代埴山姫之命《はにやまひめのみこと》との出会いのいきさつについては、二章の「隈本確と霊的修行と神への想い」の項でも紹介しました。初代教祖における守護神は、その後の、長きにわたる神霊治療と神霊学研究の道のりの中、その節目節目で移り変わっていきます。

この項では、初代教祖とその守護神について、著作から見ていきます。

守護神の出現、そして苦難の二十年

二十代の当時、行者さんを師として、その屋敷に通いつめた初代教祖は、やがて師匠に代わって、胸中に第十代埴山姫之命の力を招き入れ、依頼人の浄霊治療を行うようになっていました。そして師である行者さんが病で亡くなって、一年がすぎたある日の出来事でした。

突然、わたしの心の世界に、大霊界にとどろきわたるような大きな鐘の音がひびいた。そして、わたしの胸中に、わきあがるように荘厳な声が広がった。

「余は第十代・埴山姫之命《はにやまひめのみこと》である。余はそなたを、本日、ここに余の代《だい》とすることを認める。余は本日をもって、そなたの守護神である」

(中略)

このときのわたしの喜びがいかばかりであったかは、筆舌につくせぬものであったとしかいいようがない。

最高にして最大の守護神が、やっとわたしに出現された。命を賭けて、惚れて惚れて惚れぬいた偉大なる神、奇跡の神が、このわたしの守護神として出現されたのだ!

苦節七年にして、ようやくわたしは命を賭けて求めつづけてきた偉大なる神霊を、自らの守護神として拝することができたのである。この歓喜のまっただなかにいたわたし、一週間ばかりのあいだは、あたかも天界を自在に舞う天女になったかというような夢見心地の時をすごした。

(中略)

埴山姫之命《はにやまひめのみこと》が、わたしの守護神として出現されて一週間目のことであった。わたしの心の世界に、再び神示がくだった。

「余は守護神、埴山姫之命《はにやまひめのみこと》である。代《だい》、そなたに大いなる目標を授けよう。その目標の灯《ともしび》は、十年さきに余がともしてある」

わたしはこの神示をきいて、すっかり有頂天になってしまった。

（大霊界シリーズ⑤「神と魔界」Ｐ２３０～２３１）

神示を受けた初代教祖は、偉大な神霊能力者としての成功や、人間として幸せな生活を思い描いたのですが、その期待はたちまち裏切られます。

二章でも紹介しましたが、もともと霊媒体質であった初代教祖は、激しい心身の苦しみを味わいます。さらに、事業の倒産・失業・多額の借金と不幸に見舞われることになったのでした。

それにしても、いったいご守護神、埴山姫之命《はにやまひめのみこと》は、なにを思われ、わたしになにを授けんとしておられるのであろうか。ご守護神の神示をたよりに希望に胸ふくらませて出発したはずのわたしは、つぎつぎとふりかかってくる不幸の数々に、たいへん困惑し、悩んでしまったものである。

はじめの神示があってから十年目、再びご守護神から神示がくだった。さらに十年さきに、わたしの希望の灯《ともしび》をともしてあるという。そしてまた、それからの十年間、わたしはまさしく恐怖の霊媒体質《れいばいたいしつ》にあえいだのであった。それは、生きながら魔界に落ちた日々でもあった。

けっきょく、はじめの神示があってから二十年間、家業の倒産にはじまって職をかえること七回、肉親をもふくめて人間関係のトラブル、心身の不調といったさまざまの不運に翻弄《ほんろう》されてきたわたしであったが、五十代になったいまにして思えば、それこそがご守護神の真の導きだったのだと思う。

ご守護神が偉大であればあるほど、その神霊（守護神）は、人間・凡夫に対してこれ以上いきつくところがないというどん底の苦しみを与えたもうものなのではないか。神の力で、人間をすべての面において奈落のどん底にたたき落とす。落として、落として、落としまくるその深さこそが、守護神のもつ力ではなかったのか。

二十年にわたる筆舌につくせぬ不運の境涯からぬけだして、ようやく、そのことを悟ることのできたわたしである。

（大霊界シリーズ⑤「神と魔界」Ｐ２３２～２３３）

魂の親さんが守護神に

守護神のもっとも強い導きが「生きながらにして、神たる魂をつくれ」ということであり、そうであるなら、二十年にわたって続いた心身の苦しみは、そのための神が与えた試練だと、初代教祖は悟ったのでした。

いわば、魂を磨くための修行です。しかし、その苦しみにあっても、守護神への想いは途絶えることはなかったとつづります。守護神への想いを支えに、心身を襲う苦しみに耐えたといってもいいかもしれません。

そして再び、節目となる出来事を迎えることになります。


そんなある日のこと、ふいにご守護神第十代埴山姫之命《はにやまひめのみこと》からつぎのような御神示が下った。

「余《よ》は、これより聖天恩祖主本尊大神《せいてんおんそすほんぞんおおかみ》と名を改め、天命界《てんめいかい》（天地創造（素《す》）の神のあられる超神霊世界《ちょうしんれいせかい》）に入る。以後のことはそなたの魂であるところの聖地恩祖主《せいじおんそす》本尊大神《ほんぞんおおかみ》にすべてを任せる」

（中略）

ご守護神が突然天命界に上がられたことで困惑し、足下にぽっかりと大きな穴が開いたような不安を覚えたわたしであったが、そのわたしのもとへは翌日からも続々と長年にわたる痛み苦しみを抱えた方々が来訪される。聖地恩祖主本尊大神と申されるわたしの魂の親さんに、はたして聖天恩祖主本尊大神のような超神霊の御技を行うことがおできになるのだろうか。大きな不安と、その底に潜む、輝いては消え、輝いては消えながら少しずつふくらんでいく希望を抱いて、わたしは翌日からの神霊治療（浄霊）に臨《のぞ》んだのである。

聖地恩祖主本尊大神はわたしの胸中にあられると信じきり、その聖地恩祖主本尊大神に必死の祈りを捧げ、その最高のエネルギーを相手の方の患部にどんどん浴びせていった。この方法は聖天恩祖主本尊大神をご守護神としていただきながら行ったのとまったく同じものであったが、わたしの危惧《きぐ》と不安は、最初の方の神霊治療（浄霊）完了と同時に、跡形もなく消えてしまったのである。

全身にわたる数十箇所の痛み苦しみに必死に耐えながら待っておられたその方は、わたしの前にすわられたとき、苦しそうに前かがみになっておられた。ところが、わたしが五分、十分と神霊治療（浄霊）をつづけていくうちに、どんどん背筋が伸びはじめ、当初は青白くて生気のなかった顔にもどんどん赤みがさしてきた。さらにトロンとしていたこの方の目もいきいきと輝いてきたのである。

（大霊界シリーズ⑯「生と命と大霊界」Ｐ１１２〜１１５）

初代教祖の守護神であった埴山姫之命が聖天恩祖主本尊大神と名称を変えて、守護神の座から離れた理由を、初代教祖は埴山姫之命自身の言葉として「天地創造の神（素の神）の御心に応え、天命界、超神霊世界において、神々の王国建設に当たる」ため、としています。

霊界入りして四百年近く霊界での修行を続け、すでに超神霊の力をつけていた埴山姫之命は、そのために、初代教祖の魂を守護神とすべく「厳しく育まれた」とあります。その魂の親さんへの想いを、初代教祖は次のように記しています。

わたしははっと気づいたのである。

行者さんとその神、第十代埴山姫之命に魅かれ、惚れきったのは、そのときすでに育ちはじめていたわたしの魂の親さんだったのだ！

わたしの魂の親さんが、神格の向上を目指され、第十代埴山姫之命《はにやまひめのみこと》のお導きを一心に求められていたのだ！

当時のわたしには、わたし自身の心の奥底にある魂の親さんの必死の想いを知ることさえできなかったのである。

わたしの知恵ではなく、わたしの意識に上《のぼ》ってもいなかったわたしの魂の親さんの意志がわたしを動かしたのだ。

（中略）

人間には肉体と知恵と、そして心がある。そしてもう一つ、人間の中には霊界生活のための霊体が育ちつつあるのである。そして、その霊体の意志、あるいは想いが肉体や知恵や心の中に現れてくるのである。

わたしたち人間の内部では、知恵の意識と、心の想いと、そして魂の意志とがつねに交流している。そのなかで悩み、苦しみ、煩悶《はんもん》し、決断しながら毎日生活しているのが、わたしたち人間なのである。

わたしにあの行者さんと、その奥にあられる第十代埴山姫之命《はにやまひめのみこと》に理屈ぬきで惚れさせ、「神狂《かみぐる》い」「神様ばか」と陰口をきかれながらも通いつめさせたわたしの魂の親さん。当時はわたし自身そのことに気づきもしなかった、わたしの心の底に潜む魂の存在。人間一人ひとりが必ずもっている魂の意志の現れであったのだということを、わたしはつくづく思い知ったのである。

（大霊界シリーズ⑯「生と命と大霊界」Ｐ１２１〜１２２、Ｐ１２４）

文中にある「霊体」について少し説明します。霊学において、人間は肉体のほか、霊体というもう一つの身体をもつ、という説があります。生きている人間を運ぶ乗り物のようなものが肉体であり、霊体は人が霊界に行ったときの乗り物のようなものだといいます。

また、人の体には、霊体、幽体、肉体があり、それぞれ少しずつ重なり合う形で、肉体の奥に幽体が、幽体の奥に霊体があり、この三体をつかさどるのが魂、とする説もあります。

聖地恩祖主本尊大神（魂の親さん）の天命界入り

こうして初代教祖自身の魂の親さんである聖地恩祖主本尊大神を守護神として、神霊治療（浄霊）ならびに、会の運営に取り組む日々が続きました。そして、五十歳を迎えたころ、初代教祖は尋常ではない不安感や恐怖感に襲われました。それは、二十年にわたって続いた心身の不調とは、比べようがない、奇妙な感覚をともなっていたといいます。

わたしは、必死でご守護神の名をよんだ。魂の親《おや》さんの名をよんだ。そうして、救いを求めた。だが、ご守護神からも魂の親《おや》さんからも、なんの応答もないのだった。

もはや、わたしにご守護神はなく、なぜか、魂の親《おや》さんまでがわたしを見捨てられたようである。わびしい、さびしい、せつない想いが真綿のように、ゆっくりとわたしの心をしめつけた。

わたしの魂の親《おや》さんは、もう、わたしの体から離脱されている——、わたしのこの確信は決定的であった。

しかし、では、これからわたしはどうなるのだろうか。魂の親《おや》さんがこの身から離脱されたからには、当然、わたしのこの肉体は消滅するはずなのだが……。

（大霊界シリーズ⑪「21世紀の実在する超神霊」P109〜110）

術の親さまの出現

数か月して、心身もどうにか元の状態に戻り、ほっとした初代教祖でした。

しかし、時を同じくして、新たに驚くようなことが起こりました。初代教祖の神霊治療（浄霊）能力が、飛躍的に伸びはじめたのでした。

魂の親さんは、肉体から離れて今どこにあるのか？　守護神である魂の親さんがいないのに、神霊治療能力が飛躍的にあがり、奇跡とも思える技が起こるのは、なぜ可能なのか？　そして、魂の親さんが離脱しても生きていられるのはなぜか——。初代教祖は胸の想念世界で、聖地恩祖主本尊大神・魂の親さんに呼びかけました。

「聖地恩祖主本尊大神《せいじおんそすほんぞんおおかみ》、親《おや》さま、わたしの体を去られたあなたはいま、どこにおられるのですか。霊界（狭義の霊界で、幽界《ゆうかい》のつぎの段階の霊界）でしょうか」

「否《いな》」

「あ、すみません。では、霊界のつぎの仏界《ぶっかい》ですか」

「否《いな》」

「では、神界《しんかい》ですか」

「否《いな》」

「では、霊界人帝王界たる聖天界《せいてんかい》にのぼられたのでしょうか」

「否《いな》」

「それでは、どこにいらっしゃるのでしょうか」

「……」

わたしは、少々困惑した。いったい、わたしの魂の親《おや》さんはどこへいってしまわれたのだろうか。わたしは思いあまって、おそるおそる、さらにおたずねしたのだった。

「聖地恩祖主本尊大神親《せいじおんそすほんぞんおおかみおや》さま、あなたは初代ご守護神・聖天恩祖主本尊大神《せいてんおんそすほんぞんおおかみ》さまと同じく、天命界《てんめいかい》（天地創造の神の在られる超神霊世界）入りを果たされたのでしょうか」

「しかり」

このときのわたしの心境は、いかばかりであったろうか！

（中略）

もちろん、以前にご守護神であられた聖天恩祖主本尊大神《せいてんおんそすほんぞんおおかみ》にされても、魂の親《おや》さんであられた聖地恩祖主本尊大神《せいじおんそすほんぞんおおかみ》にされても、超神霊《ちょうしんれい》として天命界《てんめいかい》からあたたかくわたしを見守られていることはよくわかるのだが、この両本尊とも、現在直接に実務（わたしの守護に関する）にたずさわっておられる存在ではない、ということははっきりしている。では、現在のわたしを直接に守護し、導き、浄霊能力を発揮させている、その存在はなにか。

わたしは、どうしてもこの謎を解明しなければならないのであるが、いったい、これを誰にたずねたものか？　わたしとしては、すでに高き神界にあられるご守護神さまにはなるべくご迷惑をかけたくなかったし、このたびは、魂の親《おや》さんまで天命界《てんめいかい》にのぼられたとなると、自分の魂の親《おや》さんといえども、いままでのように気やすくあれこれおたずねするわけにはいかない。

そこでわたしは考えあぐねた末、わたし自身の大霊界、胸の神の世界に対して問うてみたのであった。

「おたずねいたします。現在のわたしを直接にご守護くださり、そして、いろいろな神霊の奇跡をあらわしてくださっている方は、以前、ご守護神であられた聖天恩祖主《せいてんおんそす》本尊大神《ほんぞんおおかみ》でいらっしゃいましょうか」

なんの返答もない。

「では、以前の魂の親《おや》さん、聖地恩祖主本尊大神親《せいじおんそすほんぞんおおかみおや》さまであられましょうか」

やはり、なんの返答もない。

わたしは、またしてもしばらく考えこんでしまったが、もう一度、深く深く、わたし自身の胸の大霊界に対して問うてみた。

「現在のわたしのすべて――神霊活動のこと、生活のこと、その他、信者、浄霊依頼人のことなど、これらのすべてをつかさどり、支配、ご加護くださっている存在は、いったい、どなたさまでございましょうか」

と、かすかなる山びこのような声あり。

「わが肉体本尊、術《じゅつ》なり」


（大霊界シリーズ⑪「21世紀の実在する超神霊」P112〜115）


宇宙を含めた森羅万象は、一つひとつエネルギーを持った存在ということがいえます。

初代教祖は自著の「大霊界」シリーズで、そうした現象界のみならず、霊魂や想念、念（生き霊）の存在を、エネルギーの面からひもとき、分かりやすく解明してきました。

ここで述べられている術とは、想念や魂ではなく、人間の肉体そのものが持つエネルギーのことです。寒さが襲ってきたとき、古代の人々は無意識に体をこすり、枯草や獣の皮で身を覆い、溶岩流におそるおそる近づいて、その火で暖を取りました。いわば生来の動物的本能ともいえますが、神霊学的には術というエネルギー体ということになります。

生まれながらに供えられた根源的な力は、まさに神秘のエネルギーを放ちます。


思えば、わたしのご守護神はしばしのあいだわたしとともにあられ、わたしの魂の親《おや》さんの育成にあたられた。そうして、わたしの魂の親《おや》さんがりっぱに成長されるや、ご守護神は安心して天命界《てんめいかい》にはいられた。また、魂の親《おや》さんは魂の親《おや》さんで、ご自身が神霊として十分な力をつけられるや、今度はわたしという肉体人間・凡夫《ぼんぷ》そのもののお導きをなされ、もう魂の存在がなくてもその生命をまっとうするに足るだけの力をつけたとみられるや、ご守護神と同じように天命界《てんめいかい》入りを果たされた。

こうして、あとにのこったのは素《す》のままのわたし、肉体人間・凡夫《ぼんぷ》そのもののわたしだけとなった。ところが、この素《す》のままの肉体人間のなかに、もうひとつの神秘のエネルギー、術《じゅつ》の存在があったとは！

(中略)

わたしはこれまで『大霊界』シリーズをとおして、人間が生きながら神になること、これが人生最大の目的である、ということを説きつづけてきた。そして、その大目的が果たされたあかつきには、魂の存在は肉体を生かしたまま離脱して高き神界へとのぼってゆく、そのようなことが実際にあり得る――、わたしは自分自身の体験をとおして、あらためてこの現実をひしひしと感じさせられたのだった。

そうして、魂が肉体から離脱したあと、のこされた肉体人間そのものが最高の神となり得るということの事実！

それは、人間の肉体のそとにある神霊の存在でもない、また、人間が内在させている魂の存在でもない、動物と人類がともにもつ神秘のエネルギー体なのであった。これをひらたくいえば動物の本能ということになろうし、神霊学的にいえば術《じゅつ》ということになる。

この、そとなる神霊の存在でもない、うちなる魂の存在でもない、動物と人類のみがもつ、もうひとつのエネルギー体、術《じゅつ》の存在こそが、今日までの動物の歴史をつくり、人類の歴史をつくってきた、大もとの原動力となっていたのかもしれない。

（大霊界シリーズ⑪「21世紀の実在する超神霊」Ｐ１１６〜１１７）

依頼人に出現させた守護神たち

前にも書きましたが、初代教祖は神霊治療に訪れた依頼人一人ひとりに、それぞれの守護神を出していた時期があります。

それは、神霊治療で症状が回復し、よくなった体調が再び憑依霊によってダメージを受けないよう、守護神の力で守るため。さらには依頼人一人ひとりが、守護神への心からの祈りをとおして、導きと守護をいただき、よりよい人生を歩んでほしいとの想いからでした。
著作には、依頼人に対して守護神の出現させる様子、当時の考え方についても書かれています。
次は、依頼人にだした守護神の名称についての記述です。

こうして出現した高級神霊の世界には、本来、人間界に通用する名称など必要ではなく、もちろん、そんなものはない。高級神霊とは、霊界人同士にしか通じない想念の世界なのである。

ところが、そうなるとこまるのは人間のほうだ。せっかく出現された守護神であっても、目にも見えず、名前もないとなると、人間にとってはまことにつかみどころがなく、それゆえに信心が定まらないことにもなる。現象界には決して姿をあらわさない想念の世界（霊界）におられる守護神であれば、人間側としては、ただ「守護神さま」といっていても、己れの胸中に守護神が内在していらっしゃるという確固たる信念はもちにくいものである。

そこで、わたしは二十五年ほど前からわたし自身の守護神の指示により、依頼人の守護神を出現させる場合に、人間が霊界人と交信をもつための符丁としての名称をつけることにしている。依頼人の守護神があらわれた際、わたしの胸中においてほとんど瞬間的に、わたしの守護神によって相手の名称が付与、そして確認され、相手の守護神もそれを承諾するのである。

わたしが、わたしの本尊（守護神）より指示された守護神の名称は、不動尊《ふどうそん》、毘沙《びしゃ》門天大神《もんてんおおかみ》、権現大神《ごんげんおおかみ》、観世音菩薩《かんぜおんぼさつ》、天照皇大神《てんしょうこうたいじん》の五種類である。したがって、わたしが依頼人の守護神をだす場合には、便宜上、かならずこの大きな分類に即してなされる。

すなわち、相手依頼人がわたしの前に座る。わたしは、わたしの守護神・本尊を胸中に内在させる。わたしは本尊の力を借りて、依頼人の背後に無限に広がる暗黒の霊界を霊視《れいし》する。このとき、わたしの本尊は、さながら強力なサーチライトだ。その光に照らしだされ、招かれるようにして、依頼人の背後霊《はいごれい》中最上級の格をもった霊界人がスーッとわたしの眼前（もちろん、心の目である）に出現する。わたしは、その高級神霊である光体に対して、たとえば「権現大神《ごんげんおおかみ》」と即座に呼称の確認をする。すると、相手神霊も即座にそのことを了承する。これが、わたしの行う守護神を出現させる仕事である。

もちろん、この後、依頼人に対しては守護神の名称を告げ、合わせて、想いの世界で守護神と深く結びつくための祈りの方法などを指導している。

（大霊界シリーズ③「恐怖の霊媒体質」P206~207）

初代教祖がこうした想いに至ったのには、当時の守護神・守護霊ブームも少しは関係していたかと思われます。「守護神の名前を教えてほしい」という依頼が、相当数、寄せられていたと記憶しています。

依頼人一人ひとりに、五柱の守護神の名称を伝えたのは、依頼人が真の守護神（神霊）と交流するための符丁としてであったと、初代教祖は述懐しています。

その一方では、次のような本音も語っています。

その問い合わせとは、「守護神だけでもだしてもらえないだろうか」という内容のものである。自分はただいま病気ではないから、神霊治療（浄霊）の必要はない。しかし、運勢好転をはかるため、また将来において大病をしたり事故にあったりしないように、ぜひとも守護神をだしていただきたい。と、このような依頼がたいへん多いのである。

このことに関しては、つぎのような認識をしっかりともっていただければ、自ずと解決するはずである。つまり、守護神といえども、当人の先祖の一員であるということである。

（中略）

あなたがわたしから霊流をひくことによって、先祖諸霊に神の光が届けば、それら先祖霊たちはそれぞれ神格を向上させていく。その結果、たとえあなたが守護神の現界における名称を知らなくても、先祖諸霊のなかには守護神たる格と力とをもった存在が出現しておられるはずである。

このことも、自己治療（浄霊）法同様、もちろん霊流理論の応用により可能となることである。このように、ときとして想念界（霊界）には、現界の常識では考えられないようなことがおこり得る。想いの力が強ければ、まさしく奇跡は奇跡でなくなるのだ。

わたしの霊流をひいて、あなたの守護神の格がどんどん向上していったとき、一ばん喜ぶのはあなたの守護神自身である。そして、守護神の格と力が向上すれば、守護神としてあなたをガードする力も、当然大きくなる。

守護神の名称がわからないなら、わからないでいい。そのことを気に病む必要は、まったくない。たとえば、あなたの名前が山田京子だったとする。その場合に、「わたくし・山田京子のご守護神さま」、これでよいのである。あなたの純粋な想いが深ければ、目には見えぬ守護神ではあるけれど、かならずあなたのよびかけに応じてくれるであろう。

具体的にどのようなことがおこるかといえば、まずわたしの霊流をひき、守護神を念じると、当人に憑依《ひょうい》している霊（病気や事故、不運の原因をつくっている霊）の浄化、向上がはかられる。そして、当人の全身浄霊も可能になる。その結果、現在苦しんでいる病気が治るとともに、将来病気その他の不幸としてあらわれる潜伏性の霊障も解消されるのである。

どうか、深く謙虚な、そして確信に満ちた強い想いでわたしの霊流をひき、あなた自身の守護神に念じていただきたい。

（大霊界シリーズ⑤「神と魔界」P202〜203）

浄化された霊は守護神となって人類に恩返しをする

二章でも紹介しましたが、著作には日神会の初代教祖として、また父として、隈本確と私たち兄姉弟との対話が載録されています。ページを割いて守護神について語っている巻もあります。

この解題集では、これまで神霊治療（浄霊）を受けた依頼人が、肉体的な苦しみが消え体調が回復しただけでなく、人間関係がよくなった、家族との関係がよくなった、また生活のすべてが順調になった、などの事例を紹介してきました。そのことに関与する霊界側からの説明が次の記述にあります。霊を浄化することの副産物ともでもいえる話です。

父　低級霊界で、苦しい、苦しい、助けてくれ、もっと霊界で向上させてくれ、といってすがっていた低級霊たちが、当会の最高の浄霊によって、いっぺんに高い神界に送られた。

そうすると、いままでその人間にとり憑《つ》いて苦しめていた霊たちは、今度は、高級神界から、その人間を守護しよう、ということになるんだ。その人間の肉体にとり憑《つ》き、すがることによって救われたんだから、高い神界へ送られたあとは、その人間に恩返しをしようというのは、当然のことだろう。

（中略）

低級霊界にいる霊界人の苦しみというのは、現界人の十年、二十年、五十年の苦しみとは、わけがちがうんだ。何十年、何百年、何千年という地獄の苦しみなんだ。

したがって、いままですがって、苦しめていた人間に対して、今度はあつい感謝の想いをこめて、なんとか、その人間を守護する立場にまわろうとするのが当然じゃないか。

長男　うん、わかったよ。それが、世の中でいわれている守護霊団というものだね。

父　そのとおりだよ。だから、浄霊を受けて救われた霊は、全部、霊界の高いところへいってその人を守護する、背後神霊団《はいごしんれいだん》と化していくんだよ。

（大霊界シリーズ⑨「神と奇跡」P217〜218）

日神会では、神霊治療（浄霊）の際、依頼者に対し、一人ひとりに、それぞれの守護神をだしていた時期を経て、初代教祖の魂の親さん、つまり聖地恩祖主本尊大神を守護神として、依頼者一人ひとりに、その霊流をひくよう指導することに至ります。

このことについて、初代教祖（父）は、私の兄である長男に、次のように語っています。

長男　じゃあ、以前のように、一人ひとりの依頼人の方がそれぞれ別の守護神をいただくよりも、現在のように、みんな一緒に、聖地恩祖主本尊大神《せいじおんそすほんぞんおおかみ》をご守護神としていただいたほうが、霊流がたくさんいただけるのかな？

父　たくさんいただけるというより、直接いただける、といったほうが適切だろうな。

というのは、以前のように一人ひとりの守護神を出現させる場合、当人に関与する全先祖霊の中で当人に善の意思をもっとも格の高い神霊を出現させるわけなんだが、それでも、ふつうは、守護神として完全に力を発揮するには、まだまだ神霊として力量不足なんだ。こうなると、ちょっとした霊障なら治るが、ひどい霊障になるとなかなか治らない、という状態もでてくるわけだ。

それで、わたしの会の浄霊では、かならず、出現させた各人の守護神に力を与える、という仕事をしていたんだね。こうして何度も来会されて力をつけた守護神であれば、その人間を十分にガードできるというわけだが……。

そして、もちろん、当人がわたしの霊流をどんどんひけば、当人の守護神の格もどんどんあがり、それだけ、当人を守護する力も強くなるんだが、ほんとうのことをいえば、当人の守護神というクッションは必要ないんだ。

わたしの魂の親さん・超神霊《ちょうしんれい》の霊流を、直接、どんどんひいてくだされば、もう、それだけで当人の魂に十分な力がついて、今度は、当人の魂が自分自身をガードしてくださるのさ。

長男　じゃあ、はじめから、父さんの魂の親さんを、依頼人の方たちのご守護神とし

父　てさしあげればめんどうはなかったのに。

そこは、やはり、段階というものがあるのさ。そうだろう、隈本確《くまもとあきら》という人間がどういう人間であるかもご存知ない方に対して、隈本確《くまもとあきら》の魂の親さん・聖地《せいじ》恩祖主本尊大神《おんそすほんぞんおおかみ》をご守護神としてお祈りなさい、といったって、誰も信じてはくださらなかっただろう。

だいたい、魂の親さん、といったところで、「いったい、なんだ？」ということになってしまっただろうよ。

神霊の世界というのは、とくに想念だけのはたらきの世界なんだから、真心から信じないことにはなにもはじまらない。だから、便宜上、各人一人ひとりの守護神を出現させる、というワンクッションが必要だったんだ。

いつの場合にも、段階に応じた導きの仕方というものがあるんだ。

（大霊界シリーズ⑨「神と奇跡」Ｐ２２０～２２１）

守護神・聖の親様

守護神・聖天恩祖主本尊大神よりの神示で、聖天恩祖主本尊大神に代わって、初代教祖の守護神となり聖地恩祖主本尊大神と名称を変えた魂の親さまは、いったん初代教祖から離れて超神霊世界である天命界入りを果たしました。

日神会の聖礼拝堂には、その分け御霊《みたま》が鎮《しず》められています。その呼び名「聖《ひじり》の親様」についての記述です。

その後わたしは、天命、超神霊世界入りを果たされた魂の親様、正式なお名前聖地恩祖主本尊大神のご了承を得て、ご称名の頭文字一字をいただいてこの大神様を「聖《ひじり》の親様」とお呼びすることにした。以来、わたしの肉体は神の代《だい》、すなわち聖地恩祖主本尊大神、お呼び名「聖の親様」の代（神のお役に立つ踏み台）となり、自由に「聖の親様」をお呼びし、交流し、そのお力、エネルギーをいただいて神霊治療を行うことになったのである。

つまり、それまではわたしの肉体にあられる魂の親さんを対象として、言い換えれば魂が内在する隈本確という肉体人間を対象として行っていた神霊治療（浄霊）法を変更し、天命界に昇華された「聖の親様」をお呼びし、そのお力、エネルギーをいただいて行うという方法に必然的に切り替えることになったのである。

（大霊界シリーズ⑯「生と命と大霊界」P１３８〜１３９）

初めて当書を手に取られる方の中には、「魂の親様」という言葉に、とまどわれる方もいるでしょう。生きている肉体から魂のみが抜けでて、天命界の神霊となると聞いて、面食らうかもしれません。

守護神と初代教祖、日神会とのかかわりを、簡単に述べると次のようになります。

行者さんの屋敷の守護神であった、埴山姫之命《はにやまひめのみこと》が初代教祖の守護神となり、聖天恩祖主《せいてんおんそす》本尊大神《ほんぞんおおかみ》と名を改めて超神霊世界・天命界へ入られ、その神示により初代教祖の魂であるところの「魂の親さま」を聖地恩祖主本尊大神《せいじおんそすほんぞんおおかみ》の名で守護神とされた。さらに、その聖地恩祖主本尊大神も初代教祖の肉体を離れ、天命界入りをして神の国づくりに携わることとなった――。

私たちの日本神霊学研究会は、天命界にいる守護神・聖地恩祖主本尊大神（通称・聖の神）の霊流をひく会、という図式になります。これらは、天地創造の神・素の神を核とした大霊界との関わりを通して、初代教祖が築き上げた霊理論の中に組み入れられており、その根底にあるのが地球や人類の救済です。

二代目会長として、私個人としても、初代教祖のこの霊理論を引き継ぐ者です。

聖

第五章

超神霊についての考察

超神霊とは何か

『大霊界』シリーズより、これまでさまざまな霊現象や、人間の念（生き霊）の存在、その霊（念）エネルギーや波動、人間の想念（精神世界）などを切り口に、初代会長隈本確教祖の霊界論を解説してきました。

その中で、「守護神」と並んで大きな部分を占めるのが「超神霊」です。

初代教祖が分類した、霊界の段階をおさらいすると、図1のように幽界をはさんで上界と（霊界、仏界、神界、聖天界、天命界）、下界（夜叉界、濁王界、陰王界、夜王界、地王界、大地王界）に分かれます。その中に、神霊や超神霊がすまう世界もあります。

そこに進む前に、まず、仏界についての初代教祖の考えを紹介しましょう。神霊・超神霊世界を理解するうえで、知っておきたい世界です。

図１　霊界の段階と人間のかかわり

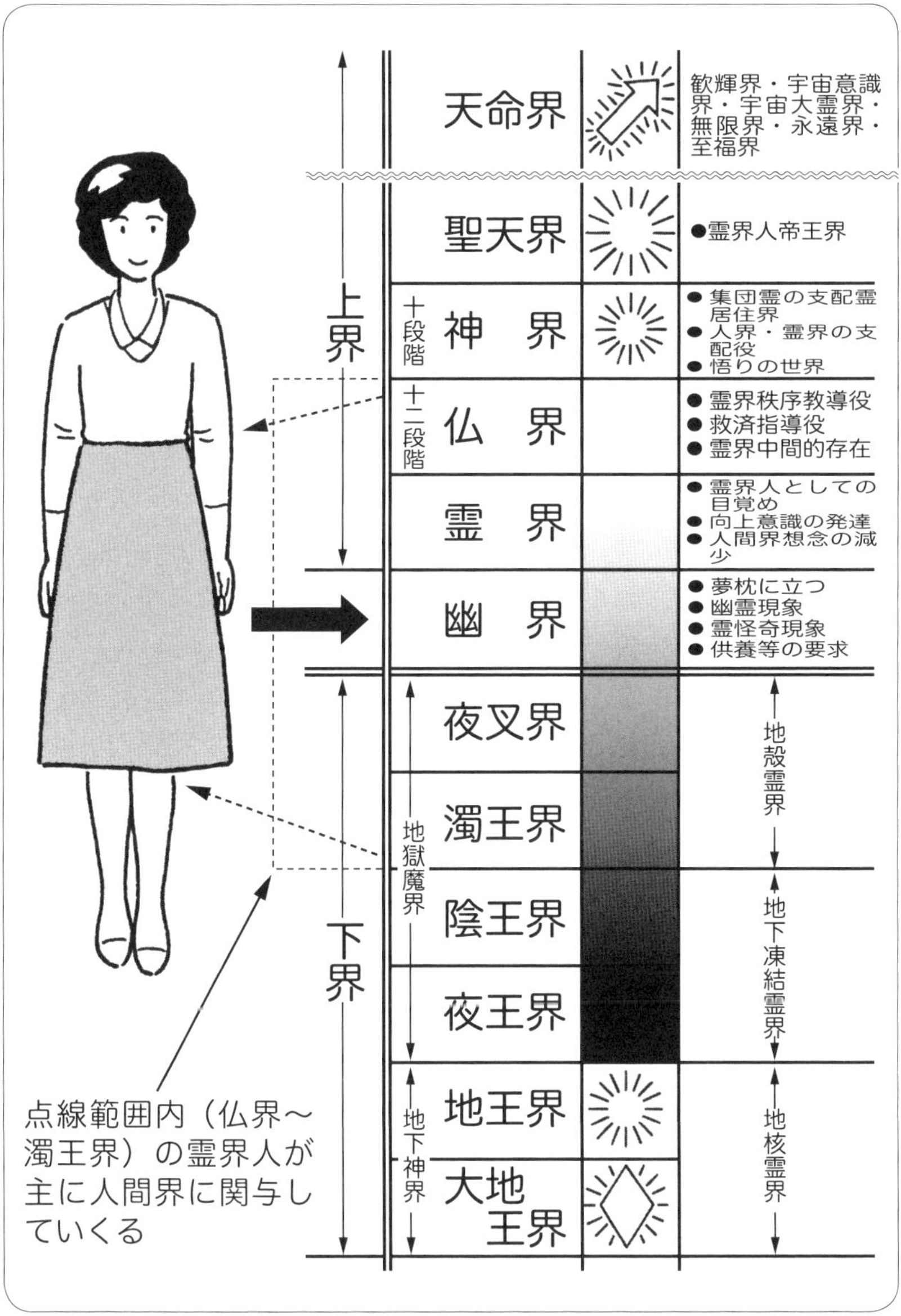

仏界（ぶっかい）

霊界《れいかい》において、現界からもちこした人間界想念を完全に払拭し、さらに霊界《れいかい》での生き方を着々と学んできた霊たちが、つぎにやってくる世界が仏界《ぶっかい》です。

ただし、本来、神霊の世界がことばや文字による教えの世界を超越した悟りの世界であるのに対して、仏界《ぶっかい》は教え、教条の世界である、といえます。その意味において、仏界《ぶっかい》とは、霊界人として、真に悟りを得るまでのプロセスとして重要な期間です。

また、仏界《ぶっかい》の霊人たちは、ときには霊界《れいかい》や幽界《ゆうかい》の霊人たちの指導、教導にあたることもあります。

（「超神霊」P33）

著作で初代教祖は、いわゆる教条主義に批判の目を向けていますが、それは形式にとらわれすぎるあまりに物事の本質を見ようとしない、教えの神髄から離れてしまった、一部の傾向に異を唱えたのでした。

真実に近づくため、知るための言葉や文字を通しての学びは、当然ながら否定はしませんし、極論をいえば、どんな回り道であっても、大霊界の真実に近づいていくならば、受け入れる立場にありました。さて、仏界で修行を積んだ霊たちが向かうのが、いよいよ神霊・超神霊世界です。

神界（しんかい）

仏界《ぶっかい》が教えの世界だったのに対して、神界《しんかい》は一人で悟って向上していく、悟りの世界です。この段階にいたって、霊界人はたんなる霊としての存在から、神霊としての存在になります。

したがって、神界《しんかい》に住む霊人たちは、広い意味での霊界の支配者として、神霊ならではの術《じゅつ》やはたらきを駆使することにもなります。

聖天界（せいてんかい）

神界《しんかい》に住む霊人の魂がますますみがかれ、神霊としての格がさらにあがってくると、いよいよ聖天界《せいてんかい》へとやってくることになります。

ここは、霊界人帝王界ともいわれる世界で、神霊としての術《じゅつ》、はたらき、力には絶大なものがあります。

けれども、神霊としての魂の浄化の度合いにおいて、人間界とはずっとはなれた高い存在であるために、聖天界《せいてんかい》に住む神霊が、直接、人間界にさがってきて、指導や救済をすることはほとんどありません。

天命界（てんめいかい）

天命界《てんめいかい》とは、霊界での一ばん上の段階であり、聖天界《せいてんかい》まで向上してきた神霊といえども、容易にはいることのできない世界です。聖天界《せいてんかい》と天命界《てんめいかい》のあいだには、火の壁といわれる難関が厳然と存在し、この火の壁を通過し得るのは、神霊のうちでも、ごく少数のものにかぎられているのです。

天命界《てんめいかい》に住む神霊こそは、たんなる神霊をこえた、超神霊《ちょうしんれい》ともよばれるべき存在です。

読者のみなさまは、ちょっとびっくりされるかもしれませんが、この天命界《てんめいかい》に存在される超神霊《ちょうしんれい》のほとんどは、地球以外の他宇宙天体で発生されています。しかも、発生年は五億年前、十億年前、二十億年前といった具合で、わたしたち地球人類の知恵や常識では、考えもつかないほどの超古代です。

ところで、現在のわたしは、長年にわたる毎日の霊界探訪の努力が実を結んで、この天命界《てんめいかい》へもいくことができるようになっています。

もちろん天命界《てんめいかい》へいくといっても、生身の人間としてのわたしの肉体がいくわけではありません。わたし自身の意志の力で、魂の離脱状態をつくりだし、魂だけが霊界へと遊泳していくのです。わたしの霊界探訪とは、そのようなものです。

（「超神霊」P33〜35）

霊界・大霊界を支配するとは、言い方を変えれば守護神ともいえます。大霊界の秩序を守る神霊や超神霊、そしてなかには人間を守護する神霊・超神霊もいるということです。

宇宙誕生の前から存在する「核の超神霊」

神霊治療（浄霊）をきっかけに始まった、目には見えないけれど確かに存在する、霊や神霊が放つ霊流の研究。霊流をエネルギーと置き換えてもいいでしょう。

霊界や現界を飛びかう霊エネルギーの仕組みを解明しようとする神霊研究は、研究をすすめるうちに、狭い意味の霊を超えて、地球上のさまざまな物質がもつエネルギーや、人間の精神が発する念エネルギーも網羅するようになります。

同時に、霊界の通信や神霊界からのいわゆる神示をも受けとることにより、解明は深まり、初代教祖の霊理論が構築されていきました。その研究は、大宇宙のエネルギーの流れにまで及んでいます。

現代の科学では、この宇宙の誕生をもたらした大爆発、ビッグ・バーンについて、それがなんらかの意志のもとに、なんらかの手によってひきおこされたものだとはいっていない。

しかしながら、神霊能力者としてのわたしは考える。いや、感じる。天地創造のその最初の一歩であるビッグ・バーンをもたらしたのは、まちがいなく、なんらかの意志のはたらきによるものであったということを。

（中略）

そう、この宇宙は、はるかに二百億年以上も昔に誰かが構想し、約百五十億年前にその基礎をつくりあげ、そして現在にいたるまで、誰かが維持しつづけているのである。ビッグ・バーンによって誕生した大宇宙は、今日までの約百五十億年のあいだ、ほとんど規則的な引力、重力、磁力、電波、放射線などのあらゆるエネルギーを誰かが支配し、維持してきたし、今後も何十億年、いや、何百億年と支配し、維持しつづけていくだろう。

では、その大宇宙をつくりあげ、支配し、維持しつづけている存在とは、いったい誰なのか。その存在は、もうわたしにとっては毛筋ほども疑う余地のない存在、それは大霊界の「核《かく》の超神霊《ちょうしんれい》」ともいうべき素《す》の神《かみ》、親《おや》さまにほかならない。

この宇宙がつくられるはるか以前から、大霊界の中に「核《かく》の超神霊《ちょうしんれい》」素《す》の神《かみ》、親《おや》さまはましまして、それがあるとき、なんらかの意志をおこされて宇宙の大爆発、ビッグ・バーンをもたらされた。それが宇宙のはじまりである。

だが、いったい、なぜわたしはそのことについて、こうもはっきりといいきることができるのか。ビッグ・バーンのその現場にいあわせたわけでもないわたしに、なぜ、そのようなことがわかるのかいぶかしく思われる方がいたとしても不思議ではない。

そこで、ここでちょっとばかり謎の解明をしておこう。あとあとでもくわしくお話しするつもりだが、実はわたしは現在、すでに、この百五十億年前に宇宙をつくられた「核《かく》の超神霊《ちょうしんれい》」素《す》の神《かみ》、親《おや》さまのエネルギーをひくことに成功しているのである。そして、わたしはわたしの体を変圧器として、そのエネルギーの一部を神霊治療（浄霊）という行為を通じて、一般の方々にもお分けしている。

こうして、「核《かく》の超神霊《ちょうしんれい》」たる存在と実際に交流しているわたしは、その存在が、いつごろから、どのように活動されていたのか、徐々に知らされてきたのである。かくて、いまでは、わたしにとってつぎのことはもはや疑う余地のない確信となっている。

すなわち、素の神たる「核《かく》の超神霊《ちょうしんれい》」親《おや》さまは、いまから約二百億年以上も前からあられ、それは、目で見ることはできないエネルギーとしての存在であった。そして、そのエネルギーともいうべき「核《かく》の超神霊《ちょうしんれい》」は、大霊界の中にこの大宇宙という超超現象をつくられたのだった。

天地創造をなしとげた、この「核《かく》の超神霊《ちょうしんれい》」こそは、まさしく人知、神知をもってしてもはかり知ることのできないほどの超原理、超真理そのもののエネルギー体であられるのだ。と同時に、ご自身の意志でいろいろなエネルギーを発されたり、あらゆる物質、または唯心的存在にいたるまで自由自在に発生、形成をなされる存在でもある。

（大霊界シリーズ⑩「神とエネルギー」P14～16）

ビッグバンにより、この宇宙が誕生し、気が遠くなるほどの時を経て、生命体を育む地球という星が誕生します。

太陽からほどよい距離にあること、大気圏が保たれたこと、海が誕生し生命が発生したこと。いくつもの奇跡的な偶然が重なり合って、それらを可能にしたと、科学では説明します。宇宙空間に青く輝く地球が、奇跡の星と形容されるゆえんです。

初代教祖の霊界論では、それらの数々の奇跡は偶発的なものではなく、ある意志をもつエネルギー的存在（核の超神霊）による予定された出来事、ということになります。


ビッグ・バーンは、無秩序な大爆発ではなかったのだ。そのとき、まさしく、「核《かく》の超神霊《ちょうしんれい》」親《おや》さまによって天地創造の幕が切って落とされたのである。

やがて地球が誕生し、藻類《そうるい》の発生、植物の発生、動物の発生……と、この地球上に人類が生きていくための自然環境が整ってきたところで、いよいよ人類の祖先の出現である。これは偶然のことではない。親さまはコンピューター以上の、まさしく超超能力で、さきのさきまで計算しておられたのである。

はじめて地球上に霊長類を誕生させたとき、親さまは考えられたことだろう。

——さあ、この霊長類をして、他のすべての動植物を支配せしめる神に近い存在となそう。では、余（神＝「核《かく》の超神霊《ちょうしんれい》」）の遺伝子を分けてやろう。

と。

こうして、人類は文字どおり万物の霊長となり、この地球上であらゆる動植物を支配してきた。

その発生の当初において、わたしたち人類は「核《かく》の超神霊《ちょうしんれい》」親《おや》さまにより、たんに両親の形質《けいしつ》を伝える遺伝子《いでんし》のほかに、もうひとつの霊的な遺伝子《いでんし》ともいうべき「霊子《れいし》遺伝子《いでんし》」、すなわち神の分けみたまを授けられていたのである。

これが、人間と他の動物とを分かつ点であることはいうまでもない。

いまからおよそ一千万年前、人類の祖ともいえる霊長類が誕生したとき、親さまは自らつくりたもうたそのものを見られて、また考え、かつ、ねがいかけられたことだろう。

――このものたちは、将来はきっと余と同じような神となって、かならず余のふところへと帰ってくるように……。

と。

人類の長い進化の歴史を通して、その肉体を構成する要《かなめ》たる遺伝子《いでんし》には、さまざまの宇宙エネルギーが作用してきたはずである。ときには、強力なエネルギーの作用で突然変異をおこしたこともあったろう。このことは、人類が神から与えられた「霊子《れいし》遺伝子《いでんし》」についても、まったく同じことがいえる。

そして、それらすべてを神は見通されている。はるか二百億年も昔から現在にいたるまで、宇宙の歴史、人類の歴史のすべてを神は見通されているのだ。つまるところ、この天地創造の一大ドラマも悠久の宇宙の歴史も、全知全能の「核の超神霊」親さまの企画にほかならないのである。

（大霊界シリーズ⑩「神とエネルギー」P22〜23）

神から人間のみが「霊魂」を与えられたことが、人間と動物との決定的な違いである。これが初代教祖の唱える霊理論です。猫や狐による霊障はなく祟りは迷信と断じるのも、ここに根拠があります。

そして核の超神霊はまた、人間にのみ「霊子遺伝子」を与えられた、としています。文中の宇宙エネルギー作用、「強力なエネルギーの作用で突然変異をおこしたこともあったろう」というのは、進化であり、また異常な悪想念をもってしまう人間の魂を意味しているのでしょう。のちに詳しく触れますが、しかしながら、この霊子遺伝子というものを持っているからこそ、人は神と想念で結びつくことができる、というのが初代教祖の主張です。

天命界にすまう超神霊たち

聖天界にすまう格の高い神霊といえども入るのがむずかしいほど、天命界は隔てられた特別な世界です。

その間に立ちふさがる「火の壁」とは、天命界が別格の世界であることと、容易には立ち入れないという意味合いが込められた表現だと解釈できます。すべてのエネルギーの源流である「核の超神霊」素の神がすまうのは、この天命界の奥の奥とされます。

ところで神霊能力者にも段階があります。聖天界からのエネルギーの波動を感知できれば、聖天界以下の霊を浄化することと、人間の魂を救済すること、つまり憑依霊の浄霊ができる者ということになります。次は、さらにその上の、天命界の波動についての記述です。


わたしのいう天命界の波動とは、宇宙大霊界に遍満する神霊エネルギーをもふくめた、この超巨大宇宙大霊界エネルギーのことである。

現在までのところ、わたしたち人類が開発し得た最大のエネルギー体は水爆である。しかし、その水爆でさえ、宇宙大霊界全体からみれば微小エネルギーとしかいえない台風エネルギーの、およそ百分の一にすぎないのだ。

ちなみに、天命界波動従事者となれば、超巨大宇宙エネルギーさえも、ある程度自由にコントロールできるはずであるが、生身の人間が、直接天命界よりエネルギーをひくことは絶対に不可能である。なぜなら、聖天界と天命界のあいだには火の壁といわれる難関が存在し、どんなに浄化された魂であっても、生身の肉体をもった人間であるかぎり、その難関を通過することはできないからである。この火の壁を通過し得るのは、神霊のうちでもごく少数の神霊に限られている。

そして、それら天命界に転入し得た神霊となると、もはやたんなる神霊にあらず、現界人の想像をはるかに絶する驚異的な力をもった超神霊《ちょうしんれい》（宇宙大神霊）とよべるような存在となる。

したがって、わたしたち現界人が天命界波動従事者となるためには、天命界に存在する超神霊《ちょうしんれい》（宇宙大神霊）の介在ということが必須の条件となってくる。

（大霊界シリーズ④「迷信と地獄」Ｐ１６３）

私たち日神会における神霊治療は、超神霊のエネルギーをいただいて行う浄霊法です。そのエネルギーをひくのに、介在が欠かせないとする天命界の超神霊についての詳しい記述が、次のとおりです。くり返しになる部分がありますが、かつての守護神の天命界入りの経緯や、それぞれの超神霊の役割りも書かれていますので、紹介します。

天地創造の神（素《す》の神）は二十世紀から二十一世紀にかけての今日、我が子・人類のありようを憂《うれ》えられてか、その将来を見通されてか、今から三十年ほど前――つまり、わたしが四十歳代のころのことであるが――、当時のわたしの守護神であられた聖天恩祖主本尊大神《せいてんおんそすほんぞんおおかみ》を超神霊世界である天命界《てんめいかい》へと招かれた。

そして、素《す》の神は聖天恩祖主本尊大神《せいてんおんそすほんぞんおおかみ》に対して、天命界《てんめいかい》に人類の魂のふる里である神々の王国を建設するよう、命じられたのである。聖天恩祖主本尊大神《せいてんおんそすほんぞんおおかみ》は、もちろん素《す》の神の命《めい》に従い、以後、天命界《てんめいかい》で神々の王国の建設をすすめられ、現在はその運営と統轄《とうかつ》の任に当たられている。

つぎに、今から二十数年前、素《す》の神は今度は、わたし・隈本確《くまもとあきら》の魂の親さんであられた聖地恩祖主本尊大神《せいじおんそすほんぞんおおかみ》を天命界《てんめいかい》へと招かれた。そして、聖地恩祖主本尊大神《せいじおんそすほんぞんおおかみ》は、天命界《てんめいかい》において素《す》の神より直接に合体の修行、ご薫陶《くんとう》を受け、日神会の守護神として必要なあらゆる超神霊の修行を積まれたのであった。（中略）

また、平成六年より、日神会《にっしんかい》ではご守護神・聖地恩祖主本尊大神《せいじおんそすほんぞんおおかみ》の呼称を神ご自身のおはからい、神示によって『聖《ひじり》の親様《おやさま》』とし、これをうちだしている。

聖地恩祖主本尊大神《せいじおんそすほんぞんおおかみ》を『聖《ひじり》の親様』と呼称するそのわけは、天地創造の神（素《す》の神）の直系であられる聖地恩祖主本尊大神《せいじおんそすほんぞんおおかみ》に対して、わたしたち人間がなんのわだかまりも気がねもなく、心の垣根をとりはらって近づけるように、との神ご自身のお心に根ざしている。日々、わたしたちはご守護神・聖地恩祖主本尊大神《せいじおんそすほんぞんおおかみ》より「愛慈想心《あいじそうしん》」をいただき、また、わたしたち人間のほうでもご守護神に対して「愛慈想心」でお仕えしていく、その場合に『聖《ひじり》の親様』という親しみやすい呼称が必要だったのである。

日神会で行われている神霊治療（浄霊）においては、会長であるわたしをはじめ全神霊能力者が、すでに一九九〇年ごろより、ご守護神（聖地恩祖主本尊大神《せいじおんそすはんぞんおおかみ》）に対しては『聖《ひじり》の親様』という呼称を用いて、超神霊のエネルギーをいただいている。

（「大霊界 神々と霊族と人類」P353～355）

ここに出てくる「愛慈想心」の「愛」には「いとしむ」という意味があり、「慈」には「いつくしみ」、母が子を大切に育てるような意味があります。初代教祖は「愛慈想心」について、天地創造の神である核の超神霊が、分け御霊《みたま》を授けた人間に対する深い心、「我が子である人類に対して、愛し、慈しみ、想う心」である、としています。

「核の超神霊」の分け御霊である超神霊たち

この大霊界には、超神霊と呼ばれる存在が、どれほどあるのでしょうか。霊界の高い段階にある神霊たちでさえ、天命界に入るのは難しいと、初代教祖は述べています。

ただ、超神霊、神霊、高級霊も、人間に憑依することで救われたいというメッセージを発している低級霊にしても、そして現界に生活している私たち人間もまた、霊的生命体という点では、共通した存在です。考えてみると不思議な思いにかられますが、それが大霊界というものなのです。

また、天地創造の神(素《す》の神)は、広大無辺の大霊界をつくられたとき、その要所要所を運営、統括《とうかつ》するために(つまり守護するために)、素《す》の神ご自身のお命を分けて「分《わ》け御霊《みたま》」を創造され、その任に当たるようなされた。

その身近な例が、太陽の守護神であり、月の守護神である。太陽は物理的な光や熱、いろいろな放射線というエネルギーを放射し、地球上の生物に大いなる恵みを与えているが、わたしは、この太陽を支配する守護神と交流し、そのエネルギー（お力、お働き）をいただくことができる。

このことに関連して、科学的に説明はできないが、わたしがつくづく不思議だと思うことがある。

光は、一秒間に地球を七まわり半する。これが、光速である。その光の速さで、太陽から地球に光が届くには、約八分かかるという。わたしたちが、「ああ、今、太陽が地平線にしずんだね」といったときには、実際には太陽は、すでに八分前にしずんでしまっていた、というわけなのだ。

ところで、わたしは時おり自宅での朝の祈りの際、縁側にでて太陽神（太陽の守護神）に『聖《ひじり》の神』のエネルギーを送る祈りを行うことがある。それは時間にすれば二分ほどのことなのだが、いつも祈り始めて大体三十秒もすると、パーッとまわりが明るくなってくるのである。（中略）

これこそが、神霊速というものである。超高度の永遠のエネルギー体である超神霊であられるからこそ、太陽神はこのようなお力をもっていらっしゃるのだなあ、とわたしは実感せざるを得ない。

（中略）

そのほかにも、この宇宙界全体を運営、統括《とうかつ》される神をはじめとして、さまざまの神があられる。これらの神々はすべて生命体であられ、永遠の命をもたれている。
このように人間の知恵や力を超えた、超越的、究極的な最高存在であられる、それが「神」である。わたしたちが生きているあいだに、あらゆる機会をとらえて、こうした超神霊と交流、おつき合いをしながら祈りの生活をつづけていくということは、今、自《みずか》らの魂が救済されるばかりでなく、将来、それが超神霊となるためのたいせつな糧《かて》となるのである。

（「大霊界 神々と霊族と人類」Ｐ２１６〜２１７）

超神霊たちは、地球、宇宙を含めた大霊界がとどこおりなく運営されるように、それぞれが役割りを担っているとあります。もちろん、人間も含めた、霊的生命体を守る守護神としての役割りを果たすこともあります。その究極の目的は、大霊界のすべての歩みをとどこおらすことなく、守り導くことといえるでしょう。たとえば、超神霊である月の守護神の役割りは、次のとおりです。

月にしても、しかり。
地球上の海水。何兆トンあるものか科学的には計算もできないような大量の海水を、月はその引力によってひきよせる。すなわち潮の干満《かんまん》であるが、この巨大なるエネルギーはどのようにして発生するのか。現代の科学の力では、見当もつかない。月にこうした巨大なエネルギーを発生させる動因として月神があられることも、わたしは十年あまり前から確認している。そして月神とはすでに数十回、いや数百回と、人間界でいうところの友人以上の親密な交流をしている。

（「大霊界 神々と霊族と人類」P331〜332）

地下神界にすまう超神霊

長きにわたる初代教祖の神霊研究で、分かってきた大事なことがいくつかあります。魔界と恐れられる下界に神霊・超神霊世界があるということも、その一つです。幽界をはさんで下界には、夜叉界、濁王界、陰王界、夜王界など、さまざまな地獄界が続きますが、その夜王界の深奥に広がるのが、地王界《じおうかい》です。著作にある、地獄界めぐりの霊界探訪から、夜王界の下の段階にある地王界についての記述を、まず紹介します。

そこは、あたかも太古の世界を彷彿《ほうふつ》させる、がらんとした空間の広がりであった。いっさいの文明の利器は存在せず、建造物すらも見あたらない。

そして、この地に生活する霊人たちはと見れば、すべて石像かと見まごうばかりの静けさをたたえている。ここ地王界《ちおうかい》とは、白亜の石像さながらの霊人たちが、各人各様のやり方で生活している場でもあった。

わたしは、じっと霊眼を凝らすと、その霊人たちの顔をしげしげとながめ、思わず息を飲んだ。なんと端正でりりしく、そして典雅な顔立ちをしているのであろうか。目はどこまでも澄みわたり、深い静けさの裡《うち》にも、ある種の威厳を感じさせる光をたたえている。

移動する姿、すなわち現界的にいえば歩く姿であるが、これがまた、なんと気品に満ちた優美なものであることか。

わたしは、これら霊人たちの無音、無息の静けき動きのなかに、神域を思わせる霊流を強く感じて、なんともいえない違和感にとらわれた。ついさきほど、濁王界《だくおうかい》、陰王界《いんおうかい》、夜王界《やおうかい》と、地獄をめぐってきたそのときのことが奇妙な悪夢のようにさえ思われた。

——しかし、ここは神界だ。ここは、神の世界である。

この地に生活する霊人たち、まさしく神である。その風貌といい、典雅きわまりない動きといい、高き神界にしかあり得ない美の波動をもっている。

(中略)

万物に陰と陽とがあるごとく、やはり、神の世界にも陰と陽とがあったのである。上界のずっと高いところに光満ち満つ神の世界があれば、それに呼応するように、地下何千尺をはるかにこえた彼方の下界には、静けき神々の住む世界があったのである。

(大霊界シリーズ⑤「神と魔界」P174~176)

私はよく、現界と霊界はフィルムのポジのネガのように表裏一体となったもの、と説明します。霊界の上界と下界との関係に、陽と陰の神界を見るのも、それに通じるような気がします。つまり、どちらか一方だけでは成り立たないのが大霊界だ、ということです。陽と陰、ポジとネガがともにあってこそ、大宇宙や地球、霊界と人間の世界を含めた大霊界が成り立っている、ということになります。

初代教祖は、地王界のさらに奥、下界の最深奥にある大地王界《だいじおうかい》について、次のように書き記しています。

ここ大地王界《だいじおうかい》には山も川も草木もあった。が、その様相は、現界のそれとはまったく異質なものである。この大地王界《だいじおうかい》においては、すべてが硬質の水晶のような物質から成り、それが透明な光を受けて、きらきら、きらきらと輝いている。

大地王界《だいじおうかい》も、やはり静寂の美の世界であった。ここには、その透明な空気を乱すわずかな物音もなく、ただどこまでも、透き通る水晶の沈黙の世界がつづくばかりだ。まさに、瑠璃《るり》の国、玻璃《はり》の国とでもよぶべきか。

ふと霊眼《れいがん》を凝らしてみれば、ここで生活する神霊たちもまた透明な水晶の輝きをもち、その風貌は観音像のそれである。そして神霊同士、無息無音の会話を交わしている。この地に住む神霊たちは、音声にはだささず想念だけで自由自在に会話することができるのである。

（中略）

わたしは、この瑠璃玻璃《るりはり》の国・大地王界《だいじおうかい》の中でも、ひときわ目立つ水晶の神殿に踏みいった。そこに、大地王界《だいじおうかい》の中心となる超神霊《ちょうしんれい》の存在があった。その容貌は、やはりきらきらと静《じょう》の輝きに荘厳《しょうごん》された聖観音像《せいかんのんぞう》のそれであった。端正な、この上なく端正な、典雅な風貌だ。

この超神霊《ちょうしんれい》・大地王《だいじおう》の姿に接して、わたしは、東洋人が太古の昔からいだきつづけてきた聖観音像に対する無意識的な憧憬について、ふと思いあたることがあった。そこには、代々受け継がれてきた人類の遺伝的想念とでもよべるものが流れているのではないか――。

ともあれ、夜叉界《やしゃかい》、濁王界《だくおうかい》、陰王界《いんおうかい》、夜王界《やおうかい》という凄絶なる地獄界を突きぬけた、その深奥の大地王界《だいじおうかい》には、やはり地獄界を統括し、地獄霊たちを救い導くべく大地王《だいじおう》という超神霊《ちょうしんれい》の存在があったのである。

わたしはこれまで、霊が救済されるためには天命界《てんめいかい》からの霊流をどんどん浴びて、浄化されることの重要性を説いてきた。この場合の霊とは、幽界《ゆうかい》より上の段階にいる霊をさしている。しかし、幽界《ゆうかい》より下の地獄界について見てきたいまでは、ここにもうひとつの真理が見出せる。すなわち、地獄界で苦しむ霊人たちは、地核界《ちかくかい》の最深奥にいる大地王《だいじおう》よりどんどん霊流を浴びることによって、すこしずつ、清浄なる地下神界へと向上していくことができるという事実である。

要するに、わたしたち人間は死後、幽界《ゆうかい》から上界に進んでも下界に進んでも、長い歳月をかけてけっきょくは救われるという、大宇宙の神霊法則のもとにおかれているわけである。

（大霊界シリーズ⑤「神と魔界」Ｐ１７７〜１７９）

ここでは、地獄界に苦しむ霊人たちを救い導く地下の超神霊、大地王の存在が述べられます。では、そもそも、なぜ地獄があるのか。分け御霊を授けるほどに人類をいとしむ、天地創造の神・核の超神霊（素の神）であるなら、地獄界などつくらなければいいのに、と思われる方もいることでしょう。

この疑問について初代教祖は、霊界入りに反映される、人間の現界での生き方にスポットを当てて説明しています。悪想念にどっぷり浸かった人間が、霊界入り後、いきなり上界で霊的生活を始めても、魂が混乱するばかり。

つまり、地獄界は、現界での想念に合った世界であり、神のはからいである、というのです。むろん、神のはからいは、その一点だけではありません。

天界を見わたせば天界の神々を守護する守護神があられ、地獄界には、地獄界なりの守護神があられる。一般に、地獄界とは魂がたいへんに苦しめられるところであると思われているようだが、わたしはそうではないと思う。それは、地獄界に落ちていく霊に対して、そこで徹底的に己《おのれ》の魂の浄化をはかるようにという、天地創造の神（素《す》の神）のおはからいによるものではなかったか。つまり、地獄界というのは、人間界で無意識のうちといえども悪想念をたくさん身につけてしまった魂（霊的生命体）の浄化が行われるための世界ではないか、わたしはそのように思うのである。
この地獄界の最深奥《しんおう》には地下神界があり、そこにも守護神があられる。地獄界に落ちて修行のため、難行苦行のただなかで一生懸命に自己の浄化をはかっている魂（霊的生命体）の守護神として大地王《だいじおう》の神があられることも、わたしはもう数十年も前から確認し、交流も再三行ってきている。

（「大霊界 神々と霊族と人類」Ｐ３３２〜３３３）

地下の超神霊である大地王は、いわば下界を治める超神霊です。その大地王は、いよいよ最上界にある天命界のエネルギーに呼応する形で、下界もふくめた輝きある大霊界を築きはじめている、と著作にあります。万物に陰と陽があるように、神の国にも陰と陽がある。天と地が、それぞれのはたらきを果たしながら、呼応し合って、大霊界がいよいよ輝きを放つということでしょう。
このように下界は下界として霊人たちが修行を続け、向上をはかる場であるとしながら、初代教祖は、現界に住む私たちに、「それでも地獄界には行くべきではない」と断言します。

地獄界で苦しむ霊人たちは、地下神界の深奥《しんおう》にいる大地王《だいじおう》よりどんどん霊流を浴びる

ことによって、すこしずつ、清浄なる地下霊界へと向上していくことができるのである。

要するに、わたしたち人間は死後、幽界《ゆうかい》から上界にすすんでも下界にすすんでも、長い歳月をかけて最終的には救われるという、神霊法則のもとにおかれているわけである。

そしてわたしは、こうしたことをすべて承知した上で、なお、強くいいたい。わたしたちは死後、絶対に地獄へ行くべきではない、と。

（中略）

現在では、わたしの会（日神会《にっしんかい》）の守護神霊のご一柱ともなられている、大地王本尊大神《だいじおうほんぞんおおかみ》がそうであられたように、十億年という歳月をかけて地獄界で修行を積み、そうして、輝くばかりの超神霊となって天地創造の神のもとへ帰り着く、このような魂としてのいき方もあるのではあるが、やはり、わたしたちは肉体人間としての生を終えたなら、一刻も早く魂のふる里たる超神霊世界へと帰り着くことが正道であろう。

知らなかったからとはいえ、道に迷って何万年、何億年ものあいだ、日の当たらぬ陰惨な裏の世界で悪鬼《あっき》、地獄霊としてすごすほうがよいか、まっすぐに神への道をのぼっていくほうがよいか――、これはもう当然、霊界入り後のはじめの一歩から、神の子としての道をまっすぐにすすんでいくほうがいいに決まっている。

わたしは、このことを五十年にもおよぶ神霊治療（浄霊）の体験をとおして、はっきりと知っている。というのも、三十年、四十年にわたる重い苦しみをかかえてわたしのもとを訪れる多くの浄霊依頼人の方々に接してきて、わたしは、それらの方々の苦しみの原因が、しばしば古い時代の霊であることをつきとめているからである。それら、多くの浄霊依頼人の方々を苦しめて、霊障をおこしているその霊の実体といえば、百年、五百年、千年はいうにおよばず、五千年、一万年とさかのぼった古代霊の場合もあるのだ。

憑依霊《ひょういれい》の実体を知れば知るほど、霊界入り後は絶対に地獄に行ってはいけない、ということを痛切に感じるわたしである。

（「大霊界　神々と霊族と人類」P59〜60）

日神会長崎聖地の聖礼拝堂の正面玄関わきには、大地王本尊大神の大理石神像がそびえています。これは地下の超神霊界より、地上に超神霊のエネルギーを放射するために、初代教祖が招魂し、御霊鎮めがされたものです。

超神霊の大いなるエネルギー

エネルギーの源流を求めて

さまざまな著作からも分かるように、超神霊のエネルギーは神霊治療（浄霊）に欠かせないものです。

大霊界と初代教祖が、深く関わるようになった、そのきっかけが浄霊（神霊治療）であったことを考えれば、初代教祖が神霊エネルギー研究へ向かったのも当然のことでした。

ところで、強制的に憑依霊を外す除霊法にせよ、憑依霊を浄化救済する浄霊法にせよ、霊は外しても、憑依で傷んでしまった肉体が修復されるまで時がかかります。

憑依した霊エネルギーによって傷ついたものなら、傷をすみやかに修復するエネルギーもあるのではないか、あるのなら見つけたい、初代教祖はそう考えたのでした。

二十代から四十代にかけてのわたしは、暇をみつけては、長崎市内の山という山をめぐり歩きました。わたしはここで、動植物を生かしている自然界のエネルギーというものを肌で感じながら、そのはたらきについて模索しつづけました。(なお、この間に、わたしの霊障に対する処置の方法は除霊法と浄霊法との併用から、浄霊法一本にきりかわっています)

石や岩石が発するエネルギー、わきいずる水が発するエネルギー、うっそうとしげる樹木が発するエネルギー。さらに、天界から発せられるエネルギー、大地そのものが発する地核エネルギー……。

あるときは山道を歩きながら、またあるときはわき水を口にふくみつつ、またあるときは山の頂上で天空を仰いだり、大地に大の字になって寝そべったりしながら、わたしは、いろいろな自然界のエネルギーの実体について、わたし自身の霊的アンテナで探求しつづけたのです。

その結果、わたしは、もうこの地上界にはわたしが求めるエネルギーは存在していない、ということが分かりました。と同時に、わたしは天界のエネルギー、地核のエネルギーに、神霊能力者としてのわたしの活路がひらかれていることを、はっきりと感じました。

「そうだ。霊障による心身の損傷を即座に、目の前で解消したければ、この地上界のエネルギーだけではだめなんだ。宇宙のもっともっとかなたにある未知のエネルギーを十分にひかなければだめなんだ!」

（中略）

あるときは月をたずね、またあるときは火星をたずね、こうして十余年の歳月をかけて、わたしの中で徐々に、宇宙を流れるエネルギーの実体が解明されていったのです。

さきほどもちょっとお話ししました、わたしが現在ひき得る最高の超神霊《ちょうしんれい》のエネルギーは、この十余年にわたる日々の霊界探訪から得られた貴重な宝といってもで過言ではありません。

（「超神霊」Ｐ２４０〜２４１）

そうしてたどりついたのが天地創造の神・核の超神霊という存在でした。この霊界論は、現代に生きる人々には、にわかには受け入れられないことかもしれません。

現代文明はついに人工知能を生みだし、さらなる情報化が進みつつある時代。けれども、その一方では、霊憑依による肉体や精神の苦しみに悩む人は減るどころか、ますます増えています。

時代が抱える、こうした大きな矛盾を、初代教祖は超神霊の存在を中心にすえて、解明しようとします。

わたしは、はじめに神はエネルギー体であり、そして、その神がつくられた宇宙も地球も、地球にすむ人類も動植物もすべてエネルギーである、と申しあげた。

それならば、科学も医学も哲学も宗教も、すべては神のエネルギーの支配下にあって、本来、たがいに協調して発達していくべきものであって、決して対立すべきものではないはずだ。

ところが近代以降、人間はその大もとのエネルギーである神を忘れて、科学者は科学だけを、医学者は医学だけを、哲学者は哲学だけを、宗教家は宗教だけを追求しつづけてきた。

そして、現代――。すべての科学や学問がますます専門化され、細分化され、多様化されつつある。だが、このような状況下では、根本のところをしっかりとつかんでいないかぎり、対立と抗争、そして内部分裂が発生しないはずがない。闘いは、たがいに相手がのびる力をそぐ。

ここでわたしがいう根本のところとは、もちろん神のことだ。大もとの、エネルギー体としての超神霊《ちょうしんれい》（「核《かく》の超神霊《ちょうしんれい》」）のことである。

この大霊界も、宇宙も、地球も、人類も、その他の動物も、植物も、鉱物も、すべてはエネルギー＝神の支配下にある。現象界のすべては神のあらわれであり、神の相《すがた》そのものである。

ならば、科学も、医学も、哲学も、宗教も、すべては神のエネルギーの世界でつながっているということになる。それぞれが、ともに手をたずさえていくところに、それぞれのより大きな発展があることはいうまでもない。

（中略）

わたしたちは、なにをするにしても枝葉だけにとらわれてはならない。科学や医学を研究するにしても、芸術をするにしても、武道をするにしても、宗教を実践するにしても、その心を忘れてたんに小手先の技術や理論、理屈のみに走れば、豊かに果実を実らせることはできないはずである。

いままさに、「核《かく》の超神霊《ちょうしんれい》」素《す》の親《おや》さまを元《もと》として、人類の学問、科学、文化のすべてが交流し合わなければならないときにきている。さもなければ、人類の未来はほんとうに絶望的だ。

（大霊界シリーズ⑩「神とエネルギー」P179〜181）

次ページの図2は、天体、地球、地球のあらゆる生物や鉱物などの物質、霊界も含め、万物が大もとのエネルギーを媒体としてつながっていることを表したものです。そして、大もとのエネルギーが、核の超神霊のエネルギーということになります。日神会で行われている神霊治療（浄霊）も、この大もとのエネルギーをいただいて行われますが、その「エネルギー療法」の原理とは、次のようなものです。

この大霊界から見れば、地球をふくむ五千億光年宇宙界も、まことにアワ粒のような存在である。そして、大霊界の「火の壁」を通りぬけたところに最高の神界である「天命界《てんめいかい》」が広がっている。

図2　万物はエネルギー（大もとの神）を媒体としてつながっている

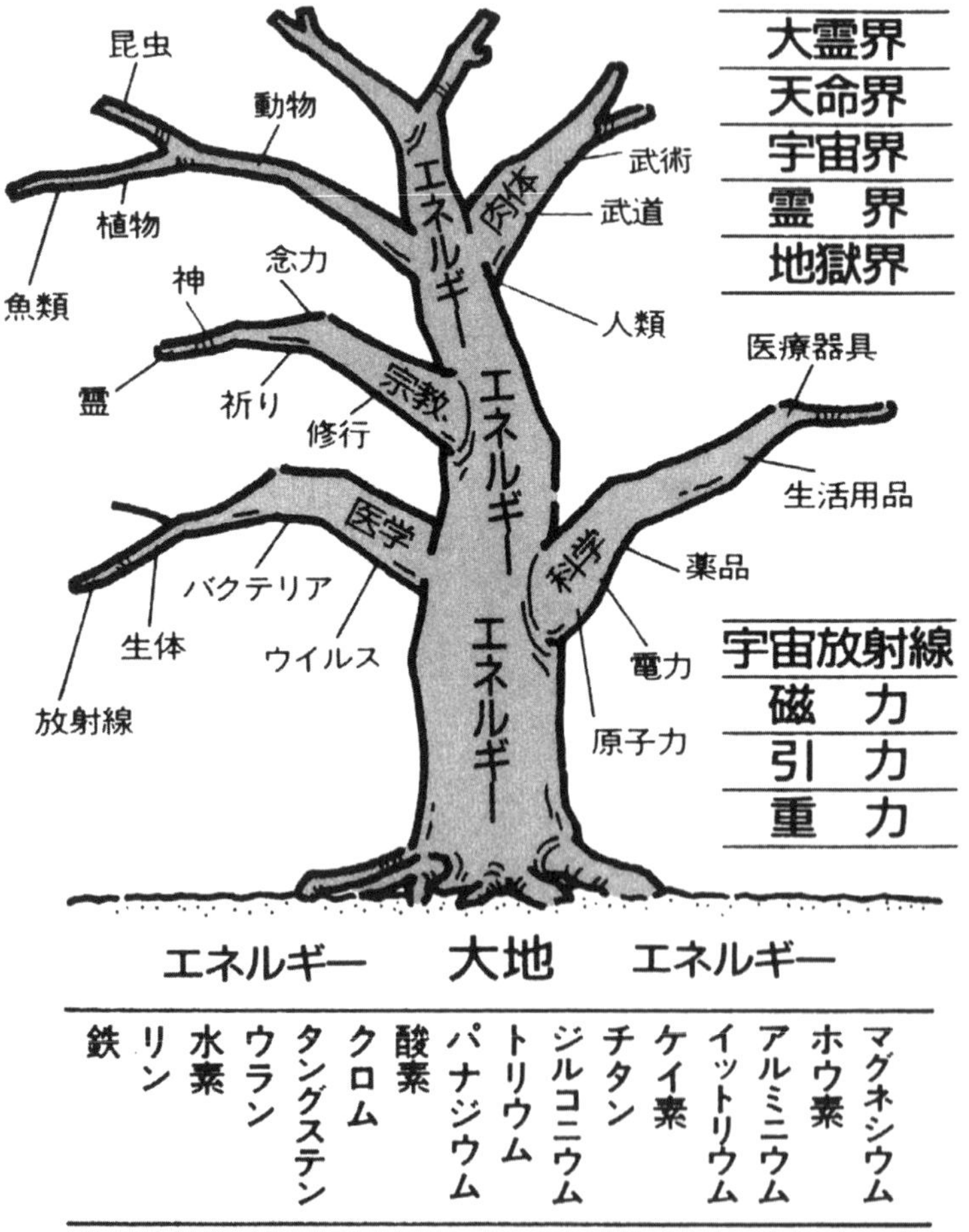

全大霊界、全宇宙、地球、人類、動植物にいたるまで、すべてエネルギーの支配下にある。また、人類の病気、健康、長命もエネルギーぬきでは考えられない。とくに科学、医学、宗教はエネルギーを媒体として密接な関係にある。

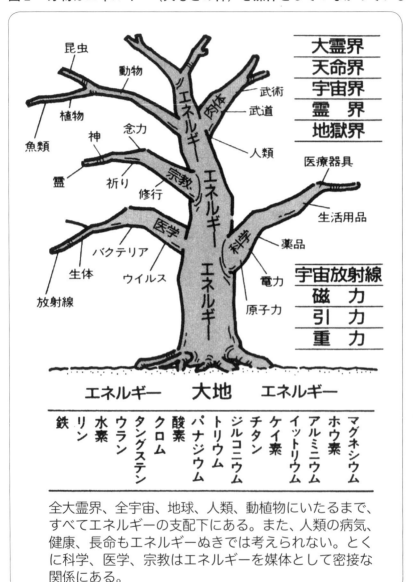

天命界《てんめいかい》の上層部には「命生界《めいせいかい》」と「命消界《めいしょうかい》」という、まったく対照的な世界の存在がある。命生界《めいせいかい》とは、大霊界の神霊もふくめ、すべての生命を生かす作用をもつエネルギーを放射する世界であり、命消界《めいしょうかい》とは、大霊界の神霊もふくめ、すべての生命を消滅させる作用をもつエネルギーを放射する世界である。

さらに、この天命界《てんめいかい》の奥の奥に「核《かく》の超神霊《ちょうしんれい》」素《す》の神《かみ》の存在があり、まさしく、この「核《かく》の超神霊《ちょうしんれい》」こそは、宇宙界をふくむ大霊界のすべてのエネルギーの支配者であり、総元締めであるのだ。

そして、わたしどもの日神会ではこの大霊界の基本である「核《かく》の超神霊《ちょうしんれい》」素《す》の神《かみ》、親《おや》さまのエネルギーをひくエネルギー療法を行っているというわけだ。つまり「核《かく》の超神霊《ちょうしんれい》」が発せられるエネルギーを、わたし・隈本確《くまもとあきら》が自らの体をとおして地上にひきこみ、これをみなさまがたにお分けしているのである。この場合、わたしの肉体は一種のトランス（変圧器）としてはたらいていることになる。

天地創造の神「核《かく》の超神霊《ちょうしんれい》」は万物の創造主であれば、この大霊界に存在する神霊をふくむ、すべての生きとし生けるものの大もとの神である。

しからば、その神のエネルギーをもって、霊の浄化、救済（つまり、霊障の解除）もできれば、宇宙放射線による障害も解くことができる。さらに、人間自身の心身のエネルギー不調までをも解消することができる、という道理が成り立つのである。

（大霊界シリーズ⑪「21世紀の実在する超神霊」P175～177）

超神霊世界と地球との関係や、超神霊世界から核の超神霊のエネルギーをひくことを分かりやすくあらわしたものが図3です。

この神霊治療（浄霊）は、憑依霊を瞬時に浄化し、同時に霊憑依によって傷ついた肉体を強大なエネルギーによってすみやかに癒すもので、次の文中にもあるように、まさに宇宙エネルギー療法と呼べるようなものでした。その開発への道のりは平たんではありませんでしたが、現在、初代教祖の想いとともに、私や若い神霊能力者たちへと受け継がれています。

ほぼ四十歳をひとつの節目として、神霊能力者として本格的に宇宙エネルギーの開発にのりだしたわたしは、四十歳の半ばをすぎるころには、かなりの成果をおさめていた。当然、わたしの神霊治療（浄霊）能力は、また一段と向上した。そして、このころになると、依頼人にとりついた低級霊を浄化して高き霊界へと送りこむことともに、依頼人の方々に、わたしがとりこんだ、心身を活性化する宇宙エネルギーを分けてさしあげる仕事が大きな部分を占めるようになっていった。

その意味で、わたしの神霊治療（浄霊）の仕事は、文字どおり浄霊でありながら、同時に超神霊《ちょうしんれい》のお力による、宇宙エネルギー療法ともいえるものになりつつあった。

（中略）

この大宇宙に遍満《へんまん》する、最高の超神霊《ちょうしんれい》エネルギーをもってすれば、現代医学で治ら

図 3　核の超神霊

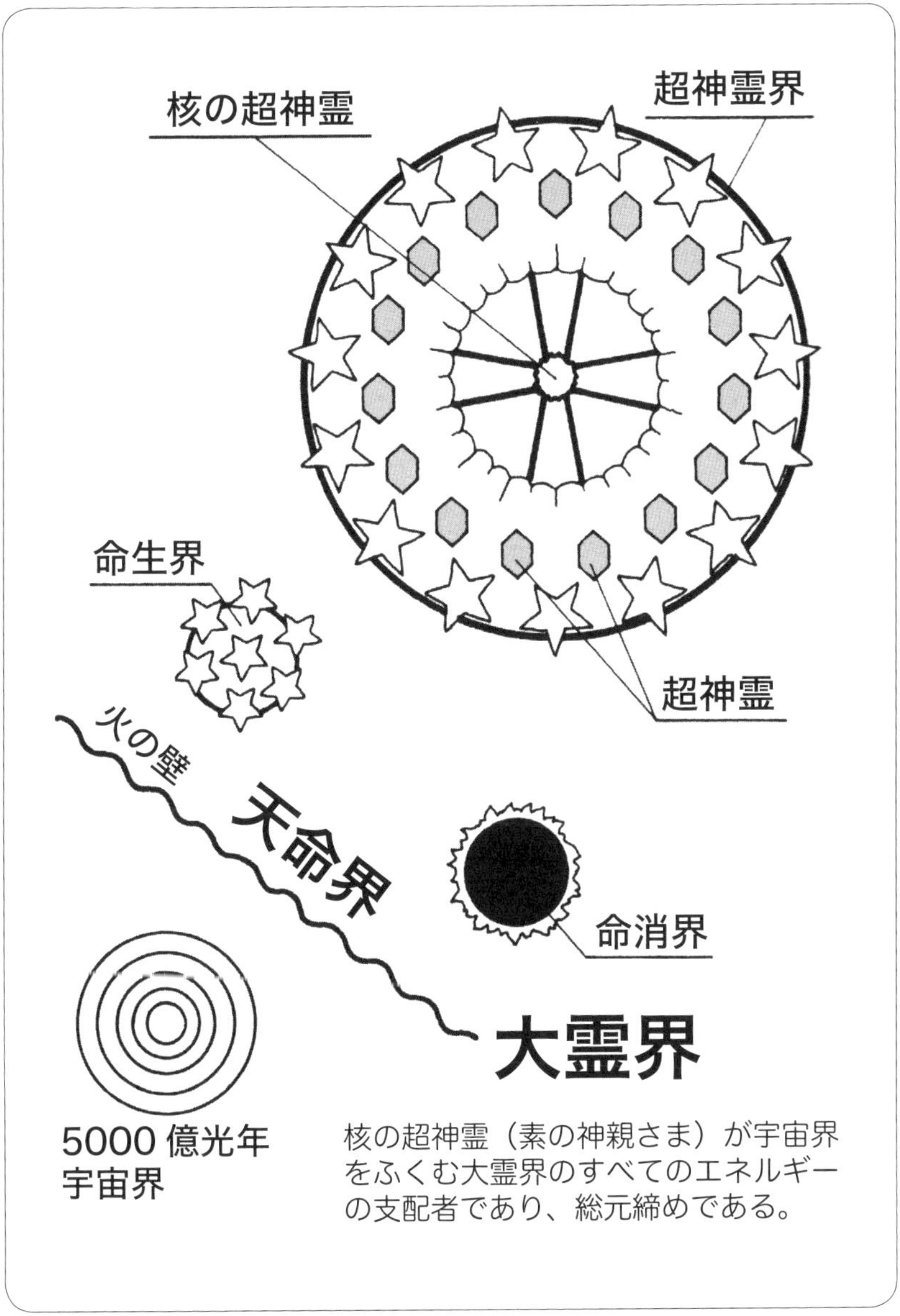
核の超神霊
超神霊界
命生界
超神霊
火の壁
天命界
命消界
大霊界
5000 億光年
宇宙界
核の超神霊（素の神親さま）が宇宙界をふくむ大霊界のすべてのエネルギーの支配者であり、総元締めである。

ない、また、治療がやっかいな多くの病気も解消（快癒）が可能のはずだ。

ならば、わたしはその偉大なる超神霊《ちょうしんれい》のエネルギーを自在にひいてみせよう！

五十歳になるころ、このように、神霊能力者としての大目標の照準がピッタリと定まった。もはや、超神霊《ちょうしんれい》のお力（エネルギー）を信じるわたしの想いは揺らぎのない確信となり、また、そのお力を十全にいただこうというわたしの気概は、揺らぎのない信念となっていたのである。

こうして、五十六歳を迎えたいま、わたしが信じた道が正しかったことは着々と証明されつつある。そのなによりの証拠は、神霊治療（浄霊）能力の向上ということである。

そして、わたしにとってもうひとつのひじょうに喜ばしいことは、わたしの指導のもとに若い神霊能力者たちが着々と育ちつつあることだ。

（大霊界シリーズ⑩「神とエネルギー」P107〜110）

超神霊のエネルギーは何千もの憑依霊を瞬時に浄化する

従来の除霊や浄霊は、次の文中でも分かるように、かなりの時間と手間が必要でした。依頼人を前に、どんな霊が憑依しているかを確認したうえで施術がなされるのが一般的で、除霊・浄霊が済んだ後は、依頼人を休ませ体が回復するのを待って帰っていただくのがふつうでした。当然、苦しむ多くの依頼人を長時間、順番待ちさせることにもなります。

超神霊のエネルギーをいただく神霊治療は、その問題を解決させるものでした。それを可能としたのが、超神霊エネルギー最大の特性である、そのパワーの強さにあります。


わたしの会では、依頼人にとりついている霊を一体一体よんで浄霊する、などというう手ぬるいことはしていない。これでは、何十、何百、場合によっては何千体という霊にとりつかれている人を治すのに、いったい何年かかるのだろうか！　しかも、一体の霊を浄霊したそのかたはしから、また新手の霊がやってきたとしたら……。これは、ほとんど絶望的なことだろう。

わたしにいわせれば、このような浄霊のやり方自体、唯物論《ゆいぶつろん》的な知恵の浄霊法というこことになる。一体の憑依霊《ひょういれい》を浄霊すると一体へる、もう一体浄霊すると二体へる……というわけなのだが、本来、霊界とは、このような計算をこえた世界なのだ。

二十年、三十年と霊障で苦しんでいる方々に、わたしはいいたい。どうか、わたしの超神霊《ちょうしんれい》のエネルギーをすなおに、無心に、あなたご自身の胸の神の世界におひきなさい、と。すると、何百、何千という憑依霊《ひょういれい》が、いっぺんにバラバラ、バラバラーッと浄霊されてしまうのだ。


（大霊界シリーズ⑩「神とエネルギー」Ｐ１５４〜１５５）

初代教祖が開発した神霊治療のもう一つの特徴は、その強い超神霊エネルギーを、神霊能力者が施術に扱うだけでなく、一般の方々が、自宅にいながらにして各自ひけるようにしたことでしょう。誰でもどこでも、超神霊のエネルギーを、胸の世界にひけるようにと開発された自己浄霊法です。この方法で超神霊のエネルギーをひく人たちを、超神霊の霊流奉持者と呼んでいます。決して難しい方法ではありません。

わたしが提唱している超神霊《ちょうしんれい》の霊流奉持者として救われる道は、教条主義のやり方とは逆である。すなわち、顕在意識帯《けんざいいしきたい》から超意識帯《ちょういしきたい》にいくのではなく、いきなり、超意識帯《ちょういしきたい》に超神霊《ちょうしんれい》世界の霊流を流しこむのである。そして、超意識帯《ちょういしきたい》から潜在意識帯《せんざいいしきたい》、顕在意識帯《けんざいいしきたい》へと、その霊流を流していくのである。

いっさいの人間的な知恵に頼らず、感覚器官にも頼らず、つまりは、日光のあの三猿の彫刻「見ザル、言ワザル、聞カザル」があらわす世界（想念界）である。

したがって、わたしの行っている超神道《ちょうしんとう》の霊流奉持による浄霊法には、なんの教条もなく、特別な修行もないのである。ただ想いの世界で超神霊《ちょうしんれい》の存在をすなおに信じ、謙虚に霊流をひきさえすれば、それでよい。誰でも、一瞬にして救われるのである。

もちろん、知恵でいろいろ学び、理解することもたいせつなことではあるけれど、まず観念的であることをはなれて、超神道《ちょうしんとう》の霊流奉持者になりきることが、より重要なことなのだ。

（大霊界シリーズ⑧「神と想念界」Ｐ１９４〜１９６）

顕在意識と潜在意識は、よく大洋に浮かぶ氷山にたとえられます。海面から突き出た部分が顕在意識です。顕在とは、はっきり形として現れるという意味で、顕在意識は物事を判断したり選択し決断する心の領域のこと。

海面下で、顕在意識の何倍もの領域を占めるのが潜在意識です。自分では意識しない領域であり、過去の考えや感情の貯蔵庫のようなもので、その人の行動や考えに影響をおよぼしている心のはたらきをいいます。

その潜在意識のさらに深奥にあるのが超意識帯です。胸にある魂の意識の領域であり、著作で繰り返し述べられる「想念界」（精神世界）というわけです。

明るく、澄みきった、りんとした精神世界は、いきいきと躍動するエネルギーの世界でもある。それは、当然、輝く高級神霊のエネルギーに感応する。すると、そこに思いがけず、ひらめくものがあるだろう。

思いがけず、ひらめくもの——、それは、高級神霊が人間の胸の神の世界（精神世界）になげこむ指令書、プログラム、さきほどのコンピューターのたとえでつづければ、ソフトというわけである。

つねに超神霊《ちょうしんれい》と交信をつづけている、わたしの場合もそうである。たとえば、人生上の問題でフッと迷ったり、考えこんだりしたとき、わたしは静かに自分の胸の世界を見つめる。そうすると、そこにかならず適確な答えが見つかるのだ。その答えは、文字や音声であらわれることもあれば、輝く映像であらわれることもある。また、ただ、あわい感覚のみが胸中に広がってくることもある。

しかし、いずれにしても、それは超神霊《ちょうしんれい》の存在が、わたしの精神世界になげこまれたソフト（指令書）なのである。もちろん、頭の知恵とはまったく関係のないことだ。

こうして、明るい想念エネルギーで満たされた精神世界になげこまれた神からのソフト（指令書）は、自ら発動する意志エネルギーという、もうひとつのソフト（指令書）と相まって、人生を大きく好転させていくのである。

わたしは長年の体験を通してこのことを痛いほどに実感しているので、自己の胸の神の世界（精神世界）にわきあがる想念エネルギーに対しては、「神の心にかなっているだろうか」と十二分の注意をはらっているし、また、つねに人生の目標を定めて、その目標達成に向けて燃えるような意志エネルギーを発動している。

（大霊界シリーズ⑩「神とエネルギー」P68〜69）

「胸の神の世界」（精神世界）について、初代教祖は、人間は自分の胸の中に神に通じる世界をもっている、と説明しています。

つまり、胸の精神世界は神との交流ができる世界だ、というわけです。素の神が人類に分け御霊を授けたことを考えると、納得できる理論といえます。

ところで著作には、「実在する○○」という表現が多く出てきます。「実在する超神霊」「実在する神」……。形だけの力ではない。呼び名だけの神ではない。実際に存在を確信できてこそ「真実の神」であるというのが、初代教祖の信念でした。

では、実在する神とはなにか。それは、あくまでも人間をこえた力、はたらき、術《じゅつ》をもった霊的存在であり、また、つねにエネルギーを放射している存在でなければならない。要するに、わたしたち人間が神と仰ぐからには、目には見えなくても、そのエネルギー体としての存在が確認できるものでなければならないのだ。

たとえば、目には見えない存在としてのエネルギーであっても、そのエネルギーをひきこむことによって心身の不調が治ったという場合には、そのエネルギーは実在の神霊が放射していたものであった、と断定してもよい。ちょうど、わたしが主宰している会（日神会）の神霊治療（浄霊）時に放射されるエネルギーがこれである。

しかし、そうはいっても、ふだんの生活のなかでは、どれが実在の神でどれが架空《かくう》の神なのか、なかなか見わけがつかないではないか、と、このように多くの方たちは反論されるかもしれない。そして、このように反論される方のほとんどは、これまで、せっかくの神のエネルギーをひくことができなかった、つまり、実在の神と交流できなかった方たちなのである。

（大霊界シリーズ⑪「21世紀の実在する超神霊」P51）

「実在の神」から放たれる神のエネルギーの受け方、ひきかたについては、神との交流の方法も含めて、次の項で解説していきます。

誰しもが超神霊の世界へ歩みだせる

神の子として生きるということ

超スピードで技術革新が進む現代にあって、人はそれに乗り遅れまいと必死に情報や知識を求めているようです。人類の幸せのために開発された技術にもかかわらず、なぜか、現実の社会を眺めていると、技術ばかりに光が当たり、人間がおいてきぼりにされている感があります。

『大霊界』シリーズを通して、神霊の力を追い求めながら、初代教祖が読者に伝えたかった側面には、そうした初代教祖の想いがあります。それは、一人ひとりが魂をもつ人間としての力をとりもどすこと。それが、大霊界の中に人間として生きる道だということです。

いま、わたしたちの住む人間世界はたいへんな混乱のときにある。痛むべきことに、人類の大半が魔に魅入られている。となれば、大方の現代人の未来における永遠の霊界生活も、もう決まったようなものである。

実に、わたしたちの魂は、地上界ですごす肉体人間時代の心のあり方しだいで、霊界入り後の住所が決まってしまう。死後、光満つ神々の国の一員となるか、暗黒の地獄界の一員になるか、それは生前の心ひとつにかかっているのだ。

永遠の大霊界にあっては、神は神にふさわしいやり方で、また、地獄霊は地獄霊なりのやり方で、それぞれ、霊魂としての想念世界からエネルギーをだしながら生活をしている。そして、その霊魂とは、肉体人間時代からのもちこしの存在なのである。

そうであれば、わたしたち人間は、この人間界にあるときに頭の知恵ではない、体の力でもない、胸の中にある精神世界、その中に住む魂のはたらき、エネルギーにこそ、一日も早く目ざめ、これをたいせつにしていかなければならない。

人間として生きているあいだに超神霊《ちょうしんれい》としての道を歩みはじめ、そして、霊界入り後はすみやかに親神《おやがみ》たる天地創造の神のもとへと帰りつくこと——、これこそが、わたしたち現界人の心の指標である。

なんとなれば、わたしたちは、いずれはりっぱな超神霊《ちょうしんれい》となって天地創造の親神《おやがみ》のもとに帰りつくことを、親神《おやがみ》ご本人にねがいかけられた貴い神の子なのだから。

（大霊界シリーズ⑫「神々の不思議と謎」Ｐ１５５）

一人ひとりが、人類を救う救世主になりうる

人類の歴史が始まって以来、戦争のない時代はありません。今も世界のどこかで、宗教や民族、利権をめぐって国同士が対立し、戦争や内紛が起きています。暴力と破壊の人類史を通して、人々は滅亡の預言におびえ、世に現れる救い主を求めてきました。

初代教祖は、天地創造の神である核の超神霊について、我が子を愛し慈しむ心で、核の超神霊自身の分け御霊を人類に授けられたと、その著作につづっています。それでは、核の超神霊こそが救世主なのでしょうか。そんな思いに対して、初代教祖は、神の愛は人間の浅知恵で計られるようなものではないと、釘をさします。

神霊能力者であるわたしには、神が、超神霊がこの人類社会に降臨し、人類を滅亡の危機から無条件で救いあげてくれるのだとは、とうてい考えられないのである。

人類は古代から現代まで、つねに、その心のままに、知恵のままに行動をしてきた。それが人類の歴史でもある。

人類はその誕生のとき、他の動物にはない心の自由、思想の自由、知恵の自由を、天地創造の神より与えられていた。そうであれば、人間はその心のままに悪魔化していくことも自由、動物化していくことも自由、ということになる。

神が与えたもうた人間の自由意志。だが、それはひとたび人間に与えられるや、神ですらも支配できない、人間の独自性ともなるのだ。

そして、いま、人類はその自由意志によって、滅亡の淵《ふち》を彷徨《ほうこう》している。そのような人類を、どうして神が無条件で救済されるようなことがあろうか。あり得ないことであろう。わたしは、そう思う。

霊界の高さに住まわれる超神霊も、地獄の底でうごめく地獄霊も、そして人間も、自《みず》ら歩んできた道すじにおいて行ったことに対しては、自《みず》ら責任をとらなければならない。それが、大霊界の法則でもある。となると、人類を救うのは、人類自身でしかあり得ないではないか。

しかしながら、悪魔でもあり、また救世主ともなり得る人類が、人類自身を救うとなれば、人類救済に先だって、人は自《みず》らの内部で悪魔から救世主への転換をはからなければならないであろう。

(中略)

逆説的のように感じられるかもしれないが、一人ひとりの人間が救世主へと成長していく、そのプロセスにおいて、人間が生得的にもっている魔性が大いに役に立つ。もし、人間が神性だけをもって生まれてきたのだとしたら、人は自《みず》らの内部において魔性と闘うこともなく、魂の切磋琢磨《せっさたくま》もあり得ないだろう。人は、自《みず》らの魔性を大いなる反面の師として、その神性をみがきあげ、真の神の子としての自分自身をつくりあげていくのだ。
ここに、人類の霊的存在としての進化向上もあり、人類の一人ひとりが救世主として歩みだすことも可能になるのである。

（大霊界シリーズ⑬「悪魔と救世主」Ｐ１５０〜１５１）

魂を磨くには、心の中にひそむ欲望やねたみなどの悪魔性をもった自分自身と向き合い、自分の意志で取り除くことが大切なのは、言うまでもありません。
そこで大きな助けとなり、道しるべとなるのが、超神霊エネルギーの霊流奉持だというのです。超神霊のエネルギーを自らにひき入れることで、あたりに浮遊し、すきあらば取り憑こうとする低級霊が除かれます。浄化された魂であれば自分の生き方にも謙虚に向き合えます。その結果として、魂が磨かれていくことにつながるのです。

わたしは『大霊界』シリーズを通して、わたし・隈本確《くまもとあきら》の霊流（厳密にいえば、わたしのご守護神の霊流）をひくことをたびたび強調している。いつもいっているように、わたしという人間はまったくふつうの人間、というよりは、むしろひじょうに俗っぽい人間なのだとはっきり自覚している。しかし、このわたしの体中《たいちゅう》には、俗人であるわたしの存在をはるかにこえた超神霊《ちょうしんれい》が鎮まっておられることも、また事実なのだ。
わたしの守護神本尊・聖天恩祖主本尊大神《せいてんおんそすほんぞんおおかみ》におかれては、すでに天命界《てんめいかい》にあられる超神霊《ちょうしんれい》の存在であり、わたしの魂の存在である聖地恩祖主本尊大神《せいじおんそすほんぞんおおかみ》におかれても、地上界の神霊を導く任にある超神霊である。

だから、わたしの一日は、わたしを今日までお導きくださった守護神本尊・聖天恩《せいてんおん》祖主本尊大神《そすほんぞんおおかみ》、および、わたしを今日まで支配し、生かしつづけてくださっているわたし自身の魂・聖地恩祖主本尊大神《せいじおんそすほんぞんおおかみ》に対する、深い敬虔《けいけん》な祈りからはじまるのである。

そして、もしあなたが、想いの世界でわたしにピッタリと波長を合わせることができたら、すでに天命界《てんめいかい》にあられるわたしのご守護神、およびわたしの魂の親さん・聖《せい》地恩祖主本尊大神《じおんそすほんぞんおおかみ》の霊流は、あなたのうえにも奔流のごとく降り注ぐであろう。

（大霊界シリーズ⑤「神と魔界」P204）

自分の意志の力で超神霊エネルギーをひく

一人ひとりが超神霊のエネルギーをひくことを、初代教祖は提唱しています。大局的に見れば、それこそが人類を救済する道であり、また、一人ひとりがよき人生を歩む道でもあるからです。

初代教祖の霊界論は、神の存在とその神秘のエネルギーの解明のみが目標だったわけではありません。それは同時に、人間が神と交流する魂の育成をめざすものでもありました。言い方を変えれば、神様まかせの理屈、神がかった宗教家まかせの指導方法ではないということです。

このことに欠かせないのが、各人の意志の力だ、というのが次の記述です。

人類の一人ひとりがそれぞれ所有する肉体の胸の中に、すばらしい神の世界をもっているということについて、みなさまがたは、すでに十分にご理解のことと思う。
そして、わたしたちは、そのすばらしい胸の神の世界（精神世界）に超神霊《ちょうしんれい》のエネルギーをひくこともできれば、胸の世界で、いろいろな神霊と自由自在に交流することも可能である。
ところが、人間がどのようにすばらしい神の世界を各々の胸の中にもっていようとも、そこに、人間自身がもつ意志のエネルギーをはたらかせないことには超神霊《ちょうしんれい》との交流はできない。このことも、また事実である。

（大霊界シリーズ⑩「神とエネルギー」P161）

超神霊エネルギーを胸の世界にひくときに欠かせない「人間自身がもつ意志のエネルギーをはたらかせる」その具体的な方法が次のとおりです。
次ページの図4は、そのイメージを分かりやすくあらわしたものです。

ことばではないのである。心、想いの世界の問題なのである。（中略）この本（『大霊界 21世紀の実在する超神霊』）、あるいはこのお札（日神会謹製のお札）には、実際に超神霊《ちょうしんれい》の強大なエネルギーが流れている、と、みじんの疑いもなく信じきることである。

図４　神のエネルギーは胸でひく

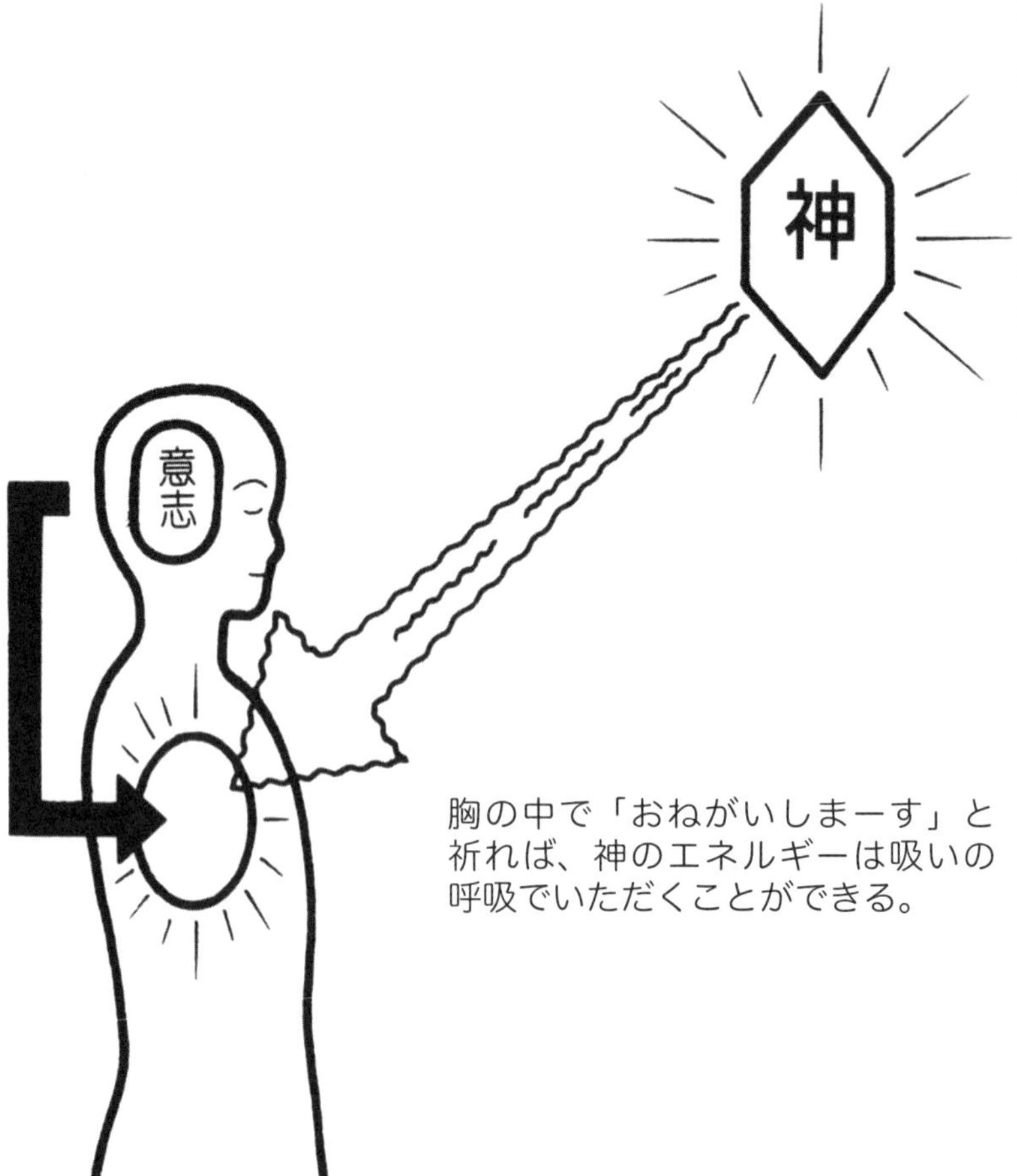

知恵、頭脳では神といっさい交流できないことを人間は早く知ることである。胸、みぞおちの上５センチのところにあなたの神の世界、神と交流する場所がある。

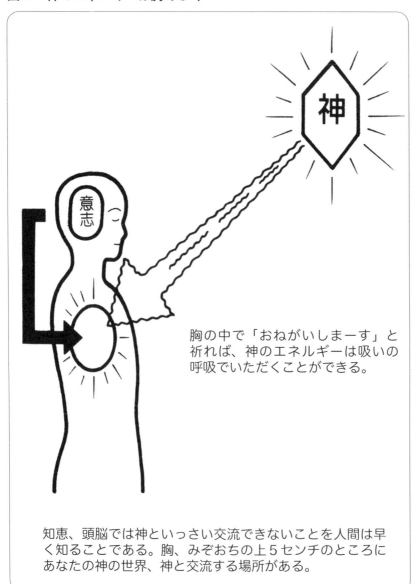

そして、その本なりお札なりを胸に当てる。胸に当てて、そのエネルギーをぜひにもください、おねがいしまーす……（ちょうど、まだことばのわからない幼児に心のことばでよびかけるのと同じ調子で、胸いっぱいに深い想いをこめながら、この神への祈りかけをどんどんつづける）、エネルギーをくださーい、おねがいしまーす……、と。

さらに、深く、深く、「エネルギーをひーく」という想いをもちながら、吸いの呼吸にのせて、実際にエネルギーをひいていくのである。

したがって、わたしが「吸いの呼吸でエネルギーをひくように」と指導したからといって、ただ物理的にスーハー、スーハー、大きな呼吸をくり返してもまったく意味のないことである。

超神霊《ちょうしんれい》のエネルギーとは、呼吸で吸い込むものではなく、想いの力でひくものなのだ。では、なぜ吸いの呼吸でひくようにいうかと申せば、呼吸に想いをのせやすいからである。呼吸を加えることによって、なおいっそう超神霊《ちょうしんれい》のエネルギーをひく想いが深まるからである。

（大霊界シリーズ⑪「21世紀の実在する超神霊」P58〜59）

超神霊のエネルギーをひきにくい想い方の例として、著作では「もう年だから、体のあちこちが痛んでもしょうがない」と諦めてしまったり、「どうせ口先だけの理屈だろう。信用できるか」

といった頑固に拒否する心をあげます。また、一般には、よいことのように受けとめられている精神統一も、超神霊のエネルギーをひく場合には障害となるといいます。

むしろ雑念があっても、そのまま受け入れること。そして、すなおに祈ることを勧めます。

超神霊《ちょうしんれい》エネルギーをひくためには、精神を統一する必要はまったくない。雑念がおころうが、目の前にうまそうなマグロのトロがちらつこうが、ただひたすらに、超神霊《ちょうしんれい》のエネルギーをひけばよい。目の前のトロがなくなってからエネルギーをひこう、などと思っていたら、いつまでたってもエネルギーはひけない。雑念はそのままにしておいて、それ以上のエネルギーをひきこめばよいのである。

（中略）

わたしのもとにみえる依頼人の中には、悲壮な顔つきをしてつぎのような質問をされる方がある。

「どんなにがんばっても、どうしても先生のエネルギーがひけないのです。自分としては、努力を惜しんでいるつもりはぜんぜんないのですが、まだ努力が足りないのでしょうか」

とんでもない！　このような質問をされる方の多くは、いってみれば努力のしすぎなのである。実際、これらの方々は、わたしが「もっと努力せよ」といったら、いまの百倍も、二百倍もの努力をしそうな気迫をもっている。生きていくうえで、そのような気迫をもつことはたいせつなことだが、超神霊《ちょうしんれい》のエネルギーをひきこむ場合には、逆にそれがマイナスになるのだ。

(中略)

超神霊《ちょうしんれい》エネルギーをひくときには、決して強く念じてはいけない。強く念じるということは、その念力で、せっかくの超神霊《ちょうしんれい》エネルギーをおし返しているのと同じである。超神霊《ちょうしんれい》エネルギーをひくときは、まず体の力をぬいて、心身をリラックスさせなければならない。そして、胸の神の世界で、深い想いをこめて祈りかければよいのである。「隈本《くまもと》先生。どうか、超神霊《ちょうしんれい》のエネルギーをわたしにくださぃい。おねがいしまーす……」と、深い吸いの呼吸とともに想いの世界を広げ、深めていって、そこに超神霊《ちょうしんれい》エネルギーをひきこめばよいのである。

(大霊界シリーズ⑩「神とエネルギー」P157~160)

雑念があってもよし。ただ、すなおに神を信じて、神を求めることが、超神霊のエネルギーをひくときの気持ちの持ちようだというのです。私は、この文章を読むと、非力の幼子が夕暮れの道で親を求めるようなイメージをもちます。

まず、神を信じることとは、みじんの疑いももたず、心のチャンネルをしっかりと、天地創造の神「核《かく》の超神霊《ちょうしんれい》」素《す》の親《おや》さまに合わせることである。神に祈ることとは、素《す》の親《おや》さまのエネルギーを十全にひき、そして、親《おや》さまに人類のねがいの心のうちをしっかりとわかっていただくことでもある。

もし、たったいま、地球上のすべての人類が素《す》の親《おや》さまを心の底から信じ、祈りかけることができたなら、この世の病苦はたちまちにして消え、宗教や領土をめぐるつまらない争いのすべては霧散するであろう。

天地創造の神、素《す》の親《おや》さまを心の底から信じ、祈りかけるということは、人類が真実、神の子となった証拠である。真実の神の子には、本来、病苦もなければ、争いごともない。

そして、このことが一番重要なことなのだが、神の子は、人の世を終えて霊界入りをしたあかつきには、かならず、親神《おやがみ》（「核《かく》の超神霊《ちょうしんれい》」素《す》の親《おや》さま）のもとへと帰りつくコースをたどることができるのである。

素《す》の親《おや》さまは、ご自身でつくりあげられた人類という子供たちが、地上生活を無駄にしないで魂をみがき、そうして、静かに肉体という衣をぬぎ去って、ご自身のおひざもとへと帰ってくることを心からねがっておられる。

（中略）

いったい、人類の歴史が始まって以来、どれほどの数の魂が素《す》の親《おや》さまのもとへと帰りつくことができたのであろうか。

天地創造の神「核《かく》の超神霊《ちょうしんれい》」素《す》の神《かみ》、親《おや》さまによって、霊子遺伝子《れいしいでんし》（神の分けみたま）を与えられて、大昔から現在までのあいだに、生まれては死んでいった無数の人々。それらの人々の魂が、無限の大霊界の中で進化と向上の道をたどりながら、いつかは親《おや》さまのもとへと回帰すること――、それが、人類の究極の目標なのである。

（大霊界シリーズ⑩「神とエネルギー」Ｐ１８７～１８９）

天地創造の神であり超神霊である素の神は、ご自身の分け御霊を人類に授けられ、その際に、魂の自由をも与えられました。それが著作に書かれている、悪魔にもなる魂の自由、そして神にもなり得る魂の自由です。

人間は誰一人として完ぺきな者はいません。魂の自由ゆえに、過ちを犯し、罪への誘惑におちいる危機をつねにもっています。けれども、その自由ゆえに、自己を顧み、悪魔の心を反面教師に、努力しながら魂を清浄に導いていくことも可能なのです。私は、そこに神の深いみ心と、人間の希望を見る思いがします。

日本神霊学研究会初代会長隈本確教祖の『大霊界』シリーズ解説を通して、初代教祖の霊界論、霊理論を紹介してきました。

長きにわたる初代教祖の神霊学研究によってしても、広大で深遠なる大霊界のすべてが解明されたわけではありません。けれども、その研究や霊界との関わりを知ることで、大霊界の不思議や神秘の輝き、守護神としての超神霊エネルギーの奇跡とも呼べるはたらきの一端を感じていただければ、幸いに存じます。

日本神霊学研究会初代教祖

隈本確の大霊界シリーズ

大霊界1

守護神と奇跡の神霊治療

死後の世界、霊と病気との関係、守護神の存在…あなたを長年苦しめてきた肉体的、精神的苦痛の救済の道はここにあった！　神霊治療者・隈本確の名を知らしめた永遠のベストセラー。

大霊界2

念と病気

人間の念の力（想いの力）が、他人を、愛する人を、自分自身を苦しめる！　わたしたちはどうすれば幸せになれるのか？　現代科学で解決できない念の世界の不思議を解明する。

大霊界3

恐怖の霊媒体質

いつも病気がち、事故に遭いやすい、ついていない…。その原因は、霊にとりつかれやすいあなたの体質にあった！どうすれば不運から逃れられるのか？　その処方箋とは？

大霊界4

迷信と地獄

水子霊障、ヘビ・キツネの祟り…多くの迷信にまどわされ、無間地獄に堕ちていった人々。本書は、いま、その迷信の実相をあかし、真の救済の道を指し示す一書である。

大霊界5
神と魔界
死後、霊界で神となる人、悪霊となり苦痛の海をさまよう人…。なぜ道は分かれるのか？　それは、普段の日常生活の「心の持ちよう」に問題があった！　真の祈りの生活への道筋を解説。

大霊界6
魂の存在
あなたの生命、運命、生活…それらを握っているのは、あなたの「魂」であり、意志や知恵の力ではない！　生前・死後を通じてあなたを支え続ける魂の全貌を解明する。

大霊界7
神と医
いまや病気と霊のかかわりは常識である。いまこそ人類には霊医学の研究が必要ではないのか！　神霊治療の第一人者が綴る霊界と現代医学を結ぶ待望の一書。

大霊界8
神と想念界
人間と神の心を繋ぐ想いの世界＝想念界。美しく平和な霊界で、永遠の生命を過ごすために、日常的にどのような「想い」を心に描けばよいのか。隈本確からあなたへのメッセージ。

大霊界9
神と奇跡
ある日突然、事故や災難、悪霊の憑依をうけたら？　あなたにもできる人生好転のための正しい自己浄霊法を隈本確がわかりやすく伝授する。救済の道を自ら拓くあなたのための解説書。

大霊界10
神とエネルギー
神のエネルギーを科学的に解明し、人類の救済に活用することはできないか？　隈本確が贈る、大霊界と人間との関係を解明し、人類の幸福への道を追求した一書。

大霊界11
21世紀の実在する超神霊
病を癒し、魂を輝かせ、心に活力を与える、大霊界から注がれる「超神霊エネルギー」とは？人間の魂と壮大な宇宙との関わり、神への深い想いの祈りの方法など、わかりやすく解説する。

大霊界12
神々の不思議と謎
悪魔、悪霊、そして神…。その真の姿を知らずして、人間としての生き方を論じることはできない！　人間の心と体の健康のための、神々の真実の姿を伝える書。

大霊界13
悪魔と救世主
ガンなどの難病奇病、環境汚染、政治や経済の混迷…人類は日々悪魔の道を辿りつつある。世界に巣食う病根を治癒するために、いま、真の救世主（メシア）が求められている。

大霊界14
霊障と地獄への道
霊障…それは地獄に堕ちた低級霊が、己の救済のため現界人に取り憑く行為。初期のガンや腰痛、頭痛…あらゆる形で襲ってくる霊障を自己浄霊で治癒する方法を隈本確が伝授する。

大霊界15
浄霊と霊とのたたかい
人が生きるということは、霊との壮絶なたたかいを続けるということだ。霊障に苦しむ人々を救済する「超神霊エネルギー」とは？　人類必携の救済指南書！

大霊界16
生と命と大霊界
大霊界は、現代科学や医学でも及ぶことのない広大無辺な実存の世界。大霊界を構成するすべての要素が相互に関連しあい、やがて大きな霊流としてあなたの魂と心の救済をもたらす。

超神霊
難病で苦しむあなたにいま奇跡の
神霊治療（浄霊）を‼
アトピー、腰痛、頭痛、肩こり、難病、奇病…病気は最も身近な霊界通信だ。あなたの身体と心の痛み・苦しみが、超神霊エネルギーを活用した神霊治療で快癒する。

大霊界　神々と霊族と人類
大霊界の真理の追求と人々の救済
暴走する文明、荒廃する人間の心と身体…。そんな人類の局面のなか、広大無辺の大霊界もいま新しい局面を迎えていた。神霊能力者　隈本確が明らかにする、大霊界の真実の姿とは？

（以上は弘文出版）

大霊界　天界道（天国への道）
肉体から離れた人びとの魂を上界へ導くため、隈本確が取り組んだ壮大な大事業「天界道」とは？　その道の完成により、自己神霊治療（浄霊）法を超えた奇跡が現出する！

（ブライト出版）

隈本《くまもと》　確《あきら》

日本神霊学研究会　初代教祖

一九三二（昭和七）年、長崎市に生まれる。

少年時代より様々な霊体験をもち、二〇歳すぎより本格的に神霊治療（浄霊）の研究と実践に入る。一九八一年『大霊界』がベストセラーになり、神霊治療の第一人者として話題となる。日本神霊学研究会の創始者。二〇一五年長崎聖地にて入滅。著書に『大霊界』シリーズ全一六巻。『超神霊』『天界道』などがある。

編纂・解説

隈本正二郎《くまもとしょうじろう》

法名　聖二郎《しょうじろう》

一九六五（昭和四〇）年、長崎市に生まれる。父、隈本確と同様、少年時代より数々の霊的体験をもつ。二〇歳の頃より日本神霊学研究会の初代会長隈本確教祖のもとで神霊能力者の修行を重ね、神霊治療の実践と研究を行ってきた。現在は、初代教祖隈本確の跡を継ぎ、日本神霊学研究会の聖師教を務め、神霊治療と若き神霊能力者の指導・育成にあたっている。著書に『神と霊の力―神霊を活用して人生の勝者となる』『神秘力の真実―超神霊エネルギーの奇蹟』『神・真実と迷信―悪徳霊能力者にだまされるな！』『大霊界真書』『神と霊の癒―苦しみが喜びに変わる生き方』『霊媒体質の克服―幸せを呼ぶ守護神を持て』『マンガでわかる大霊界（原案・脚色）』（展望社）がある。

隈本　確　全著作解題

第一巻　大霊界の認識　守護神と超神霊

二〇一八年五月一四日　初版第一刷発行

編纂・解説―**隈本正二郎**

発行者――**唐澤　明義**

発行所――**株式会社展望社**

郵便番号一一二―〇〇〇二

東京都文京区小石川三―一―七

エコービル二〇二

電　話――〇三―三八一四―一九九七

FAX――〇三―三八一四―三〇六三

振　替――〇〇一八〇―三―三九六二四八

展望社ホームページ http://tembo-books.jp/

印刷・製本――株式会社 東京印書館

定価はカバーに表示してあります。

落丁本・乱丁本はお取り替えいたします。

ISBN978-4-88546-346-4

隈本確　全著作解題

第二巻
神霊治療と霊障の概念
神と医の奇跡

編纂・解説　**隈本正二郎**

「大霊界シリーズ」全著作のエッセンスの解題・解説集 第二巻。
病気と霊との関係、霊障と霊媒体質、それらに苦しむ人々を癒す神霊治療の実際、念による霊障の数々とその対策、憑依霊に打ち克つ心構えなどについて解説する。

A5 版上製　ISBN978-4-88546-347-1　本体価格（2778 円＋税）

隈本確　全著作解題

第三巻
迷信と地獄の考察
悪霊と魔界の仮説

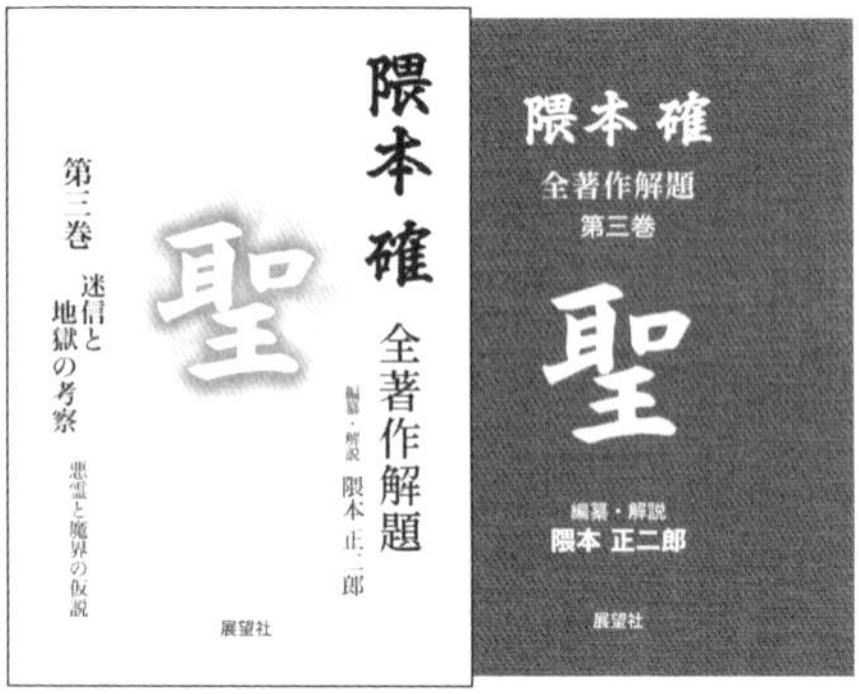

編纂・解説　**隈本正二郎**

「大霊界シリーズ」全著作のエッセンスの解題・解説集 第三巻。

世にはびこる有害迷信…拝み屋、水子供養、動物霊障…救済の使命を持たない悪徳霊能力者や狂霊・悪霊から身を守るためには？

隈本確渾身の救済メッセージを丁寧に解説。

A5 版上製　ISBN978-4-88546-348-8　本体価格（2778 円＋税）